종교학 강의

종교학 강의 : 더 나은 종교 이해를 위하여

발행일 초판1쇄 2025년 12월 30일 | **지은이** 성해영
펴낸곳 북튜브 | **펴낸이** 박순기 | **주소** 경기도 고양시 덕양구 소원로 181번길 15, 504-901 |
전화 070-8691-2392 | **팩스** 031-8026-2584 | **이메일** booktube0901@gmail.com
ISBN 979-11-92628-58-5 03210

이 도서는 2025년 문화체육관광부의 '중소출판사 성장부문 제작지원' 사업의 지원을 받아 제작
되었습니다.

Booktube 북튜브 **책으로 만나는 인문학강의 세상**

더 나은
종교 이해를
위하여

성해영 지음

종교학 강의

Booktube
북튜브

서문

다종교 사회인 한국에서 종교에 대한 기본적인 이해는 선택이 아니라 필수입니다. 종교는 여전히 사람들에게 위안과 희망을 주지만, 갈등과 분열의 원인도 되기 때문입니다. 그리고 신앙 유무와 상관없이 종교를 아는 일은 인간과 사회를 더 깊게 파악하는 지름길이기도 합니다.

그렇지만, 종교를 알고 싶을 때 그 의문을 어떻게 풀어야 하는지는 막막합니다. 종교적 이야기는 넘치지만, 종교에 대한 설명은 많지 않아서입니다. 설령 있더라도 대부분 어렵거나, 하나의 종교만을 다룹니다. 게다가 다양한 종교와 종교 현상 중에서 무엇을 먼저 알고 나중에 알아야 하는지도 도통 가늠하기 어렵습니다. 이 책은 종교가 무엇인지 궁금한 분들에게 쉽지만, 동시에 얕지 않게 이야기하려고 합니다.

특히 이 책은 종교를 갖지 않은 분들에게 초점을 맞춥니다.

한국에서 '무종교인'은 무려 60%에 달합니다. 종교가 철저하게 선택의 대상이 되었지요. 그러나 종교가 없다고 종교에 대한 호기심이 없는 것은 아닙니다. 오히려 무종교인 중에서도 종교가 무엇인지 궁금해 하는 분들이 적지 않습니다. 이 책은 신앙의 관점이 아니라, 인문학 중 하나인 비교종교학의 관점에서 종교를 다룹니다. 그러니 종교를 믿도록 권유하거나, 종교란 무의미하다는 입장에 서지 않습니다. 대신 종교를 인간과 사회, 그리고 심리의 관점에서 바라보려 합니다. 그리고 '종교란 무엇이며, 오늘 우리에게 어떤 의미를 갖는지'를 여러 차원에서 다룹니다.

종교를 가진 분들 역시 이 책에서 도움을 받으리라 기대합니다. 신앙이라는 관점에서만 바라보던 자기 종교를 비교의 시선이라는 외부적 시각에서 파악하는 일은 자신의 믿음을 성숙하게 만드는 계기가 될 수 있습니다. 또 다른 종교의 내용을 폭넓은 시야에서 이해하는 '종교 문해력'은 개인의 행복은 물론 공동체의 평화라는 관점에서도 꼭 필요한 능력입니다. 이 책이 '종교'를 매개로 이질적인 세계관을 가진 개인과 집단이 깊이 대화하는 작은 계기가 되길 바랍니다.

책은 3부로 구성되어 있습니다. 1부는 '종교란 무엇인가'라는 근원적인 물음을 삶의 의미를 부여하는 '세계관' 개념을 활용해 살핍니다. 나아가 종교의 기원, 신과 인간의 관계, 의례와 성스러움과 같은 종교 현상을 이해하는 기본적인 질문들을 던집니다. 이를 바탕으로 '종교가 왜 갈등의 원인이 되는지', '종교는 환상에 불과한지', '어떻게 성숙한 종교로 발달해 나가는지' 등의 구체적인 물음도 되짚어 보고요.

2부에서는 세계의 주요 종교들을 차례대로 소개합니다. 힌두교에서 출발해, 유교, 불교, 도교, 샤머니즘, 유대교, 천주교, 개신교, 이슬람까지 모두 9개의 종교를 다룹니다. 각 전통이 누구에 의해 어떻게 형성되었는지, 그리고 어떤 의례와 수행법을 발전시켜 왔는지 등이 주된 내용입니다. 탐구의 목표는 특정 종교의 옹호나 비판이 아니라, 각 전통이 인간의 삶과 죽음, 고통과 구원, 정의와 자비, 유한성과 영원성과 같은 물음에 어떤 답을 제시했는지를 비교의 관점에서 보여 주는 것입니다. 덧붙여 유대교, 기독교, 이슬람의 공통점과 차이도 살핍니다.

3부에서는 저의 세부 전공인 '종교심리학'(psychology of religion)과 '신비주의의 비교 연구'(the comparative study of myticism) 관점에서 종교를 조금 더 깊게 들여다봅니다. 프로이트, 제임스, 융과 같은 심층 심리학자들의 종교 이해를 출발점으로 삼아, 종교 체험과 무의식, 상징과 신화 등을 설명합니다. 여기에 덧붙여 여러 종교 전통의 신비주의적 흐름을 필두로 명상, 임사체험, 계시 등의 다양한 종교 현상도 다룹니다. 3부의 고찰을 통해 종교가 인간 심리의 깊은 층위와 연결된 현상임을 강조합니다.

한 권의 책으로 종교에 관한 궁금증을 속 시원하게 풀어 내기는 어렵습니다. 종교는 수천 년의 경험과 지혜를 축적한 거대한 흐름이기 때문입니다. 붓다는 '무소의 뿔처럼 혼자서 가라'고 선언했습니다. 이 말은 종교 공동체를 떠나 혼자 살라는 것이 아니라, 결국 자기가 세운 신념에 따라 스스로를 책임지는 주체가 되라는 요청입니다. 이 책이 종교를 둘러싼 여러 질문의 실마리를 제공해, 여러분이 더 자유롭고 행복한 삶을 꾸리는 데 도움이 되길 희망합니다.

　이제, '종교란 무엇인가'라는 인류가 오랫동안 물어 왔고, 현재에도 여전히 제기되는 질문의 답을 함께 탐구하려 합니다. 여러분의 열린 마음과 순연(純然)한 호기심을 기대합니다.

차례

에필로그 강의 405

1부

종교와 현대사회

1강 _ 종교란 무엇인가

종교의 정의

오른쪽 그림은 여러 종교의 상징을 모아 놓은 것입니다. 우리에게 익숙한 태극기의 태극 문양은 유교와 도교의 상징으로, 세계의 창조와 구성은 물론 운영의 원리를 보여 줍니다. 불교에는 법륜이나 부처상, 천주교와 개신교에는 십자가가 있습니다. 다윗의 별은 유대교이고요. 시크교나 힌두교, 이슬람의 상징도 있습니다. 이런 다양한 종교적 상징들은 종교의 보편성을 보여 줍니다. 즉, 인간의 문화 중에 종교를 갖지 않는 문화는 없습니다. 종교가 없었던 인류의 역사 또한 존재하지 않고요. 이런 면에서 '종교란 무엇인가'라는 질문은 인류가 존재하는 이상 던지지 않을 수 없습니다.

사실 종교가 무엇인지에 관해서는 수십 년을 공부한 종교학

| 기독교 | 이슬람 | 불교 | 힌두교 | 유대교 |

| 유교, 도교 | 시크교 | 자이나교 | 신도 |

자도 쉽게 정의 내리기 힘듭니다. 그럼에도 불구하고 과거에 종교를 연구했던 사람들이 종교에 대해서 뭐라고 얘기했는지를 먼저 살펴보는 것은 좋은 방법일 텐데요. 미국의 철학자이자 심리학자인 윌리엄 제임스(Willian James)는 종교를 "신성한, 혹은 눈에 보이지 않는 세계(unseen world)와의 관계"라는 관점에서 정의합니다.

또 폴 틸리히(Paul Tillich)의 정의도 유용합니다. 폴 틸리히는 독일 출신의 기독교 신학자로 2차 세계대전 때 미국으로 망명해서 종교와 신학을 가르쳤던 분인데요. 그는 종교가 "인간의 궁극적 관심(ultimate concern)에 대한 해답 체계"라고 얘기했습니다. '궁극적 관심'이라는 말이 좀 어렵게 들릴 수 있는데요. 삶과 죽음, 사후 세계와 같은 인간이 살면서 물을 수밖에 없는 문제들을 가리킵니다. 틸리히는 이런 질문들에 대한 해답 체계를 종교라고 본 것이지요. 그의 정의는 제임스의 관점과 자연스럽게 연결됩니다. 틸리히가 말하는 해답 체계는 결국 '눈에 보이지 않는 세계'로부터 올 수밖에 없기 때문이죠. 가령 기독교의 『성경』은 우리가 사는 눈에 보이는 세계에 속해 있지만, 사실 눈에 보이지 않는 차원에서 가져온 해답이라는 겁니다.

여담이지만, 제가 종교학자다 보니, 대중 강연 요청이 자주 있는데, 젊은 사람들을 대상으로 한 강의가 제일 곤혹스럽습니다. 젊은이들은 삶의 에너지가 넘치기 때문에 궁극적 관심, 즉 인간이 왜 태어나고 죽는지, 살면서 무엇을 해야 하는지, 또 사후에는 어떻게 되는지 등의 문제에 그닥 흥미가 없습니다. 당연히 종교에 깊은 관심을 가지기 어렵죠. 마찬가지로 직장의 신입사원 오리엔테이션 같은 곳도 힘듭니다. 직장에 막 취직을 해서 너무 기쁘고, '월급 받으면 뭐 해야지'라고 생각하는 젊은이들에게 삶과 죽음의 문제는 다가오기 어렵지요.

세번째 인물은 루마니아 출신의 세계적인 종교학자 미르체아 엘리아데(Mircea Eliade)입니다. 엘리아데는 종교를 "실존적 위기에 대한 모범적 해법"이라고 합니다. 이때 '실존적 위기'는 틸리히의 '궁극적 관심'과 통하는 말이죠. 왜 태어나고 죽는지, 내 삶의 의미는 무엇인지와 같은 질문을 포함해, 살아가면서 봉착할 수밖에 없는 어려운 문제를 일종의 '실존적 위기'라고 본 것이죠. 그리고 이에 대한 모범적인 답이 바로 종교라는 말입니다. 앞서 소개한 정의들과 크게 다르지 않아 이해하기가 어렵지는 않습니다.

그다음으로 미국의 종교학자 휴스턴 스미스(Houston Smith)는 종교를 "위대한 지혜 전통"이라고 말합니다. 여기서 중요한 점은 '지식'(Knowledge)이 아니라 '지혜'(Wisdom)라는 표현입니다. '미국의 행정 수도는 워싱턴', '프랑스의 수도는 파리'… 이런 내용은 지식이죠. 이런 지식이 많으면 삶이 더 편안해질 수 있습니다. 하지만 지식이 곧장 사람을 더 행복하게 하거나 타인과 더 나은 관계를 맺도록 만드는 건 아닙니다. 예를 들어서 『성경』에 나오는 '진리가 너희를 자유롭게 하리라'라는 말은 '프랑스의 수도는 파리'와는 다른 종류의 앎입니다. 스미스는 종교가 이처럼 삶을 실제로 바꿀 수 있는 지혜를 축적한 전통이라고 보았습니다. 어떻게 살아야 하고, 죽은 이후에는 어떻게 되는지, 존재하는 모든 것에 어떤 의미가 있는지를 알려 주는 지혜가 종교에 있다는 주장이지요.

이렇게 네 명의 학자들이 내린 종교 정의를 간략하게 살펴보았는데요. 요약하면 이렇습니다. 종교는 '인간을 비롯해 존재하고 있는 모든 것의 궁극적 의미를 설명하는 해답 체계'라고 이해할 수 있겠습니다. 그리고 이건 제임스가 말했던 '보이지 않는 세계'의 탐구를 통해서 가능하겠지요. 이런 맥락에서 '눈에 보이지 않는 세계'와 우리가 살고 있는 '눈에 보이는 세계'가 맺는 관계에 대해서 조금 더 이야기를 해 보겠습니다.

눈에 보이지 않는 세계

오른쪽 그림을 한번 보겠습니다. 맨 위에는 눈에 보이지 않는 차원이 있죠. 그리고 아래에는 눈에 보이는 세계가 있습니다. 위쪽에 있는 눈에 보이지 않는 세계는 소위 말하는 하늘[天]의 세계이고, 아래쪽은 '지'(地), 즉 땅의 세계죠. 그 사이에 인간[人]이 있습니다. 이렇게 천(天)·지(地)·인(人)으로 세상이 구성된다는 것이 동양의 기본적인 관점입니다. 이를 '삼재'(三才)라고 하죠. 이런 구도에서 보면 앞에서 보았던 윌리엄 제임스의 말처럼 종교는 "눈에 보이는 세계에 살고 있는 육체적 인간이 눈에 보이지 않는 세계와 맺는 관계"라고 말씀드릴 수 있습니다. 이 그림을 잘 기억해 주시길 바랍니다. 왜냐하면 앞으로 설명할 많은 내용이 천·지·인, 이 세 가지 차원의 관계를 중심으로 설명되기 때문입니다.

그런데 이 그림을 보면 떠오르는 한자가 있습니다. 바로 '무'(巫)라는 글자입니다. 그림에서 천·지·인을 연결하면 '공'(工)이라는 글자가 되죠. '공'(工) 자 양 옆에 '사람 인'(人)처럼 보이

天 (눈에 보이지 않는 차원)

人

地
(눈에 보이는 세계)

는 글자를 넣으면 '무'(巫)라는 글자가 됩니다. 이 글자는 '샤머니즘'(shamanism)이나 무속을 뜻하는 글자로, 보이지 않는 세계와 보이는 세계, 그리고 그 가운데에서 두 세계를 이어 주는 인간에 관한 내용을 담고 있습니다.

그런데, 양 옆의 '사람 인'(人) 자는 왜 들어갔을까요? 이것은 사람을 뜻하는 것이 아닙니다. '무'(巫)라는 글자 가운데 세로로 된 기둥이 사람이고, 그 양쪽의 글자는 입은 옷의 소매가 너풀거리는 것을 표현했다고 봅니다. 소매가 너풀거린다는 것은 무엇을 의미할까요. 인간이 하늘의 세계와 땅의 세계를 연결할 때는 일상적인 의식 상태로는 안 된다는 겁니다. 소위 '정신이 나간 상태'가 되어야 하는데, 이걸 영어로는 '엑스터시'(ecstasy)라고 합니다. 무당은 소위 '망아경'(忘我境)이라고 말하는, 다른 의식 상태로 들어가는 체험을 통해 두 세계 혹은 두 차원을 연결한다는 주장입니다. 한마디로 '접신'입니다. 화려한 옷을 입고 방방 뛰거나 소매를 막 흔드는 것이 우리에게 널리 알려진 접신하는 무당의 모습이죠. 그런 모양을 따서 이 '무'(巫)라는 글자가 만들어진 겁니다.

종교적인 것, 즉 눈에 보이지 않는 차원과 관련된 글자들에는 모두 이 '무'(巫) 자가 들어 있습니다. 신령함을 표현하는 '영'(靈) 자의 아래에 '무'(巫) 자가 들어가 있는 것 보이시죠? '점 치다'라는 뜻의 '서'(筮) 자도 동일합니다. 점을 치는 것도 하늘과 땅이 연결된 상태에서 메시지를 읽어 내는 것이니까요. '서'(筮) 자는 '무'(巫) 자 위에 '대나무 죽'(竹) 자가 합쳐져서 만들어진 글자입니다. 이때 '대나무 죽'(竹) 자는 점을 치는 산가지나 죽편을 뜻합니다. 우리가 흔히 쓰는 말로 '산통(算筒)을 깨다'라는 말이 있죠. 산통은 점을 볼 때 사용하는 산가지를 꽂아 놓는 통을 말합니다. 이 산통이 깨져서 점을 칠 수 없으니, 모든 일이 틀어졌다는 의미의 속담입니다.

또 '혹세무민'(惑世誣民)이라고 할 때의 '무'(誣) 자에도 '무'(巫)가 들어 있습니다. 이 '무'(誣) 자에는 '말씀 언'(言)이 붙었는데요. 무당이 하는 이야기[言]는 삶에 통찰을 주는 지혜일 수도 있지만 악용될 수도 있죠. 후자가 곧 혹세무민입니다. 굿을 하게 만들어서 재산을 거덜 내거나 가정을 파괴시키는 등, 종교를 가지지 않으면 절대 할 수 없는 어처구니없는 일들을 하게 만들죠. 이런 의미가 '무'(誣) 자에 들어 있습니다.

　앞서 '무'(巫) 자를 설명하면서, '제정신이 아닌 상태'라는 말씀을 드렸는데요. 이 글자를 가진 여러 한자들에는 이런 의미가 조금씩 들어 있죠. 그런데 이런 이야기를 들으시면 "인간이 정신을 차리고 살아야지 제정신이 아니면 어떻게 하나"라고 생각하실 수도 있을 것 같습니다. 종교적인 것을 인간의 지성에 반하는 것, 즉 '정신 나간 상태로 살라는 말인가' 하고 미심쩍어하는 분들도 있겠는데요. 앞으로 이 '제정신이 아님'에 얼마나 깊은 의미가 있는지를 함께 살펴보겠습니다.

세계관으로서의 종교

종교는 세계관이기도 합니다. 인간은 다른 동물들과 달리 세계를 바라보는 관점을 가지고서 세상과 인간을 해석하고, 또 거기에 입각해서 행동을 취합니다. 그만큼 세계를 보고 이해하는 관점, 즉 세계관이 우리에게 중요합니다. 『걸리버 여행기』에서 주인공 걸리버는 여러 나라를 여행하다가 릴리푸트라는 소인국에 가게 되죠. 이 나라가 서로 나뉘어 전쟁을 하는데, 걸리버는 릴리푸트 편에 섭니다. 그런데 두 나라가 전쟁을 벌이는 이유가 재미있습니다. 릴리푸트의 왕족 한 명이 삶은 달걀을 깨 먹는데, 넓적한 쪽으로 깨다가 손을 벱니다. 그래서 왕이 앞으로 계란은 뾰족한 쪽으로 깨서 먹으라는 칙령을 내립니다. 어길 시에는 엄벌에 처하겠다고 하면서요. 사람들이 여기에 반발하면서 3대에 걸친 유혈 전쟁이 벌어졌다고 합니다. 대단히 심각한 전쟁이 사실은 아주 작은 차이에서 비롯된다는 것을 풍자한 이야기입니다.

재미있는 사례로 말씀드렸지만, 그만큼 세계관은 우리 삶에 큰 영향을 끼칩니다. 오늘날 예수와 붓다의 실제 모습을 아는 사람은 없습니다. 그런데도 이 분들이 왔다간지 이천 년, 이천 오백 년이 지났는데, 이 극동의 한국에서도 기독교와 불교 신자가 엄청나게 많습니다. 두 사람의 언행대로 살겠다고 하는 사람들이 이렇게나 많은 거죠. 인류사를 통틀어 이 두 분보다 영향을 많이 끼친 사람이 있을까요. 이 두 종교 창시자들의 삶은 종교적 가르침이 인간 세계관의 핵심을 차지하고 있다는 사실을 잘 보여 줍니다.

그런데 세계관의 차이는 엄청난 비극을 빚어내기도 합니다. 히틀러(Adolf Hitler)는 2차 세계대전을 일으키고 600만 명이 넘는 유대인들을 학살했죠. 아리안족의 국가를 건설하겠다는 명분으로 행해진 홀로코스트(Holocaust)였습니다. 그런데 홀로코스트는 단순히 독일만의 문제가 아닙니다. 당시 유럽의 여러 국가들이 자발적으로 돕지 않았으면, 단기간에 600만 명을 살해하는 건 불가능했습니다. 그런데 그 나라들이 모두 기독교 국가들이었죠.

연합국도 못지않았죠. 1945년 독일의 패망을 얼마 남겨 놓지 않은 시점에, 연합군은 독일의 드레스덴(Dresden)이라는 도시를 2박 3일 동안 폭격을 해서 완전히 폐허로 만들어 버립니다. 드레스덴은 군사 도시도 아니었고, 독일의 패색도 짙어져서 그럴 필요가 없었는데도, 잔인한 보복을 한 것이지요. 일본의 히로시마와 나가사키에 떨어졌던 원자폭탄도 끔찍한 결과를 가져왔습니다. 이런 사례들은 인간의 세계관이 얼마나 무시무시한 일을 할 수 있는지를 보여 줍니다.

현대사회와 종교

종교는 세계관이라는 관점에서 인간의 행동을 이해하는 데 중요합니다. 현대사회로 오면서, 과학적이고 합리적인 세계관이 주류로 자리를 잡았고, 종교의 힘은 약해졌을 거라고 생각하기가 쉽습니다. 하지만 실제로는 그렇지가 않죠. 다음 쪽의 그래프를 보시면 종교가 여전이 인간 사회에서 중요한 변수라는 사실을 알 수 있습니다. 2007년 통계인데요. 일단 이슬람교를 따르는 무슬림이 제일 높은 비율을 차지하고 있죠. 21%가 조금 넘습니다. 물론 천주교와 개신교를 합치면 그보다 많죠. 즉, 단일 종교로는 기독교 인구가 세계에서 가장 많습니다. 힌두교의 비중이 큰 것

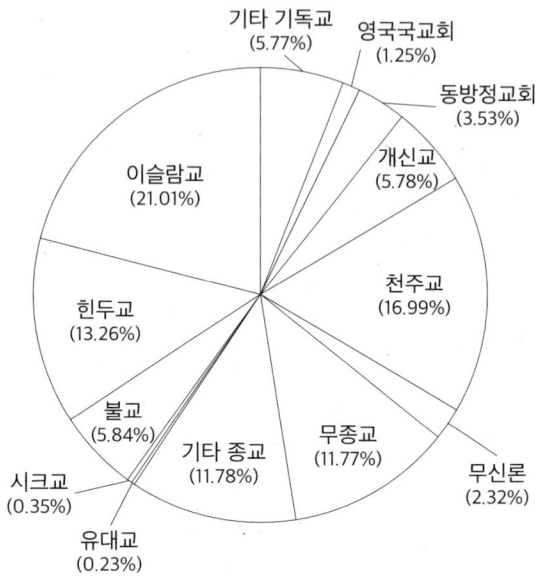

세계 종교 인구 통계(2007)

은 인도 인구가 많아서이겠고요.

　그런데 우리가 주의해서 봐야 할 것은 '무종교'와 '무신론'이라는 부분입니다. 무종교가 11%가 좀 넘고, 무신론자(athiests)는 2.32%라고 되어 있죠. 보통 무종교인이 곧 무신론자라고 생각하기 쉬운데요. 꼭 그렇지는 않습니다. 통계에서 볼 수 있는 것처럼 '종교를 안 가지고 있다'고 하는 사람들에 비교하면, 무신론자는 비율이 적습니다. 무신론자는 유물론자라고도 할 수 있습니다.

'인간이 죽으면 물질로 흩어지며, 이 물질적 세계가 전부다'라고 생각하는 사람들이죠. 이렇게 보면 무종교인들은 유물론자가 아니니, 종교적 세계관을 가지고 있다고 볼 수 있습니다. 결국 종교는 여전히 인간 세계관의 중심으로 기능하면서, 많은 사람들의 행동과 사고방식에 영향을 미치고 있다는 것을 꼭 기억할 필요가 있습니다.

인간은 세계관을 가지고 살아갈 수밖에 없습니다. 그런데 현대사회에서는 교통과 통신이 발달하면서, 이질적인 종교적 세계관을 가진 사람들이 한 공간에서 거주하게 되었습니다. 예전에는 자신들이 가진 종교가 절대적이라고 믿는 사람들만이 모여 살았다면, 지금은 다른 종교를 가진 사람들과도 이웃으로 지내야 하는 상황이 된 겁니다. 이런 사회에서는 당연히 평화로운 공존의 문제가 대두됩니다.

우리나라는 다종교 상황을 가장 첨예하게 겪고 있습니다. 통계 조사를 보면 우리나라 인구의 절반은 종교가 없다고 대답합니다. '종교를 가지고 있지 않다'라고 답한 사람들이 모두 무신론자는 아니라는 말씀은 앞에서 드렸죠. 종교인의 비율을 보면 3분의 1 정도가 불교, 나머지 대부분이 기독교인 천주교와 개신교 신자로 나타납니다. 그밖에 여러 소수 종교들도 있죠. 그런데 『론리 플래닛』(*Lonely Planet*)이라는 세계에서 제일 유명한 여행 가이드북은 한국이 세계에서 가장 유교적인 국가라고 이야기합니

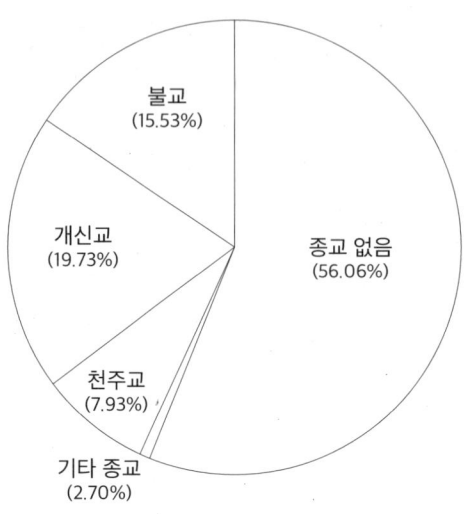

한국 종교 인구 통계(2015, 통계청)

다. 대중교통에 경로 우대석이 있는 것도 그렇고, 나이 드신 분들을 대할 때 공손한 태도를 취하는 것도 그렇고, 우리는 알게 모르게 유교적인 풍토 속에서 살고 있습니다. 또 요즘에는 외국인들도 많이 들어오고 국제결혼도 많아지면서, 이슬람교를 종교로 갖는 사람들도 많아지고 있습니다. 요컨대 다양한 종교와 세속적 세계관의 공존이 우리의 현실이 된 겁니다.

강의 중에 거듭 말씀드리겠지만, 종교는 양날의 칼과 같습니다. 잘 사용하게 되면 나와 타인에게 대단히 유용하고 좋은 영향을 가져올 수 있지만, 잘못 사용하게 되면 나와 남을 다치게 만드는 흉기가 됩니다. 종교가 우리 삶에 도움이 되려면, 종교에 대한 이해가 꼭 필요합니다. 특히 다양한 종교가 공존하는 우리에게는 더욱 그러하다는 말씀을 드리면서 첫번째 강의를 마치도록 하겠습니다.

2강 _ 종교와 신의 기원

종교의 기원에 대한 세 가지 설명

이번 시간에는 '종교와 신이 어떻게 시작되었을까'라는 질문을 다루려 합니다. 종교학자들이 가장 치열하게 묻는 주제 중 하나가 종교의 기원입니다. 종교의 기원을 알아야 종교라는 현상을 제대로 이해할 수 있을 거라는 기대 때문입니다.

우주의 기원에 대한 답변

종교는 우주의 기원과 연결되어 있습니다. '존재하고 있는 이 모든 것들이 왜, 그리고 어떻게 생겼을까'가 종교가 다루는 핵심적인 질문 중에 하나이기 때문입니다. 유대교, 기독교, 이슬람교 같은 종교들은 유신론적인 전통입니다. 창조주와 우주의 주재자를 상정하는 유신론 전통에서는 당연히 창조주가 우주의 기원입니다. 창조주가 우주의 모든 것을 만들었다는 것이지요. 이런 식의 설명은 유신론적 관점에서는 자연스럽고 논리적으로 이해하기에도 어려움이 없죠. 그런데 창조 신화는 우리에게 잘 알려진 종교가 아니더라도, 모든 인간 문화에 다양한 형태로 존재합니다.

죽음에 대한 두려움과 영생의 염원

인간이 가지는 죽음에 대한 두려움과 영원히 살고 싶어 하는 염원에 대한 해답 체계로서 종교가 비롯됐다는 설명도 있습니다. 지난 시간에 잠깐 언급했었는데요. '영혼'이라든가 '저세상', '사후 세계'와 같은 눈에 보이지 않는 차원을 받아들일 때, 그것을 종교라고 이름 붙일 수 있다는 겁니다. 예컨대 북한의 주체사상도 굉장히 견고한 신념 체계로 사람들이 그것을 위해 헌신하고 목숨을 바치기도 합니다. 즉, 국가지도자에 대한 경배나 흠모의 마음이라는 점에서 여느 종교 못지않습니다. 그럼에도 불구하고 주체사상을 종교라고 부르지 않는 이유는 뭘까요? 아주 명확합니다. 이른바 '주체 천국'이 없기 때문입니다. 죽어서 가게 되는 세계를 상정하지 않는다는 뜻이지요. 이 점에서 주체사상은 우리가 다루는 종교의 범주에 들어가기 힘듭니다.

　반면 유교는 종교인지 여부에 대해 논란이 있습니다만, 종교에 해당됩니다. 유교에서 가장 중요한 의례는 제사입니다. 제사를 빼면 유교는 '앙꼬 없는 찐빵'과 같다고 할 수 있는데요. 제사라는 것은 결국 죽은 조상의 실체를 인정하지 않으면 불가능합니다. 비록 일 년 중에 단 하루만 그 존재를 진심으로 모시는 것처럼 보이지만 말이지요. 제삿날이 아닌 364일 동안 죽은 조상들이 어디에서 무얼 하고 계시는지 별 관심이 없지만, 제삿날에는 들어오시라고 문도 열어 놓고, 생전에 좋아하시던 음식도 대접합니다. 이처럼 죽음과 다른 세계에 대한 이야기가 없으면 종교라고 말하기 어렵습니다.

도교는 어떻습니까? 도교에서 지향하는 바람직한 인간상은 신선입니다. 학이나 호랑이를 타고 있는 신선 그림을 쉽게 볼 수 있는데요. 이 신선이라는 존재는 '불로불사'(不老不死)의 존재입니다. 죽음을 넘어서겠다는 인간들의 희망이 이 신선이라는 개념에 담겨 있는 거죠. 기독교에서도 거듭나서 '영생'을 얻는다고 얘기하잖아요. 이처럼 도교와 기독교 모두 '영원히 산다'는 것을 지향한다는 점에서 결국 인간이 가지는 죽음에 대한 두려움과 불사의 염원을 담고 있습니다.

자연에 대한 공포

그다음으로 종교가 자연에 대한 공포 혹은 경이에서 비롯되었다는 입장이 있습니다. 저는 미국 텍사스의 휴스턴이라는 곳에서 공부를 했습니다. 넓은 평원에서 운전을 하다 보면 정말 큰 소리로 벼락이 도로 바로 옆으로 떨어질 때가 있습니다. 그런 경험을 하고 나면, 원시인들이 벼락을 정말 두려워할 수밖에 없었겠구나 실감을 하게 됩니다. 우리는 현대적인 환경에서 살기 때문에 원시인들이 자연에 대해서 가졌던 공포나 경이로움의 감정을 실감하기가 매우 힘듭니다. 그런데 태풍, 지진, 벼락과 같은 압도적인 자연 현상을 만나게 되면, 우리 안에 있는 공포가 다시 나타나지요. 이런 두려운 자연현상을 예전 사람들은 어떻게 해서든지 이해할 수 있는 것으로 만들어야 했던 겁니다.

대표적인 방법 중 하나가 의인화시켜서 자기가 이해할 수 있고 관계를 맺을 수 있는 존재로 변화시키는 것인데, 이렇게 하면 받아들이기가 좀더 수월해집니다. 가령 벼락을 제우스(Zeus)의 무기로 해석하고, 신이 죄를 지은 사람들을 처벌하는 것이라고 이해하는 방식이지요. 벼락이 여전히 위험하지만 그나마 덜 공포스러울 수 있다는 것이지요. 즉, 자연의 힘들을 의인화시키고 초자연적인 존재와의 관계를 인간적인 방식으로 변화시킴으로써 삶에 통합시켰던 겁니다.

이렇게 종교의 기원을 세 가지로 말씀드렸는데, 사실 종교는 대단히 복합적이고 다차원적인 현상으로, 이 세 차원에서 다 설명될 수 있는 것은 아닙니다.

신은 어떤 존재인가

지금까지 종교의 기원을 살펴보았다면, 이제 신이 어떤 존재인지, 인간들이 신을 어떻게 이해했는지를 살펴보겠습니다. 앞에서 존재 전체를 눈에 보이지 않는 차원과 눈에 보이는 차원으로 나누고, 인간이 이 둘을 연결한다고 말씀을 드렸죠. 이런 구도 속에서 보면 인간은 육체를 가지고 지상에 존재하는 실체입니다. 반면 '신'(God) 혹은 '신들'(gods)은 눈에 보이지 않는 차원의 존재들을 지칭합니다. 인간들이 이 눈에 보이지 않는 차원의 존재들을 어떻게 이해했는지를 더 자세하게 들여다보지요.

로고스로서의 신

오른쪽의 그림은 영국의 신비가이자 시인이었던 윌리엄 블레이크(William Blake)의 판화 작품입니다. 신이 지상을 창조하는 장면을 묘사한 아주 유명한 그림입니다. 그림을 보면 신이 세계를 창조하면서 컴퍼스를 사용하고 있죠. 이때 컴퍼스는 '로고스'(logos)를 의미합니다. 이성적이고 지성적인, 다시 말해 합리적인 사고를 통해 질서 잡힌 세계를 만들어 냈다는 의미입니다. 그리스 로마 신화를 비롯해서 고대의 여러 신화들을 보면 창조 이전에는 물질들이 혼란스럽게 뒤섞여 있는 것으로 묘사가 됩니다. 우리가 '카오스'(chaos)라고 알고 있는 상태죠. 그런데, 여기에 로고스

윌리엄 블레이크(William Blake), 「고대의 날들」(The Ancient of Days)

가 깃들면서, 카오스는 질서 잡힌 우주인 '코스모스'(cosmos)로 변하게 됩니다. 코스모스라는 질서 잡힌 세계의 배후에는 로고스가 관통하고 있는 것이고, 인간은 이 질서를 파악할 수 있는 능력을 가지고 있다는 겁니다.

영문으로 된 학문의 명칭을 보면 뒤에 '~logy'가 많이 붙습니다. 심리학(psychology), 생물학(biology) 같은 단어들이 그렇죠. 즉, 학문은 로고스로 파악할 수 있는 법칙을 전제로 한다는 이야기입니다. 인간이라면 배움을 통해서 세계를 이해할 수 있습니다. 이것이 가능한 이유는 인간의 머릿속에 로고스를 파악할 수 있는 로고스의 능력이 있기 때문이라는 거죠. 이처럼 로고스는 인간 존재와 세계의 이해에 대단히 중요한 의미를 지닙니다.

『성경』의 「창세기」는 신이 인간을 흙으로 만든 후에 숨을 불어넣었다고 합니다. 이런 과정을 거쳐 신이 자신의 이미지대로 인간을 창조했다는 것이지요. 그런데 신의 이미지는 무얼 말하는 것일까요. 신도 팔 두 개, 다리 두 개를 가지고 있다는 뜻일까요? 또, 신의 피부는 하얀색일까요? 이런 신 표상은 인간이 신을 자기처럼 의인화한 것입니다. 종교사에는 이런 의인화를 비판하는 태도가 굉장히 강력하게 존재합니다. 신이 로고스를 활용해서 세상을 창조하고 그다음에 인간의 머릿속에 로고스를 심어 주었으므로, 이 로고스라는 측면에서 인간과 신이 동일하다는 겁니다. 즉, 인간이 로고스를 발휘하면 신과 같은 행위를 하게 됩니다. 특히 신이 로고스를 활용해서 세상을 창조했듯이 인간이 로고스를 활용해서 뭔가를 창조하게 되면, 그건 신적 행위와 유사한 일을 재현하는 것이라는 견해입니다.

우주와 자연의 의인화

지금까지 유일신인 창조주가 세계를 만들었다는 관점에서 말씀을 드렸는데요. 유일신이 아니라 여러 신이 존재하는 종교도 있습니다. 힌두교가 대표적입니다. 힌두교에는 신이 굉장히 많습니다만, 그중에서도 세상의 창조와 유지 소멸을 관장하는 세 신이 중요하죠. 먼저 창조주인 브라흐마(brahma)가 있습니다. 우주가 창조된 다음에는 유지되어야겠죠. 이걸 관장하는 신이 비슈누(vishnu)입니다. 마지막으로 우주의 소멸은 시바(shiva)가 주재한다고 합니다. 그런데 이렇게 세 신이라고 이야기를 했지만, 실제로는 세계의 창조와 유지, 소멸이라는 거대한 우주적 순환을 브라흐만(brahman)이라는 유일신이 숨을 들이마시고 내쉬는 활동으로 이루어 낸다고 봅니다. 이런 힌두교의 세계관을 현대 물리학의 빅뱅 이론과 연결시켜 설명하는 사람들도 있습니다.

다신론적인 전통을 잘 보여 주는 또 다른 예가 그리스 로마 신화의 신들입니다. 라파엘로(Raffaello Sanzio)가 그린 「신들의 회의」라는 작품에는 제우스를 필두로 올림푸스에 모여 사는 여러 신들이 그려져 있습니다. 이 신들은 자연의 여러 가지 힘들을 의

라파엘로, 「신들의 회의」

인화시킨 존재로 해석되기도 합니다. 그런 점에서 그리스 로마
의 다신론은 앞서 자연의 힘을 의인화하는 과정에서 종교가 출
현한 것이라는 설명과 부합하는 면이 있습니다.

유일신교와 다신교

그런데 그리스 로마 시대에 다신론적 전통만 있었던 것은 아닙
니다. 이 시기에도 플라톤(Platon)이나 피타고라스(Pythagoras) 같
은 철학자들은 종교적 철학 혹은 철학적 종교를 주장했습니다.
그들은 유일신 개념을 가졌는데, 다신론적인 관점과 긴장과 갈
등을 빚어내기도 했습니다. 또 유대교나 기독교에서 지속적으로
등장하는 우상숭배 논쟁은 일신론적 전통과 다신론적 전통 사이

의 갈등을 드러내는 것으로 해석됩니다.

한편 인간은 신에 대한 관념을 끊임없이 바꾸어 왔다는 사실도 기억해야 합니다. 종교는 눈에 보이지 않는 차원이 눈에 보이는 차원에 살고 있는 인간에게 드러나는 과정에서 만들어집니다. 이때, 눈에 보이지 않는 차원에 존재하는 어떤 힘, 존재, 실체들이 신이라고 불립니다. 이런 관점에서 보면 신이 인간과 어떤 식으로 관계를 맺느냐에 따라서 신이 하나로 혹은 여럿으로 나타날 수 있다는 겁니다. 그러니까 자연의 다양한 힘들을 의인화하는 관점에서 봤을 때는 수없이 많은 신이 등장하지만, 그리스 철학이나 기독교의 신학자들 혹은 정통 힌두교의 관점에서 보면 존재의 근원으로서의 신은 유일합니다. 존재하는 모든 것의 근원인 하나의 신이 되는 것이지요. 요컨대 분리된 존재로서 인간은 창조된 세계 속에서 신의 다채로운 측면과 관계를 맺을 수 있습니다. 동시에 존재의 근원인 신과 하나가 됨으로써 우리의 본성을 알아차리는 사건도 가능하고요.

신과 인간의 관계

보이는 세계에 겹쳐진 신들

지금까지 종교와 신의 기원에 대해서 살펴보았는데요. 이제 신과 인간의 상호관계에 더 주목해 보겠습니다. 『신과 함께』라는 만화에는 많은 신들이 나옵니다. 집에 거주하는 신들도 여럿입니다. 성주신, 조왕신, 측신, 철륭신 같은 신들이 집을 지키는 것으로 나오죠. 저승사자도 등장합니다. 저승사자는 죽은 사람들에게만 보이는 존재입니다. 이렇게 인간과 관계를 맺는 초자연적인 존재는 풍부합니다.

　서양 기독교에는 천사들이 있습니다. 천사들 사이에는 위계도 있지요. 또 악마와 죽은 사람들의 영혼도 존재합니다. 이렇게 이승(눈에 보이는 세계) 너머에는 이승보다도 더 복잡하고 다양한 세계가 펼쳐진다는 것이지요. 그리고 이런 세계는 심지어 신들이 부엌, 화장실 같은 곳에 살고 있는 것처럼, 눈에 보이는 차원에 겹쳐져 있다고 여겨집니다. 예를 들어서 기독교 전통에서는 천사라고 부르는 존재들을 동양이나 다른 전통에서는 신이라고 부릅니다. 무속의 '만신'(萬神) 개념과 통한다고도 볼 수 있고요. 그러니까 우리가 신 개념을 이해할 때, 유일신/다신교와 같은 식으로 경직되게 볼 것이 아니라, 신이라는 단어가 대단히 유연하게 사용된다는 걸 염두에 둘 필요가 있습니다.

　정리하자면 신이 창조주로서, 존재하는 모든 것들을 주재할 때, '신은 하나밖에 없다', '둘이 아닌 하나다'라는 식으로 정의가 됩니다. 반면, 인간과 신이 관계를 맺는 측면에 주목하면 복잡하고 다양한 신들이 등장합니다. 이 사실을 명확하게 파악하는 것이 종교와 관련된 여러 가지 논란들을 이해하는 첫 출발점입니다.

인간 심리의 투사

모건 프리먼과 짐 캐리가 주연한 「브루스 올마이티」라는 영화를 예로 들어 볼까요. 짐 캐리가 자신의 불운 때문에 신을 저주하다가, '그럼 네가 신 한번 해 봐'라고 해서 엉겁결에 신의 역할을 떠맡는 코미디 영화인데요. 이 영화에서 모건 프리먼이 신 역할입니다. 이슬람이나 유대교에서는 이런 식으로 신을 구체적인 모습으로 형상화하는 것을 엄격하게 금지합니다. 하지만 기독교에서는 그렇게 큰 거부감이 없죠. 힌두교 같은 종교에서는 신이 더 다채로운 모습으로 등장하고요. 어쨌든 「브루스 올마이티」는 신을 인간처럼 그려 냅니다. 심지어 신을 흑인으로 형상화했는데요. 여기에서 결정적으로 중요한 것은 신의 지혜입니다.

또 다른 영화 「도그마」를 보죠. 맷 데이먼과 벤 애플렉이 하늘에서 쫓겨난 천사로 등장하는 작품입니다. 이 영화에서는 앨라니스 모리셋이라는 젊은 여자 가수가 신의 역할을 하는데요. 이렇게 젊은 여성이 초월적 신으로 묘사된 장면을 보면 전통적인 기독교인들이 거부감을 느낄 가능성이 큽니다. 종교인이 갖는 신의 이미지는 그 사람이 신을 어떻게 이해하는지를 보여 줍니다. 가령 심판하는 나이 든 남성 신이 나에게 편안하다면, 권위적이고 가부장적인 신 관념을 가지고 있을 가능성이 높습니다. 반대로 흑인 신, 여성 신, 혹은 남성과 여성의 몸이 결합돼 있는 신의 모습 역시 특정한 신 관념을 드러냅니다.

그리스 철학자인 크세노파네스(Xenophanēs)는 이 점을 예리하게 지적했습니다. 그는 만약 동물에게 인간과 같이 사고의 능력이 있다면, 소는 소 모양의 신을 만들고 말은 말 모양의 신을 만들어 낼 거라고 했죠. 인간이 열두 신을 만들어서 인간들이 하고 싶지만 감히 못하는 일들을 하게 만드는 것이 얼마나 수준 낮은 일인지를 비판하는 말입니다. 그리스 로마 시대부터 보통 사람들의 신 이해는 신에게 음식을 바치고 제사를 잘 지내야 삶의 행복이 증진된다고 믿는 것이었는데, 크세노파네스가 보기에 어처구니가 없을 정도로 순진하다는 겁니다.

트로이 전쟁이라는 신화적 사건도 이런 인간적인 면모를 보여 줍니다. 여신들이 누가 가장 아름다운지를 겨루었는데, 트로이의 왕자 파리스가 아프로디테를 가장 아름답다고 하면서 갈등이 시작됩니다. 아프로디테가 파리스에게 아름다운 여자를 주겠다고 하는데, 그 여자가 유부녀였던 헬레나였죠. 신들의 행위라고 하기에는 유치한데, 이처럼 신을 의인화하는 태도에 대해 크세노파네스가 보여 준 거부감과 같은 비판이 종교사에서 지속적으로 등장합니다.

이런 태도를 강하게 드러낸 종교가 이슬람인데요. 이슬람 사원인 모스크에 가 보면 '알라'(Allah) 신을 형상화한 그 무엇도 없습니다. 인간이나 동물의 형상은 어떤 것도 그려질 수 없고, 아라베스크 문양만 벽면을 장식하고 있습니다. 눈에 보이지 않는 세계와 인간이 어떤 식으로 관계를 맺는가라는 이슬람식 인식을 반영하고 있는 것이지요.

성스러움, 눈에 보이지 않는 세계의 드러남

종교와 신을 논할 때, '성스러움'이라는 개념도 중요합니다. 이 단어는 루마니아 출신의 종교학자 미르체아 엘리아데의 책 『성과 속』에서 집중적으로 다루어집니다. 엘리아데는 '성과 속'이 종교를 이해하는 대단히 중요한 틀이라고 보았습니다.

우선 성스러움을 통해서 우리는 눈에 보이지 않는 세계와 눈에 보이는 세계 사이의 관계를 설명할 수 있습니다. 모든 종교는 눈에 보이지 않는 차원을 강조합니다. 종교적 세계관에 따르면 보이지 않는 차원이 눈에 보이는 세계를 만들어 내거나 그 근원으로 작동합니다. 이처럼 이 세계가 보이지 않는 차원으로부터 유출되고 만들어지지만, 그렇다고 이 두 세계가 완전히 동일한 건 아닙니다. 보이지 않는 차원의 특성이나 속성이 우리가 사는 세계에 드러나기 마련인데, 이걸 '성스러움'이라고 부를 수 있다는 것이지요.

성스러운 종교적 공간, 예컨대 교회나 성당, 사찰 등은 눈에 보이는 세계에 속합니다. 하지만, 신도들에게 그 장소는 우리가 익히 접하는 물질 세계와는 다른 아우라를 지닙니다. 절이나 성당에 들어서게 되면, 그 공간은 세속적인 공간과는 사뭇 다르게 느껴진다는 겁니다. 교회나 사찰이 우리가 사는 집과 비슷한 소재로 만들어지지만, 완공되는 순간 종교적 공간은 보통 건물과는 다른 성스러움을 띠게 됩니다.

공간뿐만 아니라 시간에도 성스러움이 존재합니다. 창조의 순간이나 종말의 순간이 그러합니다. 또 사회 전체가 기념하는 축일도 성스러움을 담는 시간입니다. 성스러운 시간과 공간이 결합하면, 종교적 의례가 탄생하는 거고요. 즉, 성당에서 미사를 드리거나 사찰에서 예불을 드릴 때 사람들은 성스러운 공간과 시간이 만나는 것을 체험합니다. 또 자신이 신과 하나가 되거나 '불성'(佛性)을 체득하는 종교 체험은 성스러운 근원으로 되돌아가는 경험입니다. 이 점에서 종교는 성스러운 공간과 시간에서 출발하고, 종교인은 일상에서 이를 반복하려고 시도합니다.

시공간뿐만 아니라 경전도 마찬가지입니다. 경전을 만드는 종이는 참고서를 만드는 종이와 똑같습니다. 그러나 책이 완성되고, 『성경』이라는 제목이 붙는 순간 갑자기 달라집니다. 즉, 기독교인에게 『성경』은 성스러운 책입니다. 이와 유사하게 사람들

중에도 성스러움을 더 많이 구현하는 인물이 있습니다. 붓다는 인간 마음의 가장 깊은 곳에서 우리의 본성인 불성을 깨달은 사람으로 여겨집니다. 그도 타인과 똑같이 육체적인 존재지만, 깨달음 체험으로 인해 보이지 않는 차원의 경이로움을 체현한 '성스러운' 인물이 됩니다.

이렇게 성스러운 시간과 공간, 경전, 그리고 신성을 육화한 인물들은 보이지 않는 차원과 보이는 세계를 연결합니다. 결국 이 연결은 보이지 않는 차원의 아우라가 보이는 세계의 사물이나 인물을 뚫고 나오는 것이라고 볼 수 있습니다. 성스러움은 '물질적인 세계'에 구현되는 '무한성'과 '영원성'이라고도 이야기할 수 있고요.

한편 분리된 존재인 신과 관계를 맺는 가장 중요한 것 중에 하나가 의례 혹은 제의입니다. 영어로는 '리추얼'(ritual)인데, 모든 종교는 저마다의 의례를 가지고 있습니다. 의례는 보이지 않는 차원과 보이는 차원을 인간이 연결하는 행위들입니다. 앞 시간에 '무'(巫)라는 글자가 인간이 자신의 의식을 엑스터시 상태로 변화시켜서 보이지 않는 세계와 보이는 세계를 연결시키는 것이라고 말씀을 드렸죠. 그런 사람들은 무당이라고 불리고, 이 사람들이 두 세계를 연결하는 사건은 굿이라 지칭됩니다. 천주교의 미사 역시 그러합니다. 미사 중에 이루어지는 성만찬(Eucharist)은 인류의 대속을 위해서 죽은 예수의 피와 살을 모두가 함께 모여서 나누어 먹는 특수한 의례입니다. 아즈텍 희생제의의 카니발리즘이나 사람을 죽여서 희생제물로 바치는 다른 종교의 의례들과 비슷한 부분이 있다는 사실도 흥미롭지요.

3강 _ 인간이 신을 만들었을까

유신론적 종교 전통의 신이 갖는 몇 가지 특성이 있습니다. 전지전능(全知全能)하고 무소부재(無所不在)하다는 것이 대표적입니다. 그런데 이런 방식으로 신을 정의했을 때 제기될 수밖에 없는 의문이 있습니다. 바로 '신이 과연 선하고 정의로운가'라는 질문입니다. 이 질문은 '신정론'(神正論)이라는 이름으로 다루어지는데요. 앞부분에서는 이 문제를 다뤄 보고요. 그다음으로는 '신이 없는 종교라는 게 과연 가능한가'라는 물음을 살펴보려고 합니다. '신이 없는 종교'라는 주제와 관련해서 우리가 쉽게 떠올릴 수 있는 종교가 불교이지요. 마지막으로 종교학이라는 것이 과연 어떤 학문인지, 그리고 어떤 장점과 단점을 가지고 있는지도 다루려 합니다.

신정론 : 신은 정의로운 존재인가

신정론은 '신이 선하고 정의로운가'라는 물음을 다룹니다. 영어로는 '테오디시'(Theodicy)라고 부릅니다. '테오'(theo)는 그리스어의 '테오스'(theos, 신神)에서 온 말이고요. '-디시'(-dicy)라는 말은역시 그리스어인 '디케'(dikē, 정의正義)에서 온 말입니다. 신정론은유신론적인 종교 전통에서는 피할 수 없는 근원적인 문제를 건드립니다.

신을 정의할 때 '옴니'(omni)라는 말을 씁니다. '옴니'라는 말은 영어로는 '에브리'(every)로 '모든 것'을 뜻하는데요. 신과 관련해서는 크게 세 가지를 말합니다. 먼저, '옴니프레젠트'(omnipresent)입니다. 즉, 신은 '무소부재'하다, 달리 말해 신이존재하지 않는 장소는 없다는 뜻입니다. 두번째는 '옴니사이언스'(omniscience)입니다. '옴니'와 '사이언스'라는 단어가 함께 만난표현인데요. 신이 모든 것을 알고 있다는 거죠. 전지(全知)하다는겁니다. 마지막으로 '옴니포텐트'(omnipotent), 전능(全能)입니다.모든 것을 할 수 있다는 의미죠. 신이 세계를 창조하는 초월적이고 위대한 존재로 상정됐을 때 어떤 종교든 이 세 가지 속성이 꼬리표처럼 따라붙습니다.

이렇게 신을 정의하면, 재미있는 이야기들이 따라옵니다.'신이 전능하다면, 신은 그 자신이 들 수 없는 돌을 만들 수 있는가'와 같은 물음입니다. 신이 그런 돌을 만들 수 없다면, 전능한 것이 아니죠. 또 만들 수 있다고 하면, 역시 신이 들 수 없는 돌이 있다는 뜻이니, 신의 전능을 부정하게 됩니다. 이런 난제는 얼마든지 더 있지만, 신정론은 조금 다른 문제를 다룹니다. 신정론에서는 '신이 무소부재하고 전지전능하다면 이 세상의 불의나 악을 어떻게 이해할 수 있는가'가 핵심적인 주제입니다.

불교와 같이 신이 없는 종교에서는 신정론에서 제기되는 난제들은 비껴갈 수 있습니다. 창조주 혹은 유일신을 얘기하지 않기 때문인데요. 그렇다고 불교가 고등 종교이기 때문에 그런 문제에 부딪치지 않는다고 단정해서는 안 됩니다. 전략이 다를 뿐이라는 점을 염두에 두고, 신정론의 문제를 더 구체적으로 살펴보겠습니다.

욥의 시련과 신의 정의

『성경』 구약에 「욥기」가 있습니다. 하느님의 사랑을 많이 받은 의인 욥에 관한 이야기입니다. 욥은 원래 열 명의 자녀(일곱 명의 아들과 세 명의 딸)가 있었고, 가축도 많고 재산이 어마어마해서 주변에서 다 부러워했습니다. 신의 은총을 넘치게 받은 사람이었는데요. 어느 날 사탄이 신에게 제안을 합니다. "욥이 의인이고 성인인데, 어떤 일이 있어도 신을 부정하지 않고 원망하지 않는지를 시험해 보는 게 어떨까요"라고요. 뜻밖에도 이 제안을 하느님이 허락을 합니다. 너무 심하게 하지는 말라고 했지만, 사탄은 욥을 죽게 만드는 것 빼고는 다 합니다. 먼저 욥의 재산을 빼앗죠. 부인이 욥을 떠나고 자식들도 다 죽습니다. 그리고 나중에는 욥의 건강까지도 빼앗아, 온몸이 등창과 종기로 뒤덮이는 지경에 이릅니다. 하지만 욥은 끝까지 하느님을 원망하지 않죠. 이야기는 이렇게 시험을 통과한 욥이 원래 가졌던 것을 모두 되돌려 받는 것으로 끝납니다. 진정한 신앙심은 어떤 고통도 이길 수 있고, 고통을 이겨 내면 끝내는 더 큰 은총을 받게 되리라는 것이 주된 줄거리입니다. 욥의 시련은 이렇게 해피엔딩으로 끝났습니다만, 이 이야기는 많은 의문을 낳습니다.

우선 욥의 시련이 애초에 신과 사탄의 내기에서 출발했다는 것이 문제입니다. 신앙심이 진짜인지 알아보겠다고 시작한 내기때문에 아무 잘못도 없는 의인이 상상도 못할 고통을 받은 거죠. 더구나 시험으로 인해 목숨을 잃은 욥의 자식들을 어떻게 이해해야 할까요? 실제로 우리가 사는 현실에서는 욥의 생애처럼 해피엔딩으로 안 끝나는 경우가 더 많죠. 태어나자마자 불치병으로 고생하다가 죽는 아이들도 있고, 착한 사람이 이유도 없이 험한 꼴을 당하기도 합니다. 반대로 '뭐 저런 인간이 있나' 싶은데 잘 사는 사례도 있습니다. 그래서 전지전능하고 무소부재한 신이 존재하는데, 어떻게 이런 일이 가능한가라는 의문이 자연스럽게 생겨납니다.

애당초 전지전능한 신이 사탄과 내기를 한다는 설정도 선뜻 이해하기가 어렵습니다. 기독교에서는 사탄을 보통 타락한 천사라고 이야기를 합니다. 물론 거대한 신의 드라마를 완성시키기 위해서 꼭 필요한 역할이고, 사탄도 회개하면 천사로 다시 돌아갈 수 있다고 하면 문제가 간단해지기는 합니다. 하지만 구약에 나오는 소위 욥의 시련은 신의 전지전능하고 무소부재한 속성을 강조하는 종교 전통에서는 쉽게 이해할 수 없는 궁금증을 야기합니다. 사실 이것 때문에 종교를 떠나는 사람들이 많기도 합니다. 전지전능한 신이 존재한다고 보기에는 납득이 가지 않는 일들이 현실에 많습니다. 특히 인류가 종교의 이름으로 저지른 일들을 돌아보면 신정론은 더 절실하게 부각됩니다.

세계대전의 비극과 신정론

아이러니하게도 1, 2차 세계대전은 주로 기독교 국가들 사이에서 벌어졌습니다. 천주교이건 개신교건 상관없이 똑같이 유일신을 믿는 이들끼리 서로를 살육했던 것이지요. 그러다 보니 같은 신을 믿는 사람들이 서로를 죽일 때, 무소부재하고 전지전능한 신은 도대체 무엇을 하고 있었냐는 질문이 제기됩니다. 당시에 참전한 모든 기독교 국가들은 자기 나라가 전쟁에서 이기게 해달라고 기도했을 겁니다. 그렇다면 신은 도대체 누구 편을 들었을까요.

원자폭탄도 유신론적 관점에서 보면, 신이 인간에게 부여한 로고스를 활용해 만들어졌다고 할 수 있습니다. 지난 시간에 살펴보았듯이 신이 자신을 닮도록 인간을 창조했기에, 인간이 자연법칙을 파악할 수 있고, 그 법칙에 의거해서 그들의 삶을 바꿀 수 있으니까요. 그런데 인간들은 이 로고스를 활용해서 과학을 발달시키고, 결국에는 인간을 절멸시킬 수도 있는 원자폭탄까지도 개발하게 됩니다.

2차 세계대전을 둘러싸고 비극적인 일이 많았지만, 그래도 가장 끔찍한 사건은 홀로코스트(Holocaust)였습니다. 홀로코스트는 그리스어로 '전체'(whole)를 뜻하는 '홀로스'(holos)와 '태운다'는 뜻의 '카우스토스'(kaustos)가 합쳐진 말로 특정 인종이나 집단을 말살한다는 의미를 담고 있는데요. 2차 세계대전 중에 독일에 의해 이뤄진 유대인 학살을 일컫는 말입니다. 이때 유대인을 포함해 집시나 장애인 등 600만 명이 집단 수용소에서 살해당합니다.

그런데, 희생되었던 유대인들의 종교인 유대교와 전쟁국가들 대부분의 종교였던 기독교, 그리고 이슬람교까지, 이 종교들은 모두 한 뿌리에서 나왔습니다. 나중에 2부에서 여러 종교들을 살펴볼 때 더 자세하게 설명하겠지만, 세 종교는 모두 아브라함(Abraham)이라는 공통의 조상에서 비롯됩니다. 아브라함에게는 아들이 둘인데, 첫번째 처에게서 낳은 아들이 이삭(Isaac)이고, 두번째 처에게서 낳은 아들이 이스마엘(Ismael)입니다. 이삭은 나중에 유대인들의 조상이 되고, 이스마엘은 아랍 사람들의 시조입니다. 이렇게 유대교, 기독교, 이슬람이 똑같이 아브라함에게서 시작된 것이지요. 그리고 유대교와 기독교는 구약을 공유하지만, 신약을 받아들이느냐의 여부에 따라 갈립니다. 즉, 유대교는 메시아로서 예수의 위치를 인정하지 않습니다.

이렇게 뿌리가 같은 두 종교 사이에서 600만 명이 넘는 사람들이 죽는 끔찍한 일이 벌어진 겁니다. 당시 독일에 점령당했던 기독교 국가들이 자기 나라에 살던 유대인들을 색출해서 포로수용소로 보내는 일에 적극적으로 협력했다는 것도 비극입니다. 이런 협조가 없었다면 짧은 기간에 그 많은 사람들을 독일이 죽일 수 없었겠지요. 그리고 전쟁이 끝나고 포로수용소에서 석방된 유대인들이 살던 곳으로 돌아옵니다. 그런데 유대인들의 집과 재산을 이미 동네 사람들이 다 차지했습니다. 곳곳에서 문제가 생기니까 이들을 다시 포로수용소로 데려가기도 합니다. 이처럼 유럽 전역에서 고향으로 돌아가지 못한 유대인들을 어떻게 할 것인가가 고민거리가 되었고, 그 해결책 중 하나가 팔레스타인에 세워진 이스라엘이었습니다. 이렇게 해서 '세계의 화약고'라고 불리는 중동의 갈등이 시작됩니다. 기독교와 유대교 사이의 갈등에 이슬람까지 휘말려 들어간 것이지요.

2차 세계대전 동안 인류가 행했던 잔혹함 때문에 신정론이 강력하게 제기될 수밖에 없었습니다. 가령 '아브라함의 자손인 유대인들이 600만이나 죽고 있는 동안 신은 무엇을 했는가?'라는 겁니다. 무소부재하고 전지전능한 신이 이런 사태를 막을 수 있을 텐데, 그러지 않았다면 신은 악한 존재가 됩니다. 만약 모르거나 막을 수 없었다면, 신은 무능한 존재가 되는 거고요.

인간의 자유의지와 신

신정론의 문제는 역사적 사건에만 국한되지 않습니다. 신이 전지전능하다면 '인간의 자유의지는 어떻게 되는 것인가'라는 질문도 제기됩니다. 「창세기」의 아담과 이브의 이야기가 대표적입니다. 하느님이 따먹지 말라는 열매를 먹어서 아담과 이브가 낙원에서 추방되는 사건이 구약의 첫 부분에 나오죠. 이 이야기를 보면, 아담, 이브, 그리고 지혜의 나무, 뱀까지 하느님이 이 모두를 한 자리에 모아 놨기 때문에 일이 벌어집니다. 신이라면 이런 사건이 생길 것을 미리 알았어야 하는 거고, 만약 몰랐다면 전지전능하다고 할 수 없습니다. 기독교의 원죄 개념과 자유의지의 문제도 신정론과 연관이 된다는 말씀을 드리고 싶어서 덧붙여 보았습니다. 신정론은 유신론적 종교가 필연적으로 부딪치는 딜레마라고 할 수 있습니다.

신 없는 종교는 가능한가?

신(God)과 그 신 아래에 위치한 천사와 악마들, 그리고 육체적인 존재로 살다가 죽어서 저승에 가는 인간 영혼에 이르는 초자연적 존재들 없이는 종교가 성립되기 어렵습니다. 특히 초월적인 신을 상정하다 보면 앞에서 살펴본 것처럼 신정론의 문제를 피해 갈 수가 없죠. 그런데 이 문제에서 벗어나 있는 종교도 있습니다. 불교가 대표적입니다.

불교, 신 없는 깨달음의 종교

불교는 '붓다'(佛陀)라는 '깨달은 자'의 가르침을 중심으로 하는 종교입니다. 우리가 붓다라고 부르는 인물은 고타마 싯다르타(Gautama Siddhartha)라는 사람이죠. 싯다르타는 엄청난 고행을 필두로 당시 인도에서 유행하던 갖가지 수행법을 시도합니다. 다음 쪽의 사진을 보면 고행하던 시기의 싯다르타의 모습이 묘사되어 있습니다. 문제는 이렇게 혹독한 고행을 했는데도 도무지 자기가 얻고자 했던 깨달음을 얻지 못합니다. 그래서 고행을 그만두고 동네 처녀가 공양한 우유로 만든 죽을 먹었다고 하죠. 그걸 먹고 나서 기운을 차리고 깨달음의 경험을 했다는 겁니다. 이 체험을 '견성성불'(見性成佛)이라고 합니다. 싯다르타는 이런 놀라운 체험 후에 '깨달은 자'라는 뜻의 보통 명사인 '붓다'라는 이

붓다 고행상(라호르 미술관)

름으로 불리게 됩니다. 이처럼 누구든 깨달음을 얻으면 붓다라는 존재로 변모한다는 것이 불교의 핵심교리입니다.

붓다가 깨달음을 얻고 나서 전한 가르침은 모든 존재에게 불성이 있다는 것이었습니다. 또 자신 이전에도 동일한 견성성불의 체험을 한 붓다들이 있었다는 겁니다. 즉, 불교는 고타마 싯다르타를 섬기는 종교가 아니라, 모든 개인이 수행을 통해 성불(成佛)하는, 달리 말해 붓다가 되는 것을 지향하는 종교입니다. 이 점을 잘 드러내 주는 유명한 얘기가 독화살의 비유입니다. 제자들이 붓다에게 '죽은 다음에는 어떻게 되는지', '영혼이 있는지'와 같은 질문을 많이 했던 모양입니다. 그러자 붓다는 독화살의 비유를 듭니다. 우리가 독화살을 맞았을 경우, 아픈 것도 아픈 것이지만 빨리 화살과 독을 뽑아내지 않으면 죽습니다. 그런데 그 독의 성분이 뭐고, 누가 쐈는지를 묻는 것은 지혜롭지 않다는 거죠. 치료할 생각을 하지 않고 엉뚱한 데 의문을 갖는 것이 어리석다는 사실을 비유로 말해 주고 있는 겁니다.

불교라는 종교에서는 내가 붓다가 되는 것, 즉 깨달음을 얻는 것이 중요합니다. 엉뚱한 데 신경 쓰면서 고통받지 말고, 견성해서 성불하는 게 중요하다는 뜻입니다. 이처럼 불교는 실행 가능한 수행에 초점을 맞춘 종교입니다. 깨달은 자가 되기 위해서는 단도직입적으로 목표를 향해서 가라는 주장입니다. 이렇게 되면 신이나 신정론같이 복잡한 얘기를 안 해도 되는 거죠. "신이 있나요?" 하고 물어보면, "독화살!"이라고 하면 대답이 끝나는 아주 명쾌한 종교입니다.

불교는 천지창조의 문제도 얘기하지 않습니다. 이 세계가 어떻게 존재하게 되었는지는 불교에서 중요한 물음이 아닙니다. 견성해서 고통에서 벗어나는 게 결정적이라는 것입니다. 물론 불교 역시 개인의 깨달음에만 충실했던 것은 아닙니다. 그 대표적인 사례로 보살(菩薩)이 있습니다. 불교에는 지혜를 의미하는 문수보살(文殊菩薩), 자비를 의미하는 관세음보살(觀世音菩薩), 건강을 의미하는 약사여래불(藥師如來佛) 같은 여러 보살들이 있습니다. 이 보살들은 눈에 보이지 않는 차원과 보이는 차원들을 연결해 주는 매개자들입니다. 우리가 지난 시간에 다루었던 그리스 로마의 다신론 전통과 힌두교에서 초월적인 신의 여러 측면을 보여 주는 신적 아이콘이 있었죠. 불교의 보살 역시 그와 유사합니다.

물론 불교 전통 중에서 견성 체험만을 전면적으로 강조하는 흐름이 있습니다. 대표적인 것이 선불교입니다. 선불교는 명상(meditation, dhyana) 수행을 통해 견성할 때까지 어떤 것에도 한눈팔지 말라고 역설합니다. 우리나라의 조계종은 아주 강력한 선불교 전통입니다. 그런데 조계종 역시 한편으로는 선불교의 특성이 뚜렷하지만, 다른 한편으로는 보살 불교의 경향도 강합니다. 즉, 부처나 보살에게 절하고 모시는 기복적인 신앙 역시 두드러진 것이지요. 또 사찰은 천도제를 비롯해서, 눈에 보이지 않는 세계와 보이는 세계를 연결하는 일들을 많이 합니다. 불교계 내부의 비판적인 목소리도 있지만, 이런 기복적인 모습들은 불교가 힌두교나 다른 유신론적인 종교와 큰 차이를 보이지 않는 현실적인 측면입니다.

유교, 삼강오륜과 제사

동양 종교 중에서 종교 여부를 놓고 논란을 야기하는 또 다른 전통이 유교입니다. 유교는 삼강오륜과 같이 인간 사이의 관계를 규율하는 사회적 덕목들을 강조합니다. 즉, 사회적·정치적 질서에 방점을 찍고 있어서, 유교가 과연 종교인가라는 물음이 제기됩니다. 언뜻 보면 유교 역시 유신론적 신 관념이 약해서 신 없는 종교 전통처럼 보이지만, 꼭 그런 것은 아닙니다.

앞서 살펴본 것처럼 불교 역시 천지창조나 신정론과 같은 문제를 전면적으로 다루지는 않지만, 보이는 세계와 보이지 않는 세계를 매개하는 존재를 상정하고 의례를 행한다고 말씀을 드렸죠. 유교도 마찬가지입니다. 우리나라는 매년 '문묘제례'(文廟祭禮)를 거행합니다. 공자를 비롯한 중국과 한국의 유교 성인들에게 '제'(祭)를 지내는 것입니다. '제'라는 의례는 사후 세계가 없다면 할 수 없는 일이죠. 유물론은 인간이 여러 가지 물질들의 우연적인 조합에 불과한 것이고, 죽고 나면 이 모든 것들이 흩어져

버린다는 사실을 철저하게 믿습니다. 유교는 제사에 진심이라는 점에서 물질적인 차원만을 믿는다고 보기는 어렵습니다.

물론 다른 설명도 가능합니다. 우리가 공자 묘를 조성하고 제를 지내는 것은 공자의 삶을 지금 살아 있는 사람들이 기억하고 흠모하도록 하기 위한 것이라는 주장입니다. 달리 말해 귀신이나 영혼이 있는 건 아니지만, 현실적인 필요로 인해 제사 같은 의례들을 만들고 지킨다는 설명이죠. 조상에 대한 제사에 대해서도 조상들이 죽으면 아무것도 남지 않는다는 사실은 알지만, 그들을 기억함으로써 가족들이 유대를 다지기 위해서 제사를 지낸다는 설명입니다. 그런데 우리나라의 제사는 매우 진지한 의례입니다. 실제로 제사를 잘 지내지 않으면 안 좋은 일이 생긴다고 생각하는 사람이 많죠. 이런 걸 보면 제사를 살아 있는 사람들의 현실적인 필요에 의한 행위라고만 보기는 어렵습니다.

또 유교에서는 성인이나 조상에 대한 제사만 지내는 게 아니죠. 하늘이나 땅과 같은 자연에 대한 제사도 있습니다. 우리나라에는 큰 도시마다 사직공원이라는 데가 있잖아요. '사직'(社稷)이라는 말이 붙은 지명은 보통 사직단이 있었던 곳이고, 이 주변에 공원을 만들면 그게 사직공원이 되는 거죠. 사직단은 지신(地神)과 곡신(穀神)에게 땅을 기름지게 하고 곡식이 잘 자라도록 제사를 지내는 곳이었습니다. 또 서울에는 원구단(圜丘壇)이라는 곳도 있죠. 지금도 조선호텔에 일부가 남아 있는데, 임금이 주제자

서울의 사직단(위)과 사직에 대한 제사(아래)

(主祭者)로서 해마다 하늘에 제를 지냈던 장소입니다. 이렇게 천신과 지신에게 제사를 지내는 것이 유교 국가였던 조선의 중요한 의례였습니다.

그리고 또 다른 중요한 제사가 있었죠. 역대 왕들에게 드리는 제입니다. 왕의 조상들에게 제사를 지내는 것인데, 그걸 '종묘제례'(宗廟祭禮)라고 합니다. 왕은 천자(天子)이기 때문에 하늘의 자손들에게 제사를 지낸다는 의미도 있겠지요. 이런 여러 종류의 제사를 빼면 유교는 존재할 수 없다고도 할 수 있습니다.

결국 서구적 유일신을 상정하지는 않지만, 이 모든 의례가 눈에 보이지 않는 차원의 존재들을 전제로 한다는 점에서 유교 역시 종교라고 볼 수 있습니다. 즉, 신의 개념을 넓게 정의한다면 어떤 식으로든 신이 없는 종교는 존재하지 않는다고 정리를 할 수 있겠습니다. 더 정확히 말하면 눈에 보이지 않는 차원을 상정하지 않는 종교는 불가능하겠지요.

종교학은 어떤 학문인가?

지금까지 신의 존재를 필두로, 신과 인간의 관계를 여러 각도에서 살펴보았는데요. 이런 주제들을 탐구하는 종교학이라는 학문이 무엇인지 본격적으로 다루어 보도록 하겠습니다.

종교학의 아버지 막스 뮐러

막스 뮐러(Friedrich Max Müller)는 '종교학의 아버지'라고 불립니다. 18세기 이후 서양이 동양에 활발하게 진출하면서, 서양인들은 그들의 유신론적 종교 전통과 전혀 다른 동양 종교들을 접하게 됩니다. 이 시기에 막스 뮐러는 힌두교의 경전인 베다(veda)를 비롯해 동양의 문헌들을 서양에 번역해 소개합니다. 그는 "하나만 알면 아무것도 모르는 것이다"라는 유명한 말을 남겼습니다. 즉, 자기 종교만 아는 사람은 자기 종교도 제대로 알지 못하는 것이라는 주장이지요. 이 점에서 종교학은 기본적으로 '비교'종교학입니다. 비교종교학은 여러 종교를 놓고서 과연 우리가 무엇을 종교라고 부를 수 있는지, 이 종교와 저 종교는 어떤 점에서 같고 다른지를 비교해서 이해하려는 인문학의 한 분야입니다.

미르체아 엘리아데, 성과 속

비교종교학자인 미르체아 엘리아데의 '성과 속'이라는 개념은 매우 중요합니다. 엘리아데와 '성스러움'에 대해서는 앞에서도 간략하게 말씀을 드렸는데요. 엘리아데는 『성과 속』이라는 책에서 '서로 다른 종교들을 종교라고 부를 수 있는 것은 무엇 때문인가'라는 질문을 던지고, 여기에 '성스러움'과 '속스러움'을 종교를 이해하는 기준으로 제시합니다.

　엘리아데의 성과 속을 간략하게 설명해 보면, 눈에 보이지 않는 차원이 현실 세계에 강력하게 드러나는 것을 '속스러운 세계에 성스러움이 드러났다'고 할 수 있습니다. 가령 성당은 일반적인 건축물의 하나로 지어지지만, 완공되는 순간 성스러운 공간이 됩니다. 즉, 이 공간에서는 눈에 보이지 않는 차원의 성스러움이 강력하게 드러납니다. 성당뿐만 아니라 '성인'이라고 불리는 사람들도 마찬가지입니다. 성인들 역시 우리와 똑같은 인간이지만, 눈에 보이지 않는 차원의 에너지나 힘을 더 많이 드러낸다는 것이지요.

종교적 인간과 종교학

인간을 지칭하는 용어는 다양합니다. 직립하는 인간 '호모 에렉투스'(homo erectus), 도구의 인간 '호모 파베르'(homo faber), 놀이하는 인간 '호모 루덴스'(homo ludens), 그리고 생각하는 인간 '호모 사피엔스'(homo sapiens) 등 다양한 명칭이 붙어 있습니다. 이 중 하나가 종교적 인간 '호모 렐리기오수스'(homo religiosus)입니다. 어떻게 보면 진화 과정의 끝에서 등장하는 인간인데요. 인간이 정말로 종교적인지, 또 종교적이라고 할 때 어떤 의미에서 그러한지를 묻고 규명하는 것이 종교학의 핵심 과제라고 할 수 있습니다. 특히 제가 전공한 종교심리학은 인간의 마음이나 심리 과정 속에 종교성이 어떻게 내재해, 표출되는지를 묻는 분야입니다.

　　종교학의 정체성을 묻는 질문에 저는 "담장 위에 걸터앉아 있는 학문"이라고 답합니다. 종교학은 종교와 세속적인 학문 사이에 위치한다는 것이지요. 이렇게 두 영역의 사이에서 종교를 연구하다 보면, 넓은 시야를 가질 수 있다는 장점이 있습니다. 하지만 안 좋은 점도 있는데요. 이솝우화에서 박쥐는 들짐승들이 이길 때는 들짐승 쪽에 붙었다가, 날짐승들이 이길 때는 날짐승 쪽에 붙습니다. 종교학도 마찬가지로 담장 위에 앉아 있다 보니, 정체성의 문제가 계속 제기됩니다. 양쪽에서 다 비판을 받을 수 있는 거죠. 그리고 동양 사회, 특히 우리나라에서는 종교가 연구가 아닌 믿음의 대상이라는 관념이 강하기 때문에 종교학의 입지가 더 약합니다.

종교학자들은 다양한 종교적 배경을 가지고 있습니다. 아예 종교가 없는 분도 있고, 심지어 무신론자도 있으니 종교학 자체는 종교가 아닙니다. 요컨대 여러 종교를 대등한 자격에서 지성을 활용해 비교하는 것이 종교학의 핵심이라는 사실을 강조하면서 오늘 강의는 마치겠습니다.

4강 _ 종교는 왜 갈등의 원인이 되었을까

네번째 강의 시작하겠습니다. 앞에서 종교의 정의, 신과 인간의 관계, 그리고 종교학이란 어떤 학문인지를 다루었습니다. 이 시간에는 현대사회에서 종교가 갈등의 원인으로 작용하는 현상을 살펴보려고 합니다.

저는 직장 생활을 하다가 그만두고 종교학 공부를 시작했는데요. 종교학을 시작한 다음에 고등학교나 대학교 동창들을 만나게 되면 자주 듣는 이야기가 있습니다. 만나서 한 30분이나 1시간 정도 이런 저런 대화를 나누다 보면, 친구들이 갑자기 "이렇게 보니까 너 정상이구나"라는 말을 하곤 했습니다. 소문으로 듣기에 종교에 빠져서 다니던 직장도 그만두었다는데, 만나 보니까 종교 이야기도 안 하고 정상적인 대화를 하니까 그제서야 안심을 했다는 거죠. 개인적인 에피소드입니다만, 사람들이 그만큼 종교를 무섭다고 느낀다는 것이지요. 종교에 빠지면 내가 알던 사람이 완전히 다른 사람으로 바뀔 수 있다고 보는 거죠. 현대사회에서 종교가 사회적인 문제를 많이 야기해, 종교에 대한 부정적인 인식이 강화되었다고 할 수 있습니다.

이번 시간에는 종교가 사회적 갈등의 원인이 된 측면을 종교의 자유와 연결해 살펴보고, 종교적 갈등의 실제 사례들을 자세하게 들여다보려고 합니다.

종교, 이제는 선택이다

한국은 대표적인 다종교 사회입니다. 천주교, 기독교, 불교 등 많은 종교 전통이 신행(信行)되고 있죠. 그리고 우리는 자유롭게 종교를 선택해 믿을 수 있습니다. 종교가 선택의 대상으로 바뀌었다는 것에는 엄청나게 큰 의미가 있습니다. 계속 강조하고 있지만, 종교적 세계관을 받아들이는 사람들에게 종교는 삶에서 가장 중요한 요소입니다. 게다가 '눈에 보이지 않는 차원이 존재하지 않는다'라고 굳건하게 믿는 사람들은 100명 중에 2~3명에 불과합니다. 이 말은 현대인의 삶에서 종교가 아직도 강력한 영향력을 발휘하고 있다는 걸 보여 줍니다. 그런데 우리는 종교를 상품처럼 선택할 수 있게 되었습니다.

최근에는 같은 물건을 굉장히 많은 온라인 업체에서 판매합니다. 똑같은 물건을 수십 군데에서 파는 경우도 있는데, 소비자 입장에서는 여러 곳을 비교해 선택할 수가 있습니다. 오프라인에서 물건을 사더라도, 온라인에서 많은 정보를 얻었기 때문에 유리한 구매가 가능해졌습니다.

종교도 마찬가지입니다. 기독교가 지배적이었던 중세 유럽에서는 기독교 외에는 대안이 없었습니다. 당시 『성경』은 라틴어로만 적혀 있었기 때문에, 사제 계급만 『성경』에 대한 독점적 해석권을 가지고 있었습니다. 마르틴 루터(Martin Luther)가 시작한 종교개혁 운동이 먼저 시도했던 게 라틴어 『성경』을 독일어나 영어와 같은 현지어로 번역하는 거였죠. 그런데 초창기에 번역을 시도한 사람들은 종교 재판을 거쳐 목숨을 잃기도 했습니다. 그만큼 천주교 전통이 라틴어 『성경』의 독점적 해석 권한을 침해당하는 것에 강하게 반발했던 것이지요.

그러나 『성경』 번역이 활발해지면서 경전의 해석 권한이 교회를 벗어나게 됩니다. 개신교가 등장한 다음에는 자고 일어나면 새로운 교파가 만들어졌다고 해도 과언이 아닐 정도로 종교의 자유가 확산됩니다. 이런 현상은 곧 다양성의 표현입니다. 기독교가 독점적 권위를 행사하던 중세에는 누구도 종교 선택의 자유를 가질 수 없었다면, 이제는 완전히 달라진 것이지요.

종교 선택의 측면에서 우리나라는 더욱 자유롭습니다. 통계청이 전국을 대상으로 인구 센서스 조사를 하는데요. 2005년도 인구 센서스 조사의 종교 관련 통계가 아주 흥미로운 결과를 보여 주었습니다. 해방 이후 우리나라에서 개신교 인구가 줄어든 적이 한 번도 없습니다. 그런데 2005년에 최초로 개신교 인구가 줄었습니다. 불교도 조금 줄어들었지만, 개신교가 더 눈에 띄는 감소세를 보여 줬는데요. 불교와 개신교에서 줄어든 신도들이 천주교로 많이 유입된 것으로 나타납니다.

그러자 문제의식을 강하게 느낀 개신교가 천주교로 넘어간 사람들을 대상으로 심층 인터뷰를 했습니다. 그 결과에 개신교가 충격을 받았습니다. 개신교인들이 생각하기에는 개신교에서 천주교로 옮겨 간 것도 일종의 개종이고, 당연히 종교를 바꾸면서 어떤 심적 갈등이 있었을 거라고 생각을 했는데, 인터뷰를 해 보니까 뜻밖에 너무 편안하게 종교를 옮겼다는 겁니다. 천주교에 와 보니까, '신자들이 성당에 왔는지도 잘 모르고, 미사에 빠져도 질책도 안 하는 분위기라서 너무 좋다'와 같은 답변들이 나왔다는 거죠. 이 현상은 종교가 철저하게 선택의 문제가 되었다는 걸 보여 줍니다. 한편으로는 우리나라에서 종교가 변화하지 않으면 큰 위기를 맞이할 것임을 암시합니다.

물론 종교가 선택의 대상이 됐다고 하지만, 여전히 예외적인 경우들도 있습니다. 먼저 유대인의 정체성과 유대교는 떼려야 뗄 수가 없습니다. 앞의 강의에서 홀로코스트에 대해 언급했지만, 그 전에도 유대인들은 많은 시련을 겪었습니다. 이집트와 바빌론으로 끌려가 포로 생활을 했었고, 그다음에는 로마의 식민지가 되었죠. 기원후 70년에는 예루살렘의 제2성전이 파괴되고 로마제국은 '말 안 듣는' 유대인들을 전 유럽으로 다 흩어 놓습니다. 소위 '디아스포라'(diaspora)라고 불리는 사건입니다.

전 유럽으로 흩어져서 2천 년이 넘게 살아오면서도 유대인들은 자신의 정체성을 유지할 수 있었는데요. 그게 가능했던 가장 큰 이유는 바로 유대교라는 종교였습니다. 유대교를 다루는 강의에서 더 설명하겠지만, 자신들이 선택받은 민족이고, 하느님이 자신들을 사랑하기 때문에 온갖 고통을 내려 준다는 종교적 믿음이 어떤 괴로움도 이겨 내는 원동력이 된 것이죠. 즉, 유대인들에게 유대교는 선택의 대상이 아니라 자신의 정체성을 규정하는 핵심이었습니다. 그런데 세속화된 현대에는 유대교를 믿지 않는 유대인들이 늘고 있습니다. 이스라엘에서도 벌어지는 현상인데요. 이렇게 유대인들이 유대교를 떠나거나 다른 종교를 갖는 현상은 종교가 선택의 대상이 되었음을 뚜렷하게 보여 줍니다.

이슬람교로 넘어가 볼까요. 많은 이슬람권 국가들에서는 개종이 금지되어 있을 뿐만 아니라, 타 종교인들이 포교를 할 수도 없습니다. 유대교가 살아남을 수 있었던 이유로, 그들의 정체성을 유지하는 데 종교가 핵심적인 역할을 했기 때문이라고 말씀을 드렸죠. 즉, 종교와 문화가 긴밀하게 결합이 되어 있는 것이지요. 그런데 2차 세계대전 이후 이스라엘이 다시 세워지기 전까지 유대인들에게는 나라가 없었으므로, 오랫동안 종교와 정치적 권력은 분리되어 있었습니다. 하지만 이슬람은 종교와 문화뿐만 아니라, 정치까지도 강력하게 결합시켰습니다.

이런 맥락에서 이슬람 국가에서 개종은 그 사람의 근본적인 정체성을 바꾸는 것으로 간주됩니다. 종교가 전면적인 선택의 문제가 된 한국 사회와는 전혀 다릅니다. 유대교와 이슬람이라는 강력한 종교 전통을 살펴보았는데요. 이런 예외적인 경우와 일부 공산주의 국가를 제외하고는, 대부분의 사회에서는 종교가 전적으로 개인의 선택 대상이 됐다는 사실을 기억할 필요가 있습니다.

다채로워진 종교

다양한 종교의 등장

우리나라에서는 누구나 자유롭게 종교를 선택할 수 있고, 심지어 종교를 만들 수도 있습니다. 제가 직장 다니다 그만두고 종교학 공부를 시작했다고 말씀을 드렸었죠. 석사 과정에 입학하려고 서울대 종교학과 대학원 시험을 보았습니다. 그때 같이 면접 시험을 보러 온 분과 기다리다가 이야기를 나누게 되었습니다.

그런데, 그분이 대학원에 들어가려고 하는 이유가 종교를 창시하기 위해서라는 겁니다. 시험에는 떨어졌습니다. 종교학이 새로운 종교를 만드는 지식을 주는 학문이 아니기 때문입니다. 물론 종교학을 통해 여러 종교를 다 비교하고 장단점을 분석한 다음, 상업적으로 성공할 수 있는 종교를 만들지 말란 법은 없겠죠.

잠깐 옆으로 샜습니다만, 말씀드리고 싶은 점은 우리나라와 같이 여러 종교가 공존하는 사회에서는 종교 간의 차이를 진지하게 고민하지 않으면 안 된다는 겁니다. 우리나라에는 유교, 불교, 도교 사상이 근저에 흐르고 있는 데다가, 강한 기독교 전통이 자리 잡았습니다. 여기에 최근 들어 과학적 세계관도 종교적 세계관만큼이나 강력한 힘을 가지게 되었습니다. 요컨대 다양한 세계관이 공존하고 있는 것이지요.

뉴에이지

서양에서도 새로운 종교들이 생겨나고 있습니다. 그중에 '페이거니즘'(paganism)이라는 흐름이 있습니다. '페이건'(pagan)이라는 말은 전통적인 기독교가 아닌 다른 종교 전통들, '이교'(異敎)라고 이름 붙여지는 것들을 통칭합니다. 현대에 들어서 그동안 유럽 사회에서 기독교가 억압했던 종교들을 재발견하겠다는 시도입니다. 이런 경향은 총칭해 '뉴에이지'(New Age)라고도 불립니다. 새로운 시대에 걸맞은 영성을 추구하는 일련의 움직임을 의미하는데, 그 전형적인 사례가 페이거니즘과 현대적 의미의 마녀 전통의 회복을 도모하는 '위칸'(Wiccan)입니다.

　　나중에 종교 내부의 갈등을 다룰 때 마녀 재판에 관한 이야기도 할 텐데요. 위칸은 '위치'(witch)라고 하는 마녀들이 가졌던 종교성과 영성, 세상에 대한 이해를 다시 되살리자는 운동입니다. 여성운동, 페미니즘과 밀접하게 연결되기도 합니다. 앞서 신의 이미지를 다룰 때, 수염이 하얗게 난 남성이 옥좌에 앉아 있는 모습으로 형상화하기가 쉽다고 말씀을 드렸습니다. 이 신은 호시탐탐 아래를 내려다보면서 잘잘못을 따지고 심판합니다. 위칸 운동은 이런 남성 신 관념에 대해 전적으로 반기를 듭니다.

연구의 대상이 된 종교

이렇게 서로 다른 종교가 만나고 개인이 얼마든지 종교를 선택할 수 있는 시기가 되면서, 신앙의 대상이었던 종교가 지성적 연구의 대상이 됩니다. 막스 뮐러가 종교학을 본격적으로 시작했다고 앞에서 설명드렸는데요. 사실 종교를 연구한다는 것은 쉬운 일은 아닙니다. 자신이 열심히 믿고 있는 종교에 대해 누가 이러쿵저러쿵 따지는 것을 좋아할 사람은 없겠죠. 지금이야 그렇게 말하는 사람을 상대하지 않는 것으로 끝나겠지만, 예전이었으면 목숨이 오락가락할 수도 있는 일이었습니다.

　　제가 『예수는 없다』라는 책을 쓰신 오강남 선생님과 『종교,

이제는 깨달음이다』라는 대담집을 낸 적이 있습니다. 그 책을 내면서 선생님과 농담 삼아 한 이야기가 있습니다. 지금 선생님과 제가 대담하는 내용을 150년 전쯤에 이야기했다면, 선생님이 먼저 화형을 당하셨을 거고, 저도 그 옆에서 선생님을 원망하며 같이 매달려 있었을 거라고요. 그런데 지금은 출판사에서 돈까지 받으면서 이런 책을 쓰고 있다면서 함께 웃었던 기억이 있습니다.

달리 말해 종교의 절대적 권위가 사라진 사회가 되었다는 겁니다. 특히 우리나라가 그렇고요. 그 결과 종교 자체는 물론 종교를 통한 새로운 인간 이해가 가능하게 되었습니다.

종교를 둘러싼 갈등 ① : 종교 간의 갈등

이제부터는 종교를 둘러싼 갈등에 대해서 자세히 다루려 합니다. 종교적 갈등은 크게 세 가지로 나눌 수 있습니다. 우선 서로 다른 종교 간의 갈등이 있습니다. 그다음으로는 종교적 가치관과 세속적 가치관 사이의 갈등, 그리고 종교 내부에서 벌어지는 갈등입니다.

종교와 폭력

2001년에 아프가니스탄의 탈레반(Taleban)은 바미안 석불을 파괴했습니다. 탈레반은 아프가니스탄의 이슬람 근본주의 종교 교파이자 정치세력이죠. 이후 미국이 아프가니스탄을 점령하면서 잠깐 밀려났지만, 2021년 미국이 아프가니스탄에서 철수하면서 다시 정권을 장악했습니다. 원리주의적 성향을 가진 젊은 사람들이 주축이 되었는데, 이들이 바미안 석불을 파괴한 것입니다. 누군가는 불상의 파괴가 그렇게 큰일인가 할 수도 있지만, 이 불상은 규모나 역사적인 면에서 대단히 중요한 유산입니다. 다음 쪽의 사진을 보면, 불상의 크기가 어마어마하다는 것을 알 수 있죠. 불상이 두 개였는데, 큰 것은 50m가 넘었고, 작은 불상도 35m에 달하는 크기였습니다. 두 불상 모두 6세기경에 만들어졌습니다. 이 거대한 인류의 종교문화 유산을 탈레반 정권이 이교인 불교의 상징이라고 해서 깡그리 파괴한 겁니다.

탈레반의 석불 파괴는 제가 종교 간 갈등을 이야기할 때 많이 드는 사례입니다. 앞에서 종교가 절대적 세계관이고, 인간의 행동 방식을 좌우한다고 했잖아요. 근본주의적이고 원리주의적인 종교관을 가진 세력이 정권을 잡고 권력을 휘두르면, 사회를 순식간에 나쁘게 바꿀 수 있습니다. 그런데 이런 폭력은 불상 파괴로만 끝나지 않고, 곧바로 다른 인간들을 향해 이어집니다.

종교적 갈등이 타인에 대한 폭력으로 이어지는 대표적인 사

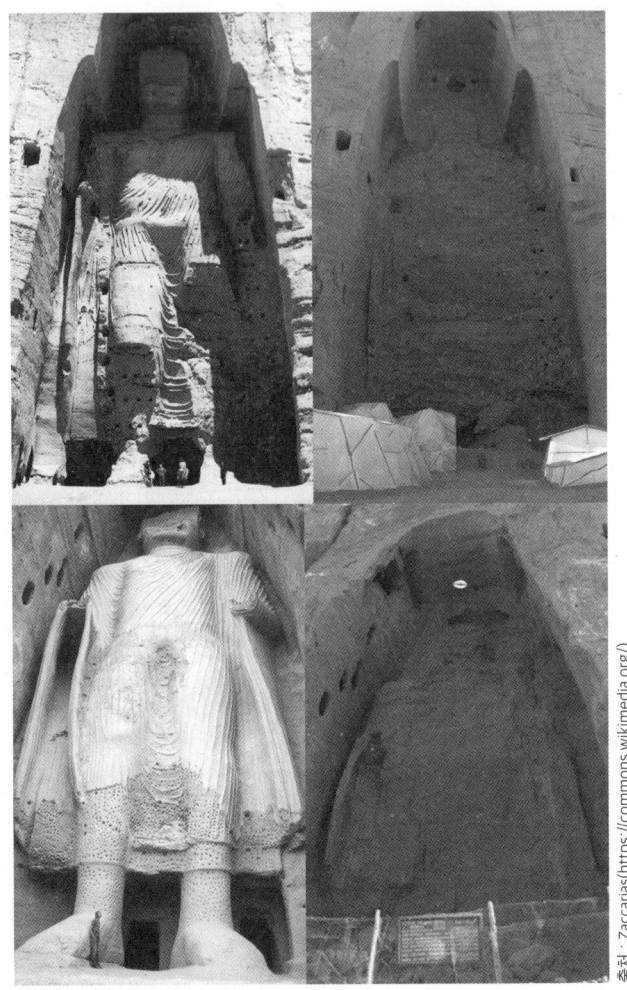

바미안 석불

왼쪽이 파괴 전, 오른쪽이 탈레반에 의해 파괴된 후의 모습이다.

례로 들 수 있는 것이 십자군 전쟁입니다. 이슬람 세력에 맞서 예루살렘을 회복하겠다는 십자군 전쟁은 11세기부터 여러 차례 벌어졌습니다. 그런데 십자군 전쟁의 실제 모습을 보면 어이없는 경우가 많았습니다. 신앙심의 힘으로 전쟁을 이기겠다고 하면서 훈련도 받지 않은 소년 소녀들을 병사로 모집해서 데려갔다가 모조리 적군에게 잡혀 노예로 팔려 가는 일도 있었습니다. 또 4차 십자군 전쟁 때는 뜬금없이 동로마교회의 콘스탄티노플을 점령해서 약탈을 하기도 합니다. 다른 원정은 그래도 중동까지 가기라도 했는데, 이때는 아예 예루살렘은 가지도 않고 동로마를 약탈했던 거죠. 서로마와 동로마 모두 기독교였으니, 십자가를 앞세운 전쟁의 결말로는 도무지 이해하기 힘듭니다.

결국 종교를 이유로 벌어지는 사건들이 실제로는 정치나 경제, 문화적인 측면과 밀접하게 연관되어 있다는 사실을 보여 줍니다. 앞으로도 계속 살펴보겠지만, 종교는 사회나 국가 간에 일어나는 갈등이나 긴장을 엄청나게 증폭시키거나 정당화할 수 있는 가장 효과적인 근거가 될 수 있습니다.

종교와 종교인은 다르다

이제 우리나라 상황을 이야기해 보지요. 본격적인 논의에 앞서 종교와 종교인은 다르다는 점을 먼저 이해해야 합니다. 즉, 어떤 종교 자체가 '좋다', '나쁘다'라고 평가할 수 없습니다. 그건 마치

"대한민국 사람들은 모두 좋다"라고 얘기하거나 혹은 "일본 사람들은 모두가 다 나쁘다"라고 주장하는 것과 똑같습니다. 어떤 집단에 속해 있다는 것만으로 개인을 평가할 수는 없다는 뜻입니다.

심지어 한 개인조차도 어떤 날은 착한 사람이 되기도 하고 다른 날은 나쁜 사람이 되기도 합니다. 또 누군가에게는 좋은 사람이지만, 다른 이에게는 굉장히 악질적일 수도 있는 것이지요. 자기 자식에게는 너무 좋은 부모가 남의 자식에게 나쁜 짓을 서슴지 않을 수 있습니다. 이처럼 한 개인도 복잡한 존재입니다. 그러니 어떤 종교 전체를 놓고 단정하는 것은 위험할뿐더러 사리에도 맞지 않습니다.

예컨대 100만 명의 기독교인이 있으면 100만 개의 기독교가 있습니다. 뒤에서 더 설명하겠지만 한 인간의 종교성조차도 시간이 흘러감에 따라서 반드시 변화합니다. 『성경』에는 "어린아이 때 신앙이 있고 어른의 신앙이 있다", "어른이 되면 어린아이의 신앙을 버려라" 같은 구절이 등장합니다. 이 말은 개인의 신앙이 좋은 방식으로 성숙해야 한다는 것입니다. 종교 비판은 특정 종교 전체가 아니라, 그 종교의 일부 측면이나, 종교인의 특정한 언행을 대상으로 삼아야 합니다.

출처: https://www.flickr.com/Amaury Laporte

"예수천국 불신지옥"

예수천국 불신지옥

위의 사진을 보면 '예수천국 불신지옥'이라는 문구가 보입니다.
서울 시내 곳곳에서 여전히 볼 수 있는 풍경인데요. 이런 걸 보
면 당연히 '우리 조상들은 어떻게 되었을까' 하는 생각이 들죠.
이 문구대로라면 기독교가 전파되기 전에 살았던 조상들은 모두
지옥에 가 있겠죠. 예수를 몰랐으니까요. 하지만 이런 문구를 들
고 선교하는 사람들은 크게 고민하지 않습니다. 남들의 믿음이
나 세계관에 큰 관심을 기울이지 않고, 자신들의 종교적 세계관
에만 충실하기 때문입니다. 예컨대 이슬람의 정치, 종교, 문화적
상황을 고려한다면, 그곳에서 선교를 한다는 일이 무슬림들에게

매우 폭력적이라는 사실을 인식할 수 있습니다.

훼불 사건도 많이 있습니다. 동국대학교에는 불상이 있는데, 2000년에 여기에 십자가를 그리고 '오직 예수'라는 문구를 써 놓은 사건이 발생했습니다. 그 밖에도 불상을 훼손하거나 절 경내에 들어가서 예배를 보는 일들이 종종 벌어졌습니다. 이런 사건은 기독교의 우상숭배 금지 교리가 불교에 적용된 것이지요. 물론 일부 기독교인의 일탈이기는 합니다만, 여러 종교가 공존하는 현대사회에서는 자신의 종교적 자유 못지않게 타인의 권리도 존중해야 합니다.

유신론적 종교와 무신론적 종교

앞서 종교의 교리가 신도들로 하여금 특정한 성향을 강하게 갖게 만든다고 언급했었는데요. 이런 맥락에서 유신론적 종교와 그렇지 않은 종교 사이의 차이를 다루어 볼까 합니다. 유신론적인 종교 전통에는 유대교, 기독교, 이슬람 등이 있습니다. 불교역시 보이지 않는 차원과 보이는 차원을 연결하는 건 맞지만, 한 개인이 수행을 통해서 종교성을 깊게 하고, 견성성불하는 걸 주된 목표로 삼습니다.

유신론적인 종교 전통에서는 말씀이나 계율이 하늘에서 인간에게 전해지는 사건이 중요합니다. 이게 바로 '계시'입니다. 계시는 영어로 '리빌레이션'(revelation)인데, '드러나다'라는 뜻의 동사 '리빌'(reveal)의 명사형입니다. 보이지 않던 것들이 『성경』이나 예수 그리스도의 모습으로 드러나는 거죠. 이 점에서 기독교의 계시는 다른 종교에 비해 훨씬 큰 권위를 가지고 인간의 사고나 행동 방식을 규정합니다. 이 때문에 다른 종교 전통과 충돌했을 때 갈등이나 긴장의 강도가 커지기 쉽습니다. 신의 절대적 권위에 의해 뒷받침되기 때문이지요.

불교의 경우에는 이런 경향이 덜합니다. 불교 신자가 예수나 마리아 상을 훼손하거나 교회에서 염불을 하는 경우는 우리나라에서 찾아보기 힘들죠. 물론 이것이 불교가 더 훌륭하고 기독교는 나쁘다는 뜻은 아닙니다. 이미 말씀드린 것처럼 종교와 종교인은 구분해서 생각해야 합니다. 종교가 종교인들에게 특정한 경향이나 세계관을 강화시킨다는 점을 설명했는데요. 나중에 종교심리학적인 관점에서 인간의 종교성을 다룰 때, 이 측면을 더 자세하게 살펴보도록 하지요.

종교와 폭력의 정당화

종교가 폭력을 정당화할 수 있을까요? 물어보나 마나 "예스"입니다. 만약 부사를 붙일 수 있다면 '절대적으로'(absolutely) 그렇습니다. 그 대표적인 사례가 9.11 테러죠. 뉴욕의 쌍둥이 빌딩을 항공기로 공격한 테러로 수천 명의 사람들이 죽었습니다. 테러범들이 얼굴 한 번 본 적 없는 무수한 사람들을 순식간에 희생시킨 것입니다. 이 끔찍한 일이 종교적 교리에 의해 정당화되었습니다. 핍박받고 억압받은 것에 대한 '성스러운' 복수라는 믿음이 없었다면, 다시 말해 종교적 정당화가 없었다면 이런 테러가 가능했겠냐는 겁니다. 이처럼 종교는 경제적, 사회적, 문화적, 인종적 갈등을 농도 짙게 증폭시키는 기제가 되곤 합니다. 이런 위험 때문에 종교가 어떤 기능을 하는지, 그리고 바람직한 종교적 신행은 무엇인지를 반드시 고민해야 하는 것이지요.

종교를 둘러싼 갈등 ② : 종교와 세속적 세계관

종교에 대한 비판적 접근

이번에는 종교와 세속적 세계관 사이의 갈등을 살펴보겠습니다. 유명한 생물학자인 리처드 도킨스(Richard Dawkins)가 쓴 『만들어진 신』이나 크리스토퍼 히친스(Christopher Hitchens)라는 저널리스트가 쓴 『신은 위대하지 않다』 같은 저서들을 예로 들어 볼까요. 이 책들은 세계적으로 큰 반향을 일으켰고, 우리나라에서도 많은 인기를 끌었습니다. 도킨스의 책 『만들어진 신』의 원제는 '더 갓 딜루전'(The God Delusion)입니다. '딜루전'(Delusion)이라는 단어는 '망상'이나 '착각'을 의미하는데, 도킨스는 신이 여기에 가깝다고 주장하는 겁니다. 히친스는 책의 제목에서부터 신을 비판하고 있습니다. 세속적 세계관이 본격적으로 부상하게 된 현대사회를 배경으로, 전통적인 신관을 비판하는 저술들입니다.

종교가 절대적 권위를 가졌던 시대에는 종교에 대한 비판이 아예 불가능했다면, 세속화된 현대사회에 들어서는 상황이 달라졌습니다. 비판적 관점에서 종교를 다루는 논의들을 더 살펴보기로 하지요.

문자주의적 경전 해석에 대한 비판

먼저 문자주의적 경전 해석이 야기하는 문제를 다루어 보지요. 공룡 두 마리가 노아의 방주가 막 떠나는 모습을 보면서 대화를 나누는 카툰이 있습니다. 공룡 한 마리가 "젠장, 오늘이었어?"(Oh, crap! was that Today?)라고 합니다. 공룡이 방주를 놓치는 바람에 지금 우리 주변에서 공룡을 볼 수 없다는 풍자입니다. 노아의 방주 이야기를 신화로 받아들이지 않고 문자 그대로, 다시 말해 '문자주의'(literalism)적으로 받아들이는 것에 대한 비판인데요.

카툰 링크

문자주의적으로 경전을 이해하려 들면 여러 가지 딜레마가 생깁니다. 만약 노아의 방주가 실제로 존재해서 모든 동물들을 태웠다고 해 보죠. 그런데 동물들을 태웠으면 먹이가 필요할 겁니다. 초식동물에게는 풀이 필요할 거고, 육식동물의 먹이도 필요하겠죠. 그럼, 육식동물이 먹을 초식동물들과 보존할 개체들을 따로 태웠을까요? 애당초 전지전능한 신이 왜 이렇게 번거로운 방법을 선택한 걸까요? 노아에게 방주를 만들고 한 쌍씩 태우게 하느니, 그냥 한 쌍씩만 남기고 다 없애면 되는 것 아니었을까요?

기독교로 시작을 했지만, 다른 종교들도 비슷합니다. 불교에는 고타마 싯다르타의 탄생신화가 나옵니다. 어머니 마야 부인이 싯다르타를 낳을 때 어떻게 낳죠? 옆구리에서 태어났다고 기록되어 있습니다. 또 싯다르타는 태어나서 일곱 걸음을 걷고 손가락으로 하늘을 가리키면서 "천상천하, 유아독존"(天上天下, 唯我獨尊)이라고 말했다고 합니다. 하늘과 땅을 통틀어서 자기가 가장 존귀하다는 말인데, 내용도 내용이지만 태어나자마자 걸음을 걷고 말문이 트였다는 것을 사실로 받아들이기는 어렵습니다. 비범한 출생을 강조하려는 신화 정도로 간주하는 것이 타당할 겁니다.

훗날 붓다가 되는 대단한 인물이기 때문에 태어날 때도 남달랐다는 주장이겠지요. 그런데 액면 그대로 받아들이면, 또 다른 문제가 생깁니다. 태어날 때 이미 놀라운 경지에 도달했다는 것을 의미하기 때문에 이후에 싯다르타의 고행에 가까운 수행 이야기와 모순됩니다. 병든 자와 죽은 자를 보면서 인생에 대한 근본적인 회의를 느껴서 왕자의 지위를 버리고 온갖 고행을 한 것으로 나오는데, 날 때부터 이미 '천상천하, 유아독존'의 경지에 있었던 존재가 다시 수행을 한다는 것은 이해가 잘 안 가지요. 그러니까, 신화는 신화로 받아들여야 한다는 겁니다. 물론 신화로 읽는다는 것이 그런 이야기들이 거짓에 불과하다는 의미는 아닙니다. 신화의 중요성은 나중에 따로 말씀드리겠습니다.

종교의 양적 팽창주의 비판

종교에 대한 비판으로 경전이나 신화에 대한 문자주의적 해석을 살펴보았는데요. 비판은 여기에서 멈추지 않습니다. 종교가 창시자의 근본적인 가르침에 충실하지 않고 양적인 팽창에만 몰두한다는 점도 비판의 대상입니다. 이런 모습은 우리나라에서도 쉽게 찾아볼 수 있죠. 종교가 헌금을 모아서 어려운 이웃을 돕거나 자비를 베푸는 데 사용하지 않고, 땅을 사고 건물을 세우는 데 몰두한다는 겁니다. 이렇게 재산을 불리는 일이 어떻게 종교의 근본정신을 실현하려는 태도인가라는 비판이 가해질 수밖에 없지요.

경전에 대한 문자주의적 해석과 근본주의적인 태도, 그리고 종교의 양적 팽창주의 같은 현상이 현대 들어 가장 많이 제기되는 종교 비판입니다.

종교의 과학적 세계관 거부

이 외에도 과학적 세계관과의 충돌이 있습니다. 창조론과 진화론의 대립이 대표적인데요. 찰스 다윈(Charles Robert Darwin)이 진화론을 발표했을 때, 얼굴은 다윈이고 몸은 원숭이인 그림을 그리고, 너희들은 원숭이에서 진화했지만 우리는 신이 귀하게 만든 피조물이라는 식으로 비꼬았지요. 이런 반응은 여기에서 끝나지 않았습니다. 1925년에 미국 테네시주에서 고등학교 과학교사가 공립학교에서 진화론을 가르쳤다는 이유로 기소됩니다. 이 재판은 '원숭이 재판'(the Monkey Trial)이라고 조롱을 받습니다. 굉장히 큰 반향을 불러일으켰기에 많은 이들이 이 재판을 지켜봤는데요. 결국 교사가 벌금형을 선고받는 걸로 끝이 납니다.

또 그 연장선에서 '지적 설계론'(Intelligent Design)을 둘러싼 논쟁이 현재까지 치열하게 전개되고 있습니다. 지적 설계론은 지성적인 존재가 이 우주를 창조한 것이 분명하다는 주장입니다. 여기서 주목해야 할 사실은 세계관의 충돌이 현대사회에 와서 더욱 본격화되었고, 예전 같으면 교회의 권위에 의해 일방적으로 해결되었을 문제가 이제는 논쟁의 대상이 되었다는 겁니다.

그런데 모든 종교가 이렇게 세속적 세계관과 대립각을 세우지는 않는다는 점은 흥미롭습니다. 유전공학, 배아 연구를 둘러싼 논란이 있을 때 기독교는 신의 영역을 건드리지 말라고 강력하게 비판하지만, 불교는 호의적으로 받아들입니다. 또 뉴에이지 영성은 과학적 세계관을 적극적으로 받아들이기도 합니다. 심지어 뉴에이지 계열의 신종교 중 일부는 UFO나 우주인들

다윈의 진화론을 풍자한 잡지 삽화(1871)

을 종교적인 권위의 원천으로 삼기도 하는데, 이들은 적극적으로 유전공학에 찬성합니다. 왜냐하면 우주인이 유전공학을 활용해서 인류를 만들었다고 믿기 때문입니다. 요컨대 과학적 세계관과 종교적 세계관의 충돌이라는 문제가 종교적 세계관에 따라 굉장히 다른 모습을 취하는 겁니다.

종교를 둘러싼 갈등 ③ : 종교 내부의 갈등

이제까지 살펴본 갈등은 현대 들어서 본격화되었습니다. 종교가 선택의 대상이 되면서 종교 간 갈등이 대두됐고, 종교와 세속적 세계관 사이의 갈등 역시 근대 이후 등장했습니다. 그런데 종교 내부의 갈등은 앞서 살펴본 두 종류의 갈등과 달리, 종교가 시작된 시점부터 발생했습니다. 오래된 이 갈등은 더 자세히 들여다볼 필요가 있습니다. 왜냐하면 종교가 얼마나 무서운지, 종교가 어떻게 양날의 칼로 기능하는지를 가장 잘 보여 주는 사례이기 때문이죠.

마녀 재판
먼저 마녀 재판을 살펴보겠습니다. 마녀로 지목된 여성들은 잔인한 심판을 거친 이후에 화형을 당했는데요. 정확한 기록이 남아 있지 않지만, 유럽에서 최소한 수만 명이 죽었을 거라고 추산을 합니다. 또 짧은 기간이 아니라 몇 세기에 걸쳐서 반복적으로 일어났습니다. 마녀 재판이 이렇게 오래 지속된 역사적·사회적 배경이나 동기 는 단순하지 않습니다. 다만 분명한 사실은 이 재판이 굉장히 폭력적인 방식으로 수많은 여성들을 탄압했다는 겁니다.

중세에 발간된 마녀를 판별하는 방법을 다룬 책을 보면 이런 내용이 있습니다. 먼저 마녀로 지목된 여자를 의자에 묶고 연못에 던집니다. 그렇게 해서 가라앉으면 마녀가 아니고, 떠오르면 마녀라는 거죠. 가라앉았다는 얘기는 무슨 뜻일까요? 제때 건지지 않으면 죽는다는 의미겠죠. 그런데 만약 물에 떠오르는 예외적인 현상이 생기면, 그거야말로 마녀라는 증거가 되는 겁니다. 요컨대 한번 마녀로 지목되면 죽음을 피하기 어려웠습니다.

그런데 마녀 재판으로 죽은 여성의 재산은 이웃이 나눠 갖거나 교회가 몰수를 합니다. 이 여성들은 대체로 신분이 낮고 가족의 배경이 미미한 경우가 많았죠. 남편이 있는 여성의 경우엔 이런 일을 안 당할 가능성이 높았다는 뜻이고요. 그래서 실제로 사악한 행위를 했다기보다는 만만한 희생자를 찾아내는 방식으로 이루어졌다고 할 수 있습니다. 이렇게 무고한 사람들을 끔찍한 폭력으로 재판하고 죽이는 일이 가능했던 것은 중세의 천주교가 『성경』에 대한 독점적인 해석의 권한은 물론 정치적인 힘도 가지고 있었기 때문입니다. 더 이상 이런 일은 가능하지 않습니다. 종교 전통이 가졌던 권위들이 사라지고, 경전에 대한 해석 권한을 더 이상 독점할 수 없게 되었으니까요. 하지만 예외는 있습니다. 탈레반의 불상 파괴 사건을 언급했는데요. 탈레반이 집권하고 가장 먼저 탄압받았던 이들은 '배운 여자들'이었습니다. 대학생들이나 직장을 다니던 여성들이 전부 집으로 쫓겨 가고 차도르를 다시 써야 했습니다. 이슬람 율법에 따라서 여성의 사회 활동은 더욱 어려워진 것이지요. 이런 일들도 크게 보아 마녀 재판의 연장선상에 있다고 이해하면 되지 않을까요.

이단 심판

이단을 뿌리 뽑으려는 것도 역시 종교 내부에서 끝없이 일어났던 갈등 중 하나입니다. 이단은 영어로 '히레시'(heresy)라고 하는데 '선택'이라는 의미의 그리스어 '하이레시스'(*Hairesis*)에서 온 말입니다. 즉, 다른 식의 경전 해석을 '선택'할 수 있다는 뜻이지요. 그런데 이게 나중에 정통에 반한다는 의미로 정착됩니다. '정통'은 영어로 '오소독시'(orthodoxy)라고 표현됩니다. '오소'(*ortho*)는 '올바른'(right)이라는 의미이고, '독시'(*doxy*)는 '의견'(opinion)이라는 뜻입니다.

통상 '정통적인 의견'과 '선택의 대상' 사이에는 유연성이 있는데, '이단'이 정통에 반하는 것으로 엄격하게 정의되면서 갈등이 빚어집니다. 자기의 종교적인 세계관과 다른 해석을 하는 사람들을 세상에서 지우려 시도한 것이지요. 종교가 아니었다면 이런 폭력을 행사하기가 쉽지 않았을 겁니다. 하지만 신이 자신에게 내린 소명이라고 생각하는 순간 거침이 없어지게 되죠. 종교가 정치적, 경제적, 문화적 갈등을 폭력적으로 해결하도록 정당화하는 가장 강력한 요소가 되는 겁니다. 이 점에서 종교는 무섭습니다.

이단을 없애겠다는 생각은 한 교파 내에서만 벌어지는 것은 아닙니다. 크게 보아 기독교와 유대교, 그리고 이슬람은 한 뿌리에서 유래했기 때문에, 누가 더 정통인지를 놓고 논쟁이 계속될 수밖에 없습니다. 특히 이 세 종교가 예루살렘이라는 성지를 공유하기 때문에, 중세에는 십자군 전쟁이 있었고, 현재는 팔레스타인과 이스라엘 간의 분쟁이 있는 거죠. 2차 세계대전 이후에 팔레스타인 영토에 유대인들이 들어가서 이스라엘이 건국되었습니다. 그리고 콘크리트 장벽을 세워서 원래 그곳에 살던 팔레스타인 사람들을 가두고 있습니다. 유럽에는 오랫동안 '게토'(ghetto)라고 하는 유대인을 고립시킨 거주지역이 있었죠. 유대인들은 게토에 살면서 차별을 받았는데, 이제 이스라엘 사람들이 팔레스타인 사람들을 장벽으로 가두고 있습니다. 이건 역사의 아이러니입니다.

종교전쟁

종교 내부의 더 극심한 갈등도 있습니다. 16세기 초반 마르틴 루터가 시작한 종교개혁으로 인해 독일과 스위스를 비롯한 북부 유럽에서는 개신교가 세력을 얻었습니다. 반대로 이탈리아를 중심으로 하는 남부 지역은 여전히 천주교 세력의 힘이 유지됩니다. 그 두 세력이 서로 남하하고 북진하면서 프랑스에서 만납니다. 16세기 후반 파리나 바시(Vassy) 같은 도시에서 천주교인들이 개신교인을 대규모로 학살하는 사건이 벌어지면서, 결국 종교전쟁으로 비화됩니다. 같은 기독교 전통 내부에서 『성경』에 대한 해석이 다르다는 이유로 서로 죽이는 일이 벌어진 것이지요.

현대의 사건들

현대에도 종교의 영역에서 비극적인 사건들은 계속 발생합니다. 미국의 감리교 출신 선교사인 짐 존스(Jim Jones)는 '인민사원'(Peoples Temple of the Disciples of Christ)이라고 하는 새로운 기독교 종파를 만듭니다. 그런데 이 사람의 가르침이나 행적이 물의를 일으키면서, 미국의 기독교 교파들로부터 백안시당하게 됩니다. 결국 교주 짐 존스는 남아메리카의 가이아나로 신도들을 데리고 이주합니다. 그런데 거기에서도 신도들의 강제노동과 착취와 같은 문제들이 생기자, 미국의 하원의원이 조사를 나갔다가 살해당하는 상황이 벌어집니다. 결국 1978년 교주 본인을 비롯해 남녀노소를 불문하고 914명이나 되는 신도들이 집단 자살을 합니다. 종교의 이름으로 세계를 놀라게 한 충격적인 사건이 벌어진 것이지요.

종교는 사람을 극적으로 변화시킵니다. 예수와 붓다처럼 놀라운 존재로 탈바꿈할 수도 있지만, 짐 존스 같은 인물이 될 수도 있는 거죠. 인민사원 사건은 워낙 규모가 커서 잘 알려졌지만, 작은 규모의 사건들 역시 끊임없이 일어납니다. 미국에서 벌어진 '해븐즈 게이트'(Heaven's gate)라는 종교 집단의 자살 사건도 유명한데요. 해븐즈 게이트는 지구가 혜성과 충돌해 멸망할 것이고, UFO가 자신들을 구해 줄 거라는 믿음을 가진 종교였습니다. 그런데 구원을 앞당기겠다는 시도로 1997년 이 종교의 신도들 39명이 집단생활을 하던 샌디에이고의 맨션에서 스스로 목숨을 끊었습니다.

종말과 관련된 사건은 우리나라에서도 간헐적으로 발생했습니다. '휴거'(携擧)라는 말은 '들어올려진다'라는 뜻입니다. 「요한계시록」에 심판의 때가 오면 의인들은 산 채로 들어올려지고 나머지 사람들은 불로 태워진다라는 내용이 나오는데, 이때 들어올려지는 현상을 휴거라고 합니다. 우리나라에서는 1992년에 있었던 '다미선교회' 사건이 유명하죠. 종말이 오고 휴거가 있을 거라고 해서 가산을 다 팔고 교단으로 들어와서 기다렸습니다. 그런데 약속된 날 아무도 휴거를 하지 않았던 겁니다. 결국은 재판까지 갔습니다. 종교적 믿음은 원칙적으로 재판의 대상이 아닌데, 금전 문제로 인해 재판이 열린 거죠. 휴거를 빙자해 종교지도자가 신도들의 재산을 갈취했다는 죄목으로 유죄를 선고받습니다. 유죄를 선고받게 된 이유도 흥미로운데요. 휴거 이후에 만기가 도래하는 적금 통장을 가지고 있었던 겁니다. 휴거가 진짜 있을 거라고 믿었다면, 휴거 이후의 재산이라는 게 어불성설이라는 거죠.

지금까지 종교의 부정적인 면들을 살펴보았습니다. 그런데 종교는 인간들에게 엄청난 위안을 주기도 하고, 사회나 국가 간에 평화를 가져오기도 합니다. 그러니 종교는 양날의 칼과 같습니다. 그래서 부정적인 면을 최소화하고 긍정적으로 작동하도록 만들려면 종교를 제대로 이해할 필요가 있습니다. 특히 우리나라처럼 여러 종교가 공존하는 곳에서는 이 일이 굉장히 중요합니다. 한동안 한국사회에서 '톨레랑스'라는 말이 유행했었는데, 이 관용의 정신이 종교 영역에는 더욱 필요하다는 것이지요. 차이를 인정하고 존중하는 태도 없이는 개인과 공동체의 행복이 불가능하다는 말씀을 꼭 드리고 싶습니다.

5강 _ 종교와 진리 : 종교는 환상에 불과한가?

이번 시간에는 '종교는 환상에 불과한가?'라는 질문을 중심으로 여러 가지 얘기들을 해 보려 합니다. 종교가 환상에 불과하다는 말은 종교가 인간 심리의 강력한 투사, 즉 마음이 만들어 낸 현상이라는 말인데요. 앞의 강의에서 세속적 세계관과 종교적 세계관 사이의 갈등을 다루면서 언급했던 리처드 도킨스나 크리스토퍼 히친스 같은 사람들이 이런 입장을 표명합니다. 종교에 대한 강력한 비판이라고 할 수 있겠죠.

　종교학자의 입장에서도 이런 비판은 꼭 필요하다고 생각합니다. 하지만 비판이 대상에 대한 이해나 애정 없이 행해질 때 비난이 될 가능성이 높습니다. 자칫 자신이 비판하는 대상을 닮게 될 수도 있지요. 그래서 비판적 태도에는 균형이 꼭 필요합니다. 비판은 하되 올바른 이해와 애정을 가져야지만, 종교가 가지고 있는 득과 실을 파악하고 활용할 수 있다는 것이 제가 드리고 싶은 말씀입니다. 이런 맥락에서 이 시간에는 서구 지성사에서 종교를 비판적으로 이해한 흐름을 꼼꼼히 되짚어 본 후, 이와는 달리 종교의 의미와 가치를 인간 심리의 깊은 차원에서 찾으려는 시도들도 살펴보려고 합니다.

종교에 대한 비판적 논의들

리처드 도킨스, "아마도 신은 없을 것이다"

먼저 리처드 도킨스에서 출발해 보겠습니다. 도킨스는 현대적인 종교 비판을 제기한 대표주자입니다. '만들어진 신'이라는 개념으로 대변되는 그의 사상은 신이 인간을 만들어 낸 게 아니라, 인간이 필요에 의해 신을 만들어 냈다는 주장으로 요약됩니다. 『만들어진 신』이라는 책은 세계적 베스트셀러가 되었고, 우리나라에서도 아주 많은 인기를 끌었습니다.

　　도킨스의 책에는 "아마도 신은 없을 것이다. 이제 걱정하는 걸 멈추고 당신의 삶을 즐겨라"(There's probably no God. Now stop worrying and enjoy your life)라는 구절이 있습니다. 인생을 즐기지 못하게 하는 걱정이 있는데, 그게 바로 신 때문이라는 말이죠. 여기서 신은 두말할 것 없이 '심판하는 신'입니다. 무소부재하고 전지전능한 신이 한순간도 빼놓지 않고 나를 지켜보고 있으니, 나쁜 짓 하려는 마음 자체가 불가능합니다. '왜 밥을 남겼니', '왜 치약을 가운데서부터 짜니'처럼 모든 일을 지켜보고 잘못하는 것을 심판하는 존재를 생각하면 숨이 막히겠죠. 이걸 프로이트는 '억압'이라고 표현했습니다. 억압에 익숙해지면 억압받는다는 인식도 없이 순응하는 삶을 살겠지만, 그렇지 않은 경우에는 미칠 것 같겠지요. 도킨스는 당신을 억압하는 신은 존재하지 않으니, 인생을 즐겁게 살라고 조언하는 겁니다. 즉, 도킨스는 신 존재가 '심리적 투사(projection)'의 결과물이라고 간주합니다. 자기 마음속의 인식과 감정을 바깥으로 내보내서 '실체'(entity)로 만든다는 뜻입니다.

포이어바흐와 마르크스

사실 이런 주장은 과거에도 있었습니다. 포이어바흐(Ludwig Feuerbach)가 대표적입니다. 그는 서구 지성사에서 신 관념이 인간의 심리적인 투사를 통해 만들어졌다는 걸 가장 분명하게 주장한 사람입니다. 인간 개개인은 누구나 불완전함을 가지고 있습니다. 가령 운동을 못하거나, 노래에 서투르거나 등등이죠. 포이어바흐는 인간들이 이런 불완전함에 반대되는 완전함을 외부에 투사해 무소부재하고 전지전능한 존재를 만들어 놓고, 거기다 신이라는 이름을 붙였다고 주장합니다.

포이어바흐의 주장은 카를 마르크스(Karl Marx)의 종교 비판으로 이어집니다. 마르크스는 "종교는 인민의 아편이다"라는 유명한 말을 남겼습니다. 아편을 맞으면 신체의 통증이 사라지는 것처럼 종교가 현실의 고통들을 잊게 만든다는 겁니다. 사회적 고통은 계급적인 갈등을 해결할 때 사라지는 것인데, 종교는 천국에 가면 해소되는 것처럼 환각을 불러일으키고, 결국 현실 개선의 의지를 말살한다는 주장입니다. 마르크스는 '소외'(alienation)라는 개념도 강조했습니다. '소외'는 원래 나로부터 비롯된 것이 나와 다른 실체성을 가지면서 분리된다는 것인데요. 앞에서 살펴본 포이어바흐의 '투사'와도 비슷하지요. 신이 실제로 존재하는 것이 아닌데, 투사를 통해 자신의 외부에 심판하는 실체를 만들어 버리고, 고통을 자초했다는 비판을 두 사람이 공통적으로 제기한 것입니다.

오귀스트 콩트

다음은 오귀스트 콩트(Auguste Comte)라는 인물을 살펴보겠습니다. 콩트는 프랑스의 사회학자로 '실증주의'(positivism) 철학을 전개한 사람으로 유명합니다. 그는 종교를 인간이 유아적 단계에 머물렀을 때나 가능한 사고방식이라고 주장합니다. 인간 역사의 발달 단계는 크게 셋으로 나뉘는데, 그 첫번째 단계가 신화적 단계입니다. 허구인 신의 이야기를 사실로 받아들이는 것이고요. 그다음이 형이상학적 단계인데, 신의 이해에 형이상학적인 측면을 가미해서 수용하는 것입니다. 마지막 단계가 실증주의입니다. 인간 이성이 발전하게 되면, 최종적으로 합리성에 기초해 세상을 이해하게 된다는 주장입니다. 결국 신이나 종교는 인간 이성이 발달하지 않았기 때문에 존재하는 것으로, 종교를 인간 합리성에 반하는 현상으로 비판하는 입장입니다.

막스 베버

독일의 유명한 사회학자이자 경제학자인 막스 베버(Max Weber) 역시 인류의 역사를 인간 이성이 진보하는 과정으로 봅니다. 이런 발달은 '합리화'(rationalization)라는 말로 요약됩니다. 그리고 인간 이성이 종교적인 세계관이나 형이상학적인 세계관을 대체하는 현상은 '탈주술화'로 설명됩니다. 영어로는 '디스인챈트먼트'(disenchantment)인데, '디스'(dis)는 '없애다'이고, 인챈트(enchant)는 '주문', '주술'이라는 뜻입니다. 종교에서 행하는 기도나 예식 같은 행위들을 '인챈트'라는 말로 표현하는데요. 인류가 합리적으로 행동하는 사회는 이런 주술적인 행위에서 벗어났다는 겁니다. 쉽게 말해 이성을 통해 종교의 마법으로부터 깨어나는 것이 진보라는 거죠. 콩트와 베버의 주장을 정리해 보자면, 종교는 인간이 만들어 낸 것에 불과하고 인간 이성을 통해 종교로부터 해방될 때 역사의 발전이 가능하다는 입장입니다.

지크문트 프로이트와 정신분석학

이런 흐름을 완성한 인물로 지크문트 프로이트(Sigmund Freud)를 언급하지 않을 수 없습니다. 프로이트는 '정신분석학'(psychoanalysis)을 창시한 사람으로 유명하죠. 정신분석학은 '정신'(psycho)과 '분석'(analysis)이라는 단어가 결합한 말인데요. 인간의 정신을 꼼꼼하게 분석해서 이해한다는 의미입니다. 프로이트는 3부에서 자세하게 언급할 계획이므로, 여기서는 그의 정신분석학을 개괄하고 종교에 대한 입장을 간략하게 살펴보겠습니다.

프로이트가 말하는 인간의 마음은 흔히 빙산으로 표현됩니다. 수면 위에 떠 있는 겉으로 보이는 의식의 영역 밑에 거대한 무의식이 존재한다는 것이 프로이트가 바라본 인간의 마음입니다. 프로이트 이전의 계몽주의 사상가들은 인간의 의식, 이성, 합리성 같은 물 위에 떠 있는 부분을 강조했습니다. 즉, 의식과 이성이 세상을 파악하여 법칙을 이해하고, 이 능력에 의해서 인류 사회가 진보한다는 것이 지배적인 생각이었습니다. 그런데 프로이트는 이성을 강조하는 계몽주의 전통을 이어받으면서도, 인간의 무의식이 의식보다 인간 존재 이해에 더 중요하다는 걸 강조합니다. 요컨대 내 속에는 내가 모르는 내가 있다는 거죠.

그 대표적인 사례로 프로이트는 꿈을 언급합니다. 우리는 밤마다 꿈을 꾸죠. 가끔 꾸는 사람도 있고, 깨어나서 전혀 기억을 못하기도 하지만, 잠을 자면 보통 꿈을 꿉니다. 그런데 이 꿈

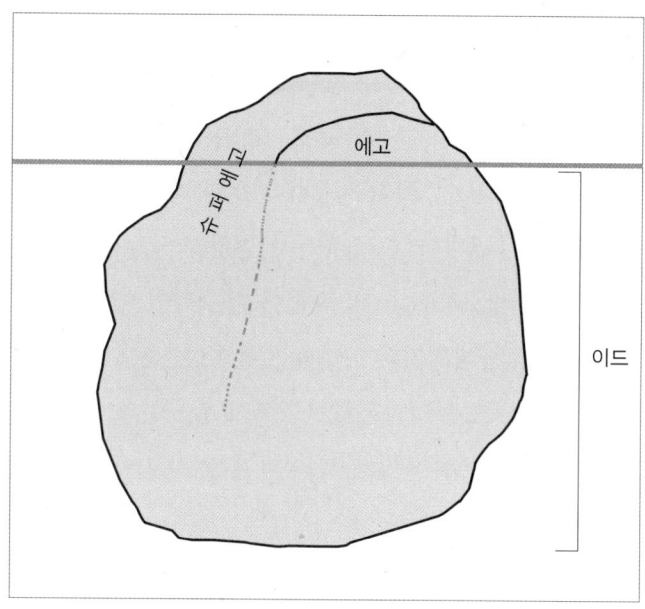

프로이트의 인간 정신 도식

을 누가 만들까요? 꿈속에서 주도적으로 어떤 행동을 하기도 하지만, 어떤 꿈을 꾸겠다고 미리 정할 수는 없습니다. 복권을 샀다고 의도적으로 돼지꿈이나 조상님이 당첨번호를 알려 주는 꿈을 꿀 수는 없겠지요. 다시 말해 꿈은 우리 의식 속에서 일어나지만, 개인이 완벽하게 통제하는 현상이 아닙니다. 의식으로 드러나지 않는 무의식이 우리에게 더 큰 영향을 끼치는데, 이 사실이 꿈에서 분명하게 확인된다는 것이지요.

무의식의 중요성을 보여 주는 또 다른 사례로 강박신경증이 있습니다. 강박신경증의 증세 중에 잘 알려진 것이 하루에도 손을 수십 번씩 씻는 행위입니다. 프로이트가 볼 때 이런 행동을 하는 이유는 위생이 아닌, 어린 시절에 경험한 심리적 상처를 방어하기 위해서라는 겁니다. 그 상처를 직면하지 않는 데서 오는 심리적인 긴장을 해소하기 위해 끝없이 강박적인 행동을 한다는 거죠. 자기 속에 잠재되거나 억압돼 있는 어떤 특정한 사건에 대한 기억들을 정면으로 의식화하지 못하게 만드는 회피의 심리적 기제라는 겁니다. 이유를 알아차리기 전에는 그 행위로부터 벗어날 수 없다는 주장이기도 하고요.

프로이트의 이론에서 가장 잘 알려진 개념이 '오이디푸스 콤플렉스'(Oedipus complex)입니다. 그리스 비극 오이디푸스 이야기에서 가져온 것으로 인간의 자아형성과 발달을 설명하는 데 꼭 필요한 개념인데요. 아이들이 세 살 전후에 아버지와 맺는 관계가 이후의 삶에 큰 영향을 미친다는 것입니다. 이 틀에서 보면 서구 종교의 가부장적 신 존재는 인간이 어린 시절에 겪었던 아버지 상을 외부로 투사한 결과입니다. 이 시기 아버지는 심판하고 훈육하고, 말을 안 들으면 꾸짖거나 혼을 내는 존재입니다. 물론 말을 잘 들으면, 아낌없이 사랑을 베풀고 보호해 주는 존재이기도 하고요. 이런 양면적인 가치를 지닌 아버지 상이 유대 기독교 전통의 신과 유사하다는 겁니다.

이렇게 도킨스를 출발점으로 삼아 포이어바흐와 마르크스, 콩트, 막스 베버, 프로이트에 이르는 서구지성사에서 종교를 비판적으로 이해하는 흐름을 살펴보았는데요. 이와는 달리 종교의 긍정적인 의미를 발견하고자 시도한 이들도 있었습니다.

종교심리학의 중요한 인물들

프리드리히 슐라이어마허와 윌리엄 제임스

종교를 심리의 투사에 불과한 것으로 보았던 입장의 반대편에는 종교의 가치를 인간 마음과의 관계 속에서 강조했던 움직임도 있었습니다. 우선 슐라이어마허(Friedrich Schleiermacher)라는 독일 신학자부터 다루어 보겠습니다.

슐라이어마허는 1799년에 『종교에 대하여 : 종교를 무시하는 교양 있는 이들에 대한 연설』(*Über die Religion: Reden an die Gebildeten unter ihren Verächtern*)이라는 책을 저술합니다. 계몽주의 시대에 이르자 지성인들 중에는 『성경』의 문자주의적 해석을 비판하는 이들이 대거 등장합니다. 그들은 종교 자체를 무시하기까지 하지요. 슐라이어마허는 이런 흐름을 바꾸고자 합니다. 즉, 종교란 교리 체계나 경전의 내용에 대한 맹목적인 믿음이 아니라, 절대자와 인간이 맺는 관계, 예컨대 종교 체험 같은 것에 있다는 겁니다. 절대자에게 의존하는 감정이 참된 종교이지, 경전이나 교리 자체를 종교라고 얘기해서는 안 된다는 거죠. 결국 당대 교양인들의 종교 비판은 허수아비, 즉 '거짓 종교'를 향해 있다는 주장입니다.

슐라이어마허의 논의를 발전시킨 사람이 바로 윌리엄 제임스입니다. 맨 첫번째 강의에서 종교의 정의를 이야기할 때 소개했었던 인물인데요. 제임스는 『종교 체험의 다양성』(*The Varieties of Religious Experience*)이라는 유명한 책을 남겼습니다. 이 책에서 그는 전 세계 종교 전통의 여러 종교 체험들에 주목합니다. 제임스 역시 종교는 교리 체계가 아니고, 개인이 눈에 보이지 않는 차원과 맺는 관계에 대한 이야기라고 주장합니다. 그리고 그 관계는 종교 체험으로 확인될 수 있다고 보았습니다. 또 제임스는 보이지 않는 차원과 연결되는 사건은 더 깊은 심층 의식으로 들어가는 계기이고, 최종적으로는 눈에 보이지 않는 차원의 모든 것을 인식하는 '신비적 합일 체험'이 이루어진다고 강조합니다.

슐라이어마허나 제임스의 논의를 보면, 이들 역시 종교가 인간 심리와 밀접하다는 것에는 동의하지만, 앞서 투사나 소외와 같은 개념을 통해 종교에 부정적인 입장을 취하던 이들과 정반대의 입장을 취합니다. 요컨대 인간의 마음에서 종교의 타당성과 근거를 찾아내려 합니다. 이런 태도를 더욱 강화시킨 인물이 카를 구스타프 융(Carl Gustav Jung)입니다.

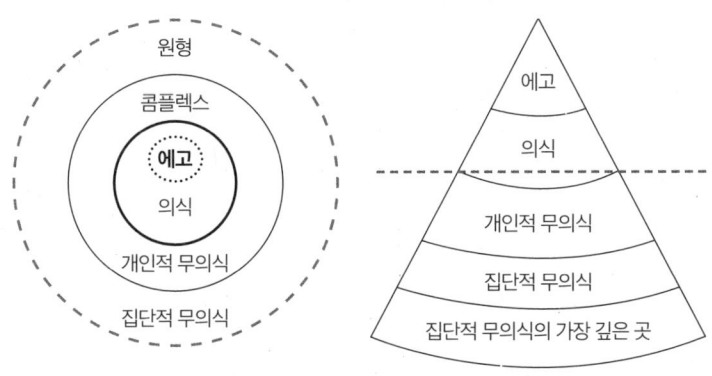

융의 인간 정신 도식

카를 구스타프 융과 분석심리학

융은 스위스 출신의 심리학자인데요. 프로이트와 아주 친밀한
관계였지만, 후일 '인간의 성(性)을 어떻게 이해할 것인가'라는
문제로 인해 프로이트와 갈라섭니다. 융은 프로이트와 결별한
후 '분석심리학'(analytical psychology)을 정립합니다. 프로이트의 '정
신분석학'(psychoanalysis)을 뒤집어서 차별화를 한 것이죠. 융의 분
석심리학은 인간 무의식의 종교성을 강조하는데, 앞서 살펴보았
던 윌리엄 제임스와 마찬가지로 인간의 무의식 심층에 신적 차
원이 있다는 사실을 인정합니다.

　위의 도식은 앞으로 자주 활용될 텐데요. 프로이트가 빙산의
수면 위와 아래를 나누어서 의식과 무의식을 구분했는데, 융 역

시 같은 입장입니다. 이때 수면 아래 부분은 의식이 없는 상태가 아니라, 에고 의식이 인식하고 있지 못한 부분이라는 의미입니다. 무의식이란 '의식 없음'을 의미하는 것이 아니라는 것이지요. 가령 날아오는 야구공을 맞고 정신을 잃은 상태는 무의식이 아닙니다. 그런데 이런 상태는 누구나 날마다 경험합니다. 즉, 자는 동안 겪는 '꿈이 없는 잠의 상태'입니다.

윌리엄 제임스는 무의식을 '잠재의식'(subliminal consciousness)이라고 부르기도 했습니다. 예컨대, 초등학교를 졸업한 지 오래된 분들은 6학년 때 짝꿍의 이름이 잘 기억나지 않을 겁니다. 하지만 사지선다로 이름들을 제시하면 갑자기 이름이 떠오를 수도 있겠지요. 이렇게 평소에는 의식의 표면으로 떠오르지 않지만, 어떤 자극이나 정보를 접하는 순간 인식되는 기억들이 있습니다. 이런 것은 무의식 혹은 잠재의식 속에 잠겨 있었던 것이지요.

'콤플렉스'(complex) 개념도 무의식과 연결해 설명할 수 있는데요. 사람마다 이런저런 콤플렉스가 있습니다. 하지만 평상시에는 콤플렉스를 의식하지 않고 살아갑니다. 그러다가 어떤 특정한 상황에 맞닥뜨리면 무의식 속에 잠겨 있던 콤플렉스가 떠올라 자아를 확 사로잡습니다. 평상시에는 굉장히 멀쩡하게 행동을 하던 사람도 콤플렉스에 사로잡히는 순간 안 하던 언행을 보여 줍니다. 이건 인간이 무의식의 층위를 때때로 의식화하며, 그럴 때 무의식의 힘을 알게 된다는 겁니다.

의식과 무의식의 관계를 동굴의 비유로 더 설명해 보지요. 거대한 동굴을 무의식이라고 하면, 손전등으로 비추면 어두운 동굴의 특정 부분을 알 수 있습니다. 그러나 작은 손전등으로는 동굴 전체를 비출 수 없죠. 비추지 못한 부분, 다시 말해 인식하지 못한 의식의 총체가 무의식 혹은 잠재의식이라고 할 수 있습니다. 프로이트와 융, 제임스는 이 심층적인 의식에 대한 탐구를 강조했으므로 '심층 심리학자'라고 부릅니다.

이렇게 심층 심리학을 이야기한 세 사람, 프로이트, 융, 윌리엄 제임스는 종교심리학자이기도 한데요. 긍정적이든 부정적이든 간에 인간 의식의 깊은 층위가 어떤 방식으로든 종교와 연관돼 있다는 사실을 가장 먼저 명확하게 다루었기 때문입니다.

종교, 어찌하면 좋을까?

지금까지 종교를 인간의 마음과 연관시켜서 파악을 하는 흐름을 살펴보았는데요. 한쪽에는 종교를 인간의 심리적 투사의 산물로 보는 부정적인 입장이, 반대편에는 존재의 근원을 드러내는 긍정적인 것으로 보는 입장이 있다고 정리할 수 있습니다. 그렇다면, 우리는 종교를 어떻게 이해해야 할까요? 제가 강의에서 자주 드는 비유가 있는데요. 바로 '목욕물을 버리려다 아기까지 버린다'는 표현입니다. 현대에 들어서 종교가 과학적이고 합리적인 세계관의 강력한 비판을 받고 있지만, 여전히 세계인의 대부분은 종교를 가지고 있습니다. 인간이 만들어 낸 조직 중에 가장 오래 유지되는 조직도 종교 조직이죠. 로마 제국은 사라졌지만, 천주교는 아직도 건재합니다. 붓다가 열반에 든 지 2500년이 지났지만, 인도에서 멀리 떨어진 우리나라에서 여전히 인구의 20% 남짓이 불교 신자죠. 종교가 환상에 불과하다고 치부하기에는 종교의 생명력이 너무 깁니다. 심층 심리학자들이 주장했듯이 종교가 인간 존재의 근원적 차원을 건드리고 있기 때문이라고 설명할 수 있을 텐데요. 이 점을 잘 고려해 보면 종교의 긍정성과 부정성을 동시에 인식하는 균형 잡힌 태도가 필요하다는 것을 알 수 있습니다. '소중한' 아기를 버리지 않는 지혜가 필요하다는 사실을 새삼 강조하고 싶습니다.

6강 _ 심층 종교와 발달 :
어린아이의 종교에서 어른의 종교로

지난 시간에는 인간의 의식이 포착하지 못하는 무의식의 영역을 다루었는데요. 이번 시간에는 이런 무의식의 탐구와 관련해서 '심층 종교' 개념을 살펴보는 시간을 갖도록 하겠습니다. 종교는 '심층'(depth)과 '표층'(surface)으로 나누어 설명할 수 있습니다. 보통 어떤 종교에 입문을 하게 되면, 표층적인 차원에서 출발해서 더 깊어지는 과정으로 나아가게 됩니다. 종교의 깊은 차원에 도달할 때 이를 심층 종교라고 할 수 있습니다. 심층이라는 개념은 앞선 강의에서 심층 심리학을 말씀드릴 때 설명했습니다. 빙산처럼 표면적인 의식 아래에 거대한 무의식이 잠재되어 있다는 겁니다. 이 무의식의 영역을 탐구하는 것이 심층 심리학이고, 심층 종교 역시 이 차원과 밀접하게 연결됩니다.

심층 종교와 종교 체험

대표적인 심층 심리학인 프로이트의 정신분석학은 인간이 자신의 무의식을 더 넓고 깊게 인식함으로써, 다시 말해 '의식화'함으로써 사회에 적응하는 것을 목표로 삼습니다. 치료와 적응의 심리학이라고 할 수 있는데요. 이 점에서 심층 심리학과 심층 종교가 통하는 면이 있습니다. 심층 종교도 인간이 자신의 무의식 혹은 잠재의식의 깊은 층위를 더 잘 알게 됨으로써 행복의 가능성이 커진다고 보기 때문입니다.

종교 체험과 의식의 심층

앞에서 윌리엄 제임스의 『종교 체험의 다양성』이라는 책을 다루었는데요. 특정한 방법에 의해 잠재의식의 층위가 표면으로 드러나 인식되는 사건이 종교 체험입니다. 이런 종교 체험 중에서도 중요한 것이 신비 체험입니다. 제임스는 책의 결론 부분에서 신비주의를 자세히 설명합니다. 신비 체험은 에고가 어떤 계기로 무한하게 확장돼서 우주 의식 그 자체가 되는 사건입니다.

한편 무의식 전체를 완벽하게 의식화하는 것은 불가능하다는 이야기를 했었죠. 프로이트나 융, 제임스 모두 인간의 무의식을 완벽하게 알 수 없다고 주장합니다. 프로이트가 밝힌 것처럼 꿈, 실수, 다양한 증상 등으로 무의식적 차원이 드러날 수는 있지만, 그것 자체를 완벽하게 아는 것은 불가능하다라는 역설적인 앎이 중요하다는 거죠. 이게 심리학이 다른 학문과 다른 지점입니다. 심층 심리학 특히 융의 심리학이 종교와 비슷해지는 까닭이 바로 여기에 있습니다.

표층 종교와 심층 종교의 차이점도 비슷합니다. 표층 종교는 더 이상 알 게 없다고 단언합니다. 내가 파악한 것을 남한테 전하는 것이 관건이지 내가 더 알아 갈 무엇이 없다는 것이 표층 종교의 특징입니다. 자기는 이미 구원받았고, 해탈했다는 거죠. 반면, 심층 종교는 알수록 내가 모르는 게 여전히 있다고 강조합니다. 그러니 당연히 겸손해집니다. 소크라테스(Socrates)의 '너 자신을 알라'라는 격언은 '내가 모른다는 사실을 알라'는 것이 아닐까요.

종교, 더 큰 차원과의 연결

'종교'를 뜻하는 영어 단어 '릴리전'(religion)의 어원에 대해서는 여러 설명이 있습니다. 그중에 라틴어 '레'(re)와 '리가레'(ligare)의 결합이라는 설이 있는데요. '레'(re)는 '다시'라는 뜻이고, '리가레'(ligare)는 '묶다'라는 의미입니다. 종교라는 것이 분리된 것들을 다시 묶는다는 겁니다. 이 뜻을 가장 분명하게 표현하고 있는 단어가 '요가'(yoga)입니다. '요가'는 '묶다'라는 뜻을 가진 산스크리트어 '유지'(*yuj*)에서 유래했는데, '아트만'(atman)과 '브라흐만'(Brahman)을 결합시키는 기술을 가리킵니다. 흔히 건강을 위한 운동의 한 종류로 알려져 있지만, 종교적 통찰을 얻으려는 다양한 종교적 수행법이 요가입니다. 눈에 보이는 세계와 보이지 않는 세계가 인간을 통해 재결합하는 걸 종교라고 부른다는 거죠.

그런데 이런 재결합의 활동은 바깥을 향하지 않습니다. 자기의 내면으로 점차 깊숙이 들어가다 보면 결국 눈에 보이지 않는 궁극적 차원과 하나가 되는 체험이 기다린다는 것이지요. 심층 심리학과 심층 종교는 의식의 심층에서 더 큰 차원과 연결될 때 치유가 일어난다고 주장합니다. '치유'를 뜻하는 '힐링'(healing)이라는 단어는 원래 '전체'라는 의미를 가진 그리스어 '홀로스'(holos)에서 온 말입니다. '전체'(holos)를 이루는 것 혹은 인식하는 것이 치유라는 뜻입니다. 또 영어의 '건강한' 혹은 '건전한'의 뜻을 지닌 '홀섬'(wholesome)이라는 단어에도 '전체'를 뜻하는 '홀'(whole)이 들어가 있습니다. 다시 말하자면 분리가 아닌 전체성을 회복할 때 치유가 일어난다는 얘기죠.

심층 종교는 인간이 내면의 깊은 곳으로 들어갈 것을 강조합니다. 그때 개인의 의식이 아닌, 의식과 물질이라는 이분법적 도식을 초월하는 궁극적인 존재 상태로 가게 된다는 주장입니다. 심층 종교는 이 사건을 가능하게 만드는 수행법도 전승시켰습니다.

심층 종교와 인간 내면의 탐구

명상

우리가 종교적 수행 방법으로 가장 흔하게 접하는 것이 명상입니다. 최근에는 마음을 편안하게 해서 스트레스를 줄이는 방법으로도 많이 활용됩니다. 그런데 이 효과는 사실 부수적인 작용입니다. 세계의 모든 종교 전통은 인간 내면의 심층적 차원으로 들어가, 작은 나를 비우고 더 큰 존재의 차원을 인식하라고 강조합니다. 이를 위한 방법이 명상입니다.

명상을 통해 내면으로 들어가는 것을 강조하면 심층 종교이고, 그렇지 않으면 표층 종교라고 할 수도 있습니다. 표층 종교는 현실에서 복락을 누리는 것을 목표로 합니다. 나와 내 가족이 건강하게 잘 살면 되는 거죠. 반면에 심층 종교는 깨달음, 다시 말해 '인내천'이나 '범아일여'와 같은 비일상적인 종교 체험을 통해 존재의 궁극적 차원을 아는 것을 목표로 합니다. 이런 목표를 지향하는 것이 심층 종교이고, 이를 위한 수행 방법이 명상입니다. 명상에 대해서는 책의 3부에서 더 자세하게 살펴보겠습니다.

무한을 담는 인간의 마음

명상은 크게 '집중', '비움', '드러남'이라는 세 가지 단계로 설명할 수 있는데요. 우선 '집중'은 원숭이처럼 왔다 갔다 하는 마음을 단단하게 붙잡는 것입니다. 이렇게 '집중'을 한 후 다음 단계인 '비움'으로 갑니다. '비움'은 여러 가지 생각은 물론 내 몸에 대한 느낌이나 감각까지도 완벽하게 비우는 것을 말합니다. 이렇게 집중하고 비우면, 에고 아래의 잠재의식적 층위들이 저절로 드러납니다. 그런 의미에서 '드러남'은 '계시'(revelation)라고 부를 수도 있습니다. '리빌'(reveal)은 드러난다는 말이죠. 이때 드러나는 것은 심층 의식이자 눈에 보이지 않는 차원입니다.

『성경』은 대표적인 계시입니다. 신의 말씀이 계시되었다는 것은 눈에 보이지 않는 차원이 예언자의 마음으로 침투한 것을 말합니다. 예언자는 그렇게 눈에 보이지 않는 세계의 진리를 전달합니다. 『성경』을 적은 사람은 신의 계시를 전해 들었다고 주장합니다. 자신은 신의 말씀을 전하는 도구라는 것이지요. 나아가 앞서 말한 명상의 세번째 단계, 즉 '드러남'의 가장 완벽한 형태는 신 그 자체가 한 개인에게 전면적으로 드러나서 하나가 되는 사건을 말합니다. 앞에서 '무'(巫) 자에 대한 이야기를 했었죠. 비일상적인 의식 상태에서 신에게 완벽하게 붙잡힌 상태를 표현한 것이 '무'(巫)라는 글자의 원래 의미라고요.

이렇게 종교 체험을 통해 무한에 접속한다는 말은 인간의 마음속에 무한이 이미 담겨 있다는 말이기도 합니다. 유물론적 관점에서는 인간에게 육체가 있으니까 마음이 생기는 것이고, 육체가 사라지면 마음도 없어진다고 생각합니다. 하지만 종교적 사고방식은 그렇지 않죠. 인간의 육체를 넘어서는 '영혼'(psyche)이 있고, 육체가 죽으면 영혼은 보이지 않는 세계로 가거나 이 세계로 다시 돌아와서 다른 육체를 찾는다고 하죠. 후자가 바로 윤회입니다. 이처럼 종교는 인간의 마음 혹은 영혼이 어떤 식으로든 개별 육체를 넘어서는 근원적인 차원과 맞닿아 있다고 주장합니다. 더 나아가 무한의 차원과 연결되어 있다고 보기도 하고요. 바로 이것이 심층 심리학과 심층 종교, 그리고 신비주의가 인간의 영혼을 이해하는 방식입니다. 이렇게 내면 깊은 곳을 향해 가는 과정이 종교적 '발달'인데요. 이제부터는 심층 종교와 발달의 문제를 조금 더 살펴보겠습니다.

심층 종교와 발달

심층 종교는 마치 양파 껍질을 벗기듯이 끊임없이 자기가 몰랐던 새로운 층위가 드러난다는 사실을 전제로 합니다. 내가 수행을 통해 현재의 한정된 에고 관념을 벗어던지면, 내면의 심층에서 새로운 통찰이 무한하게 주어진다는 거죠.

인간은 기본적으로 '변화'(change)하고 '발달'(development)하는 존재입니다. 태어나서 죽을 때까지 끊임없이 변화합니다. 세포와 같은 물질적 차원이 변하는 것은 말할 것도 없고, 의식이나 심리 상태도 변화를 겪습니다. 이 변화가 바람직한 방향으로 전개되는 것을 '발달'이라고 부릅니다. 나이 드신 분들 중에는 '아이고 나이를 어디로 드신 걸까' 싶은 분들도 있지만, '참 현명한 어른'이라고 감탄하게 만드는 이들도 있죠. 오랫동안 많은 경험을 한 것은 마찬가지이지만, 누군가는 나쁜 방식으로, 누구는 바람직한 방향으로 변화를 겪은 거죠.

그렇다면 바람직한 방식의 변화, 즉 발달은 어떤 것일까요. 품이 점점 커져서 더 넓게 포용하는 태도를 뜻하지, 더 좁은 심보로 자기와 의견이 다르면 소리를 버럭버럭 지르는 사람을 발달했다고 할 수는 없겠죠. 종교도 마찬가지입니다. 심층 종교인이 된다는 것은 더 사랑하고 더 자비로운 존재가 되는 것, 더 넓게 수용하는 존재로 변모하는 것을 말합니다. 이웃 종교를 배척하고 미워한다면 당연히 발달하지 못했다고 말할 수 있습니다. 프로이트, 융, 제임스의 심층 심리학은 역동적 심리학 혹은 발달 심리학이라고도 할 수 있는데요. 인간은 성장하면서 끊임없이 변화해야 하고, 그 방향은 더 큰 포용성을 지닌 것이어야 한다고 공통적으로 주장합니다.

우물 안에서 태어난 개구리가 있습니다. 동그란 우물 속에서 보는 하늘은 둥급니다. 이 하늘을 보면서 우물 안 개구리들이 다툽니다. 하늘의 모양이 타원형일 거라는 둥, 크기는 2m는 될 거라는 둥 하면서 말이죠. 그런데 어떤 개구리가 우물 밖으로 나가서 하늘을 보면, 말문이 턱 막힐 겁니다. 우물 안에서 하늘을 보면서 했던 생각들이 얼마나 어처구니가 없었는지 깨닫게 되니까요. 우물 안으로 돌아오면 다른 개구리들이 물어보겠죠. 우물 밖의 하늘은 어떤가 하고요. 그럼 우물 밖을 보고 온 개구리가 뭐라고 답할까요? 아마도 이 개구리는 침묵을 지킬 겁니다.

종교에서는 이걸 '부정신학'(negative theology)이라고 부릅니다. 신과 같은 초월적인 존재는 인간의 언어로 제대로 포착되거나 설명할 수 없다는 것이지요. 힌두교에는 "네티, 네티"(neti, neti)라는 표현이 있습니다. '네티'는 '아니다'라는 뜻인데, 궁극적 실재인 브라흐만이 어떤 존재인지를 묻는 질문에 '이것도 아니고[neti] 저것도 아니고[neti]'라고만 말할 수 있지, '무엇이다'라고 말해서는 안 된다는 뜻입니다. 그러니 침묵을 지켜야 한다는 거죠.

그런데 요즘 종교는 목소리만 키웁니다. 마치 우물 안 개구리들이 하늘이 어떤 모양이고 크기인지 떠드는 모습과 비슷합니다. 우물 밖에 나갔다 오면, 큰 충격에 놀라겠지만 침묵을 지키는 겸손한 개구리로 거듭날 겁니다. 심층 종교가 침묵을 강조하는 이유이기도 합니다.

신화의 심층적 해석

끝으로 심층 종교의 관점에서 우리에게 잘 알려진 아담과 이브의 신화가 어떻게 해석될 수 있는지 살펴보겠습니다. 하느님이 최초의 인간으로 아담과 이브를 만들었습니다. 그런데 둘은 사탄의 꾐에 빠져 지혜를 알게 하는 선악과의 열매를 따 먹게 됩니다. 이 일로 인해 아담과 이브는 에덴동산에서 쫓겨나고, 노동과 출산의 고통을 겪게 됩니다. 이게 바로 인간이 태어나면서부터 가질 수밖에 없는 '원죄'(original sin)라는 겁니다.

그런데 이 신화에는 생각해 볼 구석이 많습니다. 가령 엄마가 세 살짜리 아이 옆에서 다리미질을 열심히 합니다. 그런데 잠깐 자리를 비우면서 아이에게 주의를 주죠. "이 방에 있는 건 다 만져도 되지만, 다리미만은 만지면 안 돼"라고요. 그럼 엄마가 없을 때 아이가 제일 먼저 할 일이 뭐겠습니다. 다리미를 만지는 거겠지요. 엄마가 하던 일이 재밌어 보인 데다가, 엄마의 당부로 아이의 주의가 온통 다리미에 쏠렸거든요. 아담과 이브도 마찬가지죠. 에덴동산에 지혜의 나무를 만들어 놓고, 유혹할 뱀과 유혹에 넘어갈 이브까지 만들어 놓습니다. 그리고 한 가지 당부를 합니다. "모든 나무 열매를 다 따 먹어도 되는데, 지혜의 나무와 생명의 나무 열매만은 따 먹지 마"라고요. 그럼 이들은 무엇을 할까요. 먹지 말라고 한 열매를 따 먹는 일밖에 없지 않을까요.

이렇게 보면 앞에서 다뤘던 신정론과 비슷한 문제가 다시 제기됩니다. 무소부재하고 전지전능한 신이 어떻게 이런 일을 허락할 수 있었냐는 겁니다. 전지전능한 신을 상정한다면, 원죄의 사건은 하느님이 지혜의 열매를 따 먹는 일을 허락한 거라고 볼 수 있습니다. 따 먹을 수밖에 없는 상황을 만들어 놓았고, 결국 그렇게 되었으니까요.

저는 이 사건이 원래 하나였던 것을 쪼개는 '원초적 분리'를 상징한다고 생각합니다. 아담과 이브가 지혜의 열매를 따 먹고 바로 한 일이 뭐였죠? 나뭇잎을 따서 국부를 가렸습니다. 서로 '성별'(Sex)이 다르다는 것을 알았다는 것인데요. '섹스'(sex)라는 말은 라틴어 '섹수스'(sexus)라는 단어에서 왔는데, 이 말은 '분리'(separation)를 의미합니다. 그러니까 지혜의 열매를 먹고 처음으로 깨달은 것이 '이원성'이라는 것이죠. 마치 태극이 음과 양으로 나뉘는 것처럼, 하나가 둘로 나뉘는 것을 보여 주었다는 겁니다.

분리는 계속 진행됩니다. 아담과 이브가 낙원에서 쫓겨나면서 신과 인간도 분리가 됩니다. 또 열심히 일하지 않으면 먹고살 수 없게 된 것은 자연과의 분리를 의미하기도 합니다. 전에는 자연이 인간의 욕구를 다 충족시켜 줬죠. 이브가 산통을 겪고 아이를 낳아야 한다는 것은 부모 세대와 자식 세대가 갈라지게 된 걸 의미합니다. 지혜의 열매는 '선악과'라고도 불리죠. 선과 악의 분리를 상징합니다. 결국 이 모든 분리는 인간이 상대성에 눈을 떴다는 것을 의미합니다.

에덴동산에서의 추방은 그 전에 하나로 일치되었던 세계가 분리되는 것을 의미하는데요. 그러면 이제 남는 것이 무엇일까요? '귀향', 즉 되돌아가려는 욕구이자 전체성을 회복하려는 욕구입니다. 에덴동산에는 지혜의 나무 말고 금기가 되는 나무가 하나 더 있었죠. 생명의 나무입니다. 인간은 에덴동산으로 돌아가려면 생명의 나무의 열매를 따 먹어야 합니다. 기독교는 거듭나서 영생을 얻는 것이 우리 삶의 목표이자 구원이라고 주장합니다. 이 말은 곧 분리를 극복하고, 다시 영원하고 무한한 존재로 돌아가는 것이 우리 삶의 근본 목적임을 이야기하고 있는 겁니다.

그림을 하나 보겠습니다. 클림트(Gustav Klimt)의 「생명의 나무」(Tree of Life)라는 그림인데요. 그림 오른쪽을 보면 남자와 여자가 껴안고 있죠. 분리되었던 것이 결합된다는 의미를 담고 있습니다. 인간이 신처럼 무언가를 창조하는 가장 좋은 방법은 남자와 여자가 결합해 아이를 낳는 거죠. 그러면 리처드 도킨스의 말처럼 DNA를 계속 이어 가고, 후손을 통해 인간이 불멸할 수 있습니다. 인간이 훌륭한 예술 작품을 만들고자 하는 것도 영원히 남을 뭔가를 만들어야만 직성이 풀리기 때문입니다. 저와 같은 학자들도 마찬가지입니다. 후대에 오래 남을 이론을 만들고, 그

구스타프 클림트, 「생명의 나무」

걸 책으로 남기려는 거죠. 결국 이 모든 과정이 생명의 나무가 상
징하는 불멸성을 지향한다고 볼 수 있습니다. 그것을 가장 명료
하고 정확하게 표현하는 것이 우리가 이 책의 3부에서 다루게 될
'신비주의'라는 개념입니다. 인간이 신비 체험을 통해 영혼의 불
멸성을 체득함으로써, 자신이 영원한 존재라는 걸 알게 된다는
것이지요.

하늘, 인간 그리고 땅

이제 1부 강의 전체를 간단히 정리하면서 마무리할까 합니다. 다

시 천·지·인 삼재에 대한 이야기로 돌아가 볼까요. 종교의 기본은 보이는 세계와 보이지 않는 세계를 인간이 연결하는 것이라고 말씀드렸고, '무'(巫)라는 글자가 이 구도를 잘 보여 준다고 했습니다. 그리고 그 연결은 의식변형 상태, 즉 엑스터시의 상태에서 일어난다고 강의 전체에서 강조하고 있습니다.

종교는 엑스터시를 빼고는 성립할 수가 없습니다. 그런데 엑스터시는 종교와 마찬가지로 양날의 칼과 같습니다. 그래서 종교적인 직관을 제공하는 엑스터시와 인간의 지성 사이에 균형을 잘 잡는 것이 중요합니다. 다시 말해서 종교적인 엑스터시 없이는 종교가 가능하지 않지만, 동시에 지성을 적극적으로 갈고 닦는 것 역시 중요하다는 겁니다. 또 대부분의 종교는 하늘과 땅의 세계를 이어 주는 매개자를 상정하고 있습니다. 플라톤의 철학에서는 철학자입니다. 고대 그리스 신화의 영웅들과 예수나 붓다 같은 종교적 성인 역시 두 세계를 연결하는 존재입니다.

이런 말씀을 드리면, 종교학자는 좀더 객관적이고 학문적인 이야기를 해야 하는 거 아니냐고 반문하실 수 있는데요. 타당한 문제제기입니다. 하지만 제가 종교학 공부를 통해서 얻은 가장 중요한 핵심은 '깨달음 체험'이라는 것은 모든 종교에서 없어서는 안 되는 가장 핵심적인 요인이라는 겁니다. 인간은 단순히 육체적 존재에 그치는 것이 아니라, 각자의 내면에 깨달음 체험을 가능하게 만드는 무엇을 가지고 있습니다. 바로 이 때문에 인간이 존중받아야 한다고 모든 종교는 강조합니다. 가난하든 못 배웠든 상관없이 모든 인간의 내면에는 신성 혹은 불성 같은 초월적인 그 무엇이 있기 때문에 누구든 고귀한 존재라는 것이지요. 이제 2부 강의에서는 개별 종교 전통을 좀더 자세하게 다뤄 보려고 합니다. 1부 강의 경청해 주셔서 깊이 감사드립니다.

2부

세계 종교의 이해

이제 '세계 종교의 이해'라는 제목으로 여러 종교 전통들을 살펴보려고 합니다. 2부 강의를 시작하기 전에 전체 개요를 먼저 그려 보고, 본격적인 강의에 들어가도록 하지요.

우선 첫번째 종교 전통으로 힌두교를 다루려고 합니다. 힌두교는 앞으로 다루게 될 동양 종교나 기독교 계열의 종교에 비해 우리에게 생소합니다. 하지만 힌두교 자체의 중요성뿐만 아니라 힌두교가 여러 종교에 끼친 영향이 막대하다는 점에서도 큰 의미를 지닙니다. 힌두교를 다룬 다음에, '유불선'이라고 통칭되는 동양의 대표적인 종교인 유교, 불교, 도교를 살펴보려고 합니다. 다섯번째 시간은 '무교'(巫敎)라 불리는 샤머니즘을 설명합니다. 이렇게 동양의 대표적인 종교 전통을 주욱 훑어볼 예정인데요. 무교는 꼭 동양의 종교라고만 보기에는 어렵습니다. 하지만 '샤먼'(shaman)이라는 이름이 시베리아에서 비롯되었기에 동양 종교로 분류해 놓았습니다. 그다음으로는 유대교, 천주교, 개신교, 이슬람교와 같은 종교를 차례로 다루고, 마지막으로 유대교와 기독교, 이슬람교가 어떻게 유사하고 다른지를 비교합니다.

그런데 가장 큰 문제는 이 종교들이 수천 년에 이르는 역사를 가졌다는 점입니다. 이렇게 오랜 역사를 가진 종교 전통을 짧은 강의에서 다 설명한다는 건 당연히 불가능할뿐더러, 각 종교에 대한 예의도 아닙니다. 그래서 사전에 몇 가지 당부를 드리고 싶습니다.

우리가 산을 생각할 때 보통 '뫼 산'(山) 모양이나 삼각형(△)으로 생겼다고 상상을 하죠. 그런데 실제 산의 모양은 각각입니다. 어떤 산은 바위가 많고 어떤 산은 숲이 무성한 것처럼, 저마다 두드러진 모양이 있습니다. 이 강의는 부득이하게 특정 종교의 가장 특징적인 모습에 주목합니다. 또 각 종교를 다른 종교와 비교해 보면 그 종교의 특징이 더 분명해집니다. 덧붙이자면 모든 종교에는 다양한 분파가 존재합니다. 불교의 경우 우리가 잘아는 선불교가 있는가 하면, 탄트라 불교와 같이 아주 이질적인 형태가 불교 안에 묶여 있습니다. 즉, 개별 종교 전통을 다룰 때도, 내부에는 굉장히 많은 흐름이 존재한다는 사실을 염두에 두시면 좋겠습니다. 이 강의는 각 종교의 아주 기본적이고 개략적인 모습만을 다루기 때문에, 관심 있는 부분에 대해서는 개인적으로 더 공부하시기를 바랍니다.

아울러 2부 강의는 1부 강의에서 말씀드렸던 천·지·인 삼재의 구도와 신비주의를 중심으로 이루어진다는 사실도 고려하면, 전체적인 맥락을 잡는 데 도움이 될 듯합니다. 눈에 보이지 않는 세계와 눈에 보이는 세계를 연결하려는 시도가 종교라고 말씀드렸죠. 예컨대 2장에서 다룰 유교의 경우, 하늘과 인간 사이의 관계가 인간들 사이의 바람직한 관계를 설정하는 데 지대한 영향을 미칩니다. 반면 불교는 사회적 관계와 구조에 그다지 관심이 없는 '공'(空)의 종교라고 할 수 있습니다. 기독교는 신과 인간 사이의 관계와 거리에 초점을 맞추는 종교이고요. 이런 식으로 하늘과 땅과 인간 사이의 관계를 중심으로 종교를 살펴볼 때, 개별 종교의 독특성이 더 뚜렷하게 드러나리라 생각합니다.

이 과정에서 제 전공인 종교심리학과 신비주의도 분석의 틀로 활용됩니다. 눈에 보이는 세계에 사는 인간이 눈에 보이지 않는 차원과 결합해서 하나가 되는 체험을 강조하는 것이 신비주의이므로, 당연히 천·지·인의 이야기를 담고 있습니다. 개인의 마음에서 출발하지만 더 깊은 층위로 들어가 일체의 이분법적인 구분을 넘어선 초월적 근원에 가서 닿을 수 있다는 것이 신비주의의 핵심 명제입니다. 요컨대 마음이 통로가 되어 개인의 마음을 벗어나는 차원이 우리에게 열린다는 것이 신비주의의 주장입니다.

물론 심층 심리의 이해에 기반해, 신비주의의 비교 연구 관점을 취하는 것이 종교를 이해하는 유일한 길은 아닙니다. 종교 현상을 해석하는 참으로 다양한 관점이 있으니까요. 이런 여러 내용을 기본 전제로 삼고, 힌두교에 대한 강의를 시작하겠습니다.

1강 _ 힌두교, 의례와 명상의 종교

개별 종교를 다루는 첫번째 주제로 힌두교를 선택했습니다. 힌두교를 첫머리에 놓은 이유를 간단히 말씀드려야겠죠. 힌두교는 한마디로 모든 게 다 들어 있는 종교입니다. 신이 얼마나 많은지 셀 수도 없고, 신화의 측면에서도 전모를 파악하기가 어려울 정도로 다채로운 이야기를 가지고 있습니다. 그만큼 역동적이고 매력적인 종교입니다. 그런데 이런 특성이 한편으로는 큰 장점이지만, 다른 한편에서는 혼란스럽게 느껴지는 종교이기도 합니다.

이번 강의에서는 힌두교와 관련한 내용을 크게 다섯 가지로 나눠서 살펴볼까 합니다. 우선 첫번째로 힌두교의 가장 오래된 경전 중 하나인 『리그베다』(*Rigveda*)와 함께 '브라흐만'(brahman)이라는 초월적인 실재에 대해 알아보겠습니다. 다음으로는 베다의 마지막 경전에 해당하는 『우파니샤드』(*Upanishad*)를 중심으로 비이원론적인 우주관과 의례의 내면화를 다루려고 합니다. 세번째로는 『바가바드 기타』(*Bhagavad Gita*)라는 경전을 기반으로 삼신(三神) 숭배라는 힌두교 신관의 특징을 설명하겠습니다. 네번째로 『바가바드 기타』에 등장하는 '아바타'(avatar) 개념을 살펴보겠습니다. 아바타라는 단어는 영화 제목으로 쓰이면서 우리에게 많이 알려졌는데요. 힌두교에서 대단히 중요한 개념입니다. 마지막으로는 힌두교의 다양한 수행에 대해 다루고 마무리할까 합니다.

『리그베다』, 숭배를 위한 경전

페르시아인들은 그들이 볼 때 인더스강 저편, 즉 인도 지역에 살던 사람들을 '힌두'라는 이름으로 불렀습니다. 후일 이 지역 사람들이 믿는 종교라는 의미에서 힌두교라는 이름이 붙습니다. 물론 인도에서는 힌두교 외에도 불교나 자이나교도 발원을 했고, 이슬람이 진출하면서 한때 인도의 많은 지역이 이슬람을 믿었던 적도 있습니다. 지금은 인도 대륙에서 파키스탄과 방글라데시가 이슬람 국가로 남아 있죠. 이렇게 다양한 종교적 흐름이 있었지만, 인도 사람들이 주로 믿는 전통은 힌두교라고 불립니다.

힌두교의 경전으로 가장 대표적인 것이 '베다'(veda)입니다.

'베다'는 '앎', '지식'이라는 의미를 가진 단어로, 신으로부터 전해 들은 성스러운 말들을 기록한 경전들을 뜻합니다. 그중에서도 가장 오래된 베다가 『리그베다』입니다. '리그'라는 말은 '찬양하다', '찬가'라는 의미를 가지고 있습니다. 그러니까 신을 찬양하고 숭배하는 노래들을 모은 경전이 『리그베다』인데, 대략 기원전 8세기 이전에 만들어진 것으로 추정됩니다. 더 오래 전부터 구술로 전승되던 내용들을 문자로 적은 것이지요. 주된 내용은 브라흐만이라는 초월적인 실재의 특성과 이를 숭배하는 내용들이 담겨 있습니다.

1부에서 종교의 기원을 설명하면서, 인간이 자연에 존재하는 여러 힘들을 신격화함으로써 자연과 친숙한 관계를 맺고자 했다는 말씀을 드렸습니다. 『리그베다』가 그 대표적인 사례입니다. 『리그베다』에서는 불의 신 아그니, 폭풍의 신 인드라, 태양의 신 수리야처럼 자연의 힘이 여러 신의 모습으로 등장합니다. 하지만 『리그베다』에는 초월적인 실재로서, 존재의 궁극적인 원인이자 창조주인 브라흐만이 중심입니다. 즉, 하나의 초월자에 대한 믿음과 함께 초월자가 지상 세계에 드러나는 다양한 신격에 대한 이야기가 동시에 담겨 있습니다. 이런 특징은 기독교, 유대교, 이슬람에서 신의 이름조차 언급할 수 없는 것과는 사뭇 다릅니다. 물론 이런 종교에도 천사 등 초자연적인 존재에 대한 형상화가 있지만, 힌두교는 혼란스러울 정도로 다양한 신들이 묘사됩니다.

『리그베다』는 다채로운 신을 숭배하는 의례 역시 자세하게 설명합니다. 힌두교는 궁극적인 존재를 비롯해서 자연의 여러 가지 힘들을 경배하는 의례가 잘 이루어져야 우주가 제대로 운행이 되고, 그 안에서 사는 인간들도 큰 화를 피할 수 있다고 주장합니다. 즉, 보이지 않는 세계와 보이는 세계의 관계를 바람직하게 설정하는 의례가 중요하고, 이를 어떻게 수행하는지가 『리그베다』의 핵심적인 내용입니다.

예컨대 우리나라의 제사만 해도 상 차림과 순서가 대단히 복잡합니다. 그래서 요즘은 아예 사진을 찍어 두기도 하죠. 그런데 『리그베다』의 의례는 훨씬 더 복잡하고 정교해서, 그 절차를 올바르게 암기하고 있는 사제 계급, 즉 브라만 계급의 권위가 굉장히 중요했습니다. 더군다나 과거에는 의례의 내용을 글로 적어 두지도 않았습니다. 그래서 브라만이 베다의 내용을 철저하게 암기했다고 합니다. 그냥 암기하는 것도 아니고 주기적으로 모여서 앞에서 뒤로, 뒤에서 앞으로 순서를 바꿔 가면서 암송할 정도였습니다. 단어나 단락을 건너뛰어 가면서 외우기도 했다고 하니 정성이 어느 정도였는지 알 수 있을 듯합니다. 이런 능력이 실제로 브라만 계급의 권위를 높여 주는 장치이기도 했습니다.

『우파니샤드』, 범아일여의 진리

『리그베다』가 가장 오래된 힌두교 경전이라면, 『우파니샤드』는 기원 전후 베다 전통의 마지막인, 이른바 '베단타'(Vedanta)에 속한 경전입니다. '베단타'는 '베다'(veda)와 '안타'(anta)라는 말이 합쳐진 말인데, '안타'는 '끝'이라는 뜻입니다. '우파니샤드'라는 말은 '가까이 가서 앉다'라는 의미를 갖고 있는데요. 제목에서 볼 수 있듯 누구에게나 전해지는 지식이 아니라, 스승에서 제자로 아주 비밀스럽게 전하는 가르침을 담고 있습니다.

『리그베다』에서는 절대자인 브라흐만과 여러 모습으로 등장하는 신들에 대한 외적인 의례가 중요했다면, 베단타 시기인 『우파니샤드』에 이르면 혁명적인 변화가 일어납니다. 바로 의례의 내면화입니다. 즉, 궁극적인 실재 속에 모든 것이 존재하고, 그 궁극적 실재가 우리 내면에도 깃들어 있다면, 신에 대한 의례를 굳이 외부적으로 하지 않아도 된다는 것이지요. 이런 근본적인 변화가 생기면서, 제가 1부에서 설명을 드렸던 것처럼 의식의 심층으로 들어가서 깨달음을 얻는 종교 체험이 중요해집니다. 달리 말해 명상을 통해 내면으로 들어가, 아트만이 결국 브라흐만과 동일하다는 범아일여를 체험적으로 아는 사건이 수행의 궁극적인 목표로 제시됩니다. 이것이 『우파니샤드』의 핵심입니다.

『우파니샤드』에는 물방울(아트만)이 바다(브라흐만)의 일부

이므로, 언제든 궁극적인 본질을 알아차릴 수 있다는 범아일여와 이것을 체득하기 전까지 우리는 끊임없이 윤회한다는 가르침이 함께 등장을 합니다. 범아일여의 진리를 완벽하게 인식할 때, 허상인 물질세계에 대한 욕망을 완벽하게 버리게 되니까, 더 이상 몸을 입지 않는 해탈을 할 수 있다는 거죠. 그리고 이런 깨달음을 얻기 위해서는 수행이 필요하다고 강조합니다. 『우파니샤드』 시대에는 수행의 방법으로 요가를 비롯한 여러 가지 기법들이 등장합니다.

지금까지 힌두교 경전으로 『리그베다』와 『우파니샤드』를 다루었는데요. 힌두교 전통에서는 이렇게 베다 시기에 속한 경전들을 '슈루티'(Shruti)라고 부릅니다. 슈루티는 '신으로부터 곧바로 전해 들은 말씀'이라는 뜻으로, 스승에게서 제자로 은밀하게 전해지는 지식을 말합니다. 이에 대비되는 개념으로 '기억하다'라는 의미의 '스므리티'(Smrti)가 있습니다. 신으로부터 직접 전달된 경전이 아니라, 그걸 인간이 어떤 식으로든 이해하고 해석하여 덧붙인 것이죠. 따라서 권위의 측면에서는 슈루티를 넘을 수는 없습니다. 이런 스므리티 중에서 가장 잘 알려진 문헌으로는 『바가바드 기타』가 있습니다.

『바가바드 기타』와 삼신(三神) 신앙

『우파니샤드』는 비이원론적인 세계관이라는 비밀스러운 지식과 금욕 수행을 비롯한 신비주의적인 수행을 강조하기 때문에 대단히 어렵습니다. 그래서 필연적으로 엘리트적이 될 수밖에 없습니다. 이때 『바가바드 기타』라는 경전이 등장합니다. 이 경전은 원래 『마하바라타』(Mahabharata)라는 인도 대서사시의 일부였는데, 후일 '바가바드 기타'라는 이름의 독립적인 경전이 됩니다. '바가반'(bhagavan)은 '위대한 자' 혹은 '신'을 의미하고, '기타'(gita)는 노래라는 뜻이니, '바가바드 기타'는 '신을 찬양하는 노래'라는 의미입니다.

『바가바드 기타』는 어떤 책?

오른쪽의 그림은 『바가바드 기타』의 핵심을 묘사합니다. 마부석에 앉아 있는 인물이 크리슈나(Krishna)입니다. 크리슈나는 비슈누(Visnu) 신의 아바타인데요. 신이 인간의 형태로 현상 세계에 등장한 것이 아바타죠. 그리고 마차의 뒤에 앉아 있는 인물은 아르주나(Arjuna)라는 왕자입니다. 『바가바드 기타』는 주로 이 두 인물의 대화로 구성되는데요. 마차가 서 있는 곳은 전쟁터입니다. 아르주나가 전쟁을 치르기 직전, '적진에 내 사촌들도 있고, 큰 아버지와 스승도 있는데, 왜 저 사람들과 전쟁을 해야 하는가'

출처 : Sailko(https://commons.wikimedia.org/)

크리슈나(왼쪽)와 아르주나(오른쪽).

라는 고민을 토로합니다. 그러자 마부로 분장한 비슈누 신의 화신인 크리슈나가 그에게 나가서 싸워야 한다고 충고를 하는데, 그림은 그 장면을 그리고 있습니다.

　이때 중요한 것이 '카르마'입니다. 보통 '업', '업보'라고 해석되지만, '행동을 하다'라는 의미의 단어인데요. 크리슈나는 아르주나에게 인간 삶의 의미는 주어진 역할을 충실히 수행하는 것이므로, 결과에 연연하지 말고 의무 자체를 행하라고 조언합니다. 우주적 드라마 속에서 자신에게 맡겨진 일을 충실히 하는 것이 신의 일을 수행하는 것이라는 뜻이지요. 결국 이 조언대로 아르주나는 친척들과의 전쟁에 나서게 됩니다.

삼신(三神) 신앙

『바가바드 기타』라는 제목이 '신에 대한 찬양'이라고 말씀드렸는데요. 이 책은 '카르마' 외에도 신을 경배하고 흠모하는 내용을 많이 담고 있습니다. 그중에서도 브라흐마, 비슈누, 시바라는 세 신을 모시는 삼신 신앙이 중심을 차지합니다. 또 절대신의 다양한 측면인 이 세 신격 외에도 많은 신들을 묘사하고 있습니다. 이 점에서 『리그베다』와 『우파니샤드』를 지나 『바가바드 기타』에 이르러 힌두교의 독특한 모습이 구체화되었다고 할 수 있습니다. 신과 인간의 관계, 양자의 분리와 결합, 그리고 다양한 신 존재에 이르기까지 『바가바드 기타』는 힌두교의 모든 것을 담고 있습니다.

삼신은 브라흐마, 비슈누, 시바라는 세 신을 가리킵니다. 우선 브라흐마는 창조의 신으로 우주를 만들어 냅니다. 그런데 이 창조는 기독교적인 방식과는 다르게 신 안에서 이루어집니다. 그런데 창조주인 신은 너무 초월적이어서 인간들이 사고의 대상으로 삼을 수 없습니다. 그러니 숭배의 대상이 되기도 어렵습니다. 그래서 창조된 이후에는 이 우주를 유지하는 신인 비슈누가 인간들과 훨씬 더 밀접한 관계를 맺습니다. 그 대표적인 방식이 아바타입니다. 신이 인간과 관계를 맺기 위해 육체를 가진 존재로 현현하는 걸 아바타, 즉 '화신'(化身)이라고 하죠. 아바타의 리스트는 끝이 없습니다. 물고기나 거북이, 멧돼지 등과 섞인 반인반수의 형태로 구현되기도 하고, 크리슈나와 같은 영웅의 모습으로 나타나기도 합니다. 그리고 후대에 힌두교는 붓다마저도 비슈누 신의 아바타로 흡수합니다. 심지어 예수도 비슈누 신의 아바타로 보기도 합니다. 이처럼 힌두교는 무엇이든 포용하는 것이 특징입니다.

그래서 인도에서는 선교나 포교가 쉽지 않습니다. 어떤 신이든 흡수해 버리기 때문인데요. 실제로 가정의 신전에는 마음에 드는 신성한 존재들을 모두 가져다 두고 숭배를 합니다. 인도인들에게 예수상만 가져다 놓으라고 한다면 납득하기 어려워합니다. 신이 하나의 아바타로만 나타난다는 걸 인도인들은 도무지 이해할 수 없는 겁니다.

우주를 유지시키는 비슈누의 힘은 뚜렷하게 드러나기가 어렵습니다. 법칙에 따라서 운영되는 우주 속에서 유지의 힘은 잘 보이지 않기 때문이죠. 오히려 힘은 무언가가 파괴될 때 잘 보입니다. 기본적으로 기독교와 유대교적 세계관에서는 창조와 종말이 하나의 큰 사이클을 이루지만, 힌두교는 다릅니다. 브라흐만이 숨을 내쉬면 우주가 창조되고 들이마시면 우주가 사라지는데, 브라흐만이 영원히 숨을 쉬기 때문에 창조와 파괴의 과정이 무한히 반복된다는 것입니다. 이 창조와 파괴의 과정이 세 신의 활동으로 설명됩니다. 브라흐마가 창조하고, 비슈누가 유지하고, 시바가 파괴하는 주기가 끊임없이 반복된다는 것이지요. 이 중에서도 파괴를 수행하는 신인 시바의 힘은 더 강력해 보입니다.

시바의 배우자, 칼리

시바 신은 배우자도 여럿입니다. 여전사의 모습을 한 두르가(Durga)가 있고, 두르가를 더욱 구체화시킨 칼리(Kali) 여신도 있습니다. 칼리 여신의 모습은 서구의 관점에서는 받아들이기 어렵습니다. 붉은 혀를 내밀고, 칼로 '마군'(魔軍)의 머리를 잘라 그 피를 접시에 모으고 있죠. 손이 여럿이라는 것은 여러 능력을 갖추고 있다는 의미이고요. 목걸이는 사람의 잘린 머리를 엮은 것이고, 치마도 사람의 손을 잘라 묶어 만들었습니다. 그리고 배우자인 시바 신을 발로 누르고 있습니다. 원래 '칼리'라는 단어는 '검다'라는 뜻입니다. 그래서 많은 그림에서 칼리 여신은 시커멓게 채색이 돼 있고 혀는 새빨갛게 그려집니다. 공포스러운 모습에서 짐작되지만, 칼리는 죽음의 여신입니다. 죽음이란 결국 시간과 관련되기 때문에 칼리는 시간을 인격화한 개념이기도 합니다.

한편 다른 관점에서, 시바가 궁극적 실재의 '의식'을 상징한다면, 칼리는 '에너지'를 의미합니다. 초월적 실재인 브라흐만의 에너지의 측면인 '샥티'(shakti)를 인격화한 것이 칼리 여신이라고 보는 것인데요. 다시 말해 브라흐만이 순수한 의식과 강력한 에

칼리 여신

너지로 구성되어 있다는 것이지요. 남신과 여신의 결합이 궁극적 실재인 브라흐만이라는 겁니다. 그리고 칼리 여신이 무력한 시바를 밟고 있는 장면은 근원적 에너지인 칼리 여신을 빼면 시바 신은 송장과 다름이 없다는 표현입니다. 인간 욕망과 에너지의 힘을 보여 주는 강력한 신화적 상징인 것이지요. 칼리 여신은 나중에 '샥티파타'(shaktipata)라고 하는 역동적인 에너지를 숭배하는 종교적 흐름의 가장 중요한 아이콘으로 등장합니다.

코끼리 머리를 한 가네샤

가네샤(Ganesha) 신도 힌두교에서 인기가 많습니다. 코끼리 머리를 한 신으로 시바 신의 아들입니다. 시바 신이 아들의 머리를 잘랐다가 코끼리 머리를 대신 붙여 놓았다고 하죠. 가네샤는 상업이나 장사의 신이기 때문에 현재까지도 인도에서 가장 많이 숭배됩니다. 오른쪽 그림처럼 가네샤는 독특한 외형을 가졌습니다. 많은 수의 팔에 여러 가지 물건들을 들고 있는데요. 가네샤의 작은 눈은 집중을, 큰 귀는 세상의 소리를 잘 듣는다는 것을 뜻합니다. 큰 배는 인생의 좋은 것과 나쁜 것을 모두 삼켜서 소화시킨다는 의미가 있고요. 들고 있는 로프는 목적을 끝까지 놓치지 말고 잡으라는 것을, 도끼는 모든 장애 혹은 세상과의 인연을 끊어 낸다는 것을 상징합니다. 상징이 다양하게 해석될 수 있음을 잘 보여 주는 그림이지요.

가네샤 신

칼리 여신과 가네샤를 대표적인 예로 들었지만, 이처럼 힌두교는 초월적인 실재의 다양한 측면과 역동적인 관계를 맺을 수 있도록 복잡한 신화와 상징 체계를 제공합니다.

아바타

초월적인 실재가 사람들이 인식하기 쉽게 현현되는 사건은 어느 종교에서나 필요합니다. 불교를 예로 들어 보면, '공'(空)이라는 개념은 보통 사람들이 이해하기가 쉽지 않습니다. '공'이라는 추상적인 것과 어떻게 관계를 맺어야 할지 난감하죠. 그래서 관세음보살과 같은 존재가 초월적인 세계와 인간의 관계를 매개하게 됩니다. 이런 존재들을 아바타라고 부를 수 있는데요. 힌두교에서 아바타는 눈에 보이는 세계와 보이지 않는 세계를 연결하는 대단히 중요한 장치입니다.

앞서 언급했듯이 인도인들에게는 붓다도 비슈누의 아바타로 간주됩니다. 오른쪽 그림을 보시면 비슈누의 화신들이 중앙의 비슈누 둘레에 그려져 있는데, 그중 하나가 바로 붓다입니다(오른쪽 맨 위). 심지어 여기에 예수를 추가해도 문제가 되지 않는 거죠. 아바타는 계속 등장합니다. 신적인 차원을 가장 분명하게 드러내는 인물이 곧 아바타인데, 이런 사람들이 인류사에 끊임

비슈누의 화신들

없이 등장해서 인간들을 지도하고, 신과의 관계를 재정립해 주고 있는 거죠. 대표적인 아바타로는 앞에서 언급했던 『바가바드기타』의 크리슈나가 있습니다. 목동이었다가 나중에 아르주나의 마부로 참전을 하는데, 전쟁의 한복판에서 아르주나에게 삶의 의무를 다하라는 조언을 해 주지요. 크리슈나가 소를 치는 목동으로 나오기 때문에 이후 인도에서 소를 신성한 동물로 여기게 되었다고 보기도 합니다.

신화적 인물들뿐 아니라 종교 전통의 성인들도 아바타입니다. 천주교 전통은 지역과 연고가 있는 성인들을 지역의 수호성인으로 삼기도 합니다. 어떻게 보면 수호성인은 천주교 버전의 아바타라고 볼 수 있는데요. 성인이 살아간 삶의 구체적인 모습들이 신과 인간 사이를 매개하는 역할을 하는 거죠. 인도의 대표적 성인으로는 라마크리슈나(Ramakrishna)라는 인물이 있는데요. 비범한 종교 체험을 많이 했던 벵골 출신의 수행자로 기독교와 이슬람을 모두 경험하고, '모든 종교가 하나'라고 단언하기도 했습니다. 인기가 대단히 많은 성인이었는데, 인도인들이 볼 때 살아 있는 아바타였던 거죠. 사후에도 여전히 숭배받고 있고요.

인도의 가정에서는 여전히 제단에 수많은 아바타를 모아 놓습니다. 신의 모습을 형상화하는 것을 금기시하는 개신교나 이슬람에서 보면 이해할 수 없지만, 힌두교의 입장에서는 오히려 하나의 신상만 있는 것이 더 이상합니다. 요컨대 인도에서는 다

다익선입니다. 실제로 예수상을 찾는 것도 어렵지 않습니다. 이런 점에서 힌두교는 눈에 보이지 않는 세계와 보이는 세계가 굉장히 다양한 방식으로 연결된다고 굳건하게 믿습니다.

힌두교의 의례와 요가수행

그다음으로 힌두교의 의례와 수행에 대해 살펴보겠습니다. 힌두교에서는 '삼스카라'(samskara)라고 하는 통과의례가 굉장히 중요합니다. 힌두교는 우주의 창조부터 유지와 파괴에 이르는 우주적 주기를 강조하는 종교라고 할 수 있는데요. 인간의 삶에서도 탄생에서 죽음에 이르는 사이클을 중요하게 여기고, 인생의 통과의례에 큰 종교적인 의미를 부여합니다. 그런 의미에서 결혼식과 장례식을 비롯한 여러 의식들을 제대로 치르는 것이 매우 중요합니다.

요가, 보이는 세계와 보이지 않는 세계의 연결

힌두교의 특성은 수행 방법의 다양성으로도 드러납니다. 힌두교의 수행법은 통칭해서 '요가'로 일컬을 수 있습니다. '요가'라는 단어는 산스크리트어로 '유지'(yuj)라는 말에서 온 것으로, '묶다', '재결합하다'라는 뜻이 있다는 말씀은 이미 드린 바 있습니다. 영어 단어 중에 수레에 매기 위해 말이나 소에게 씌우는 멍에를 '요크'(yoke)라고 부르는데, 이 말도 산스크리트어 '유즈'에서 왔다고 하죠. '요크'에도 '묶다', '얽어매다'의 뜻이 있습니다. 이처럼 인간이 보이지 않는 차원, 혹은 궁극적인 존재인 브라흐만과 재결합하는 방식이 요가입니다. 지금 우리가 아는 신체 건강을 위한 운동이 아닌 거죠.

요가에는 굉장히 다양한 종류가 있지만, 대표적인 것으로 세 가지를 들 수 있습니다. '박티'(bhakti) 요가, '카르마'(karma) 요가, '즈냐나'(jnana) 요가가 그것인데요. 하나씩 살펴보지요.

박티 요가는 헌신을 의미합니다. 신에 대한 경배나 숭배를 통해서 신과 다시 하나가 되는 방법입니다. 신적 존재나 아바타들을 숭배하는 것을 말하는데, 이런 방식을 통해서 궁극적인 차원과의 재결합이 가능하다는 것이 박티 요가입니다. 전통적으로 남성보다는 여성에게 더 적합한 수행법으로 여겨져 왔고요.

그다음 카르마 요가는 『바가다드 기타』에서 설명드렸던 것처럼 결과에 연연해하지 말고 자신의 의무를 다하는 태도를 궁극적인 차원과의 재결합 방법으로 제시하는 것입니다. 즉, 우리에게 부여된 사회적 책무나 역할을 행동으로 옮기는 것이 카르마 요가입니다. 당연히 선행이나 보시와 같은 타인을 돕는 행위도 포함됩니다. 이처럼 주어진 바를 회의 없이 충실하게 행하라는 것이 카르마 요가의 가르침입니다.

마지막으로 즈냐나 요가는 '지혜의 요가'입니다. '즈냐나'라는 단어가 지혜를 뜻하는데, 신의 말씀이나 우주의 구성 원리를 열심히 궁리하라는 것입니다. 지혜와 지성의 단련을 통해 현상계의 실체성을 부정하고 궁극적인 실재와의 재결합이라는 최종 목표로 나아갈 수 있다는 것이 즈냐나 요가입니다.

쿤달리니 요가

박티, 카르마, 즈냐나, 이 세 가지 요가가 힌두교의 대표적인 수행 방법인데요. 그 밖에도 쿤달리니(Kundalini) 요가라는 독특한 방법이 있습니다. 이 수행법에 따르면 인간에게는 쿤달리니라고 하는 근원적인 에너지가 있습니다. 쿤달리니는 인체의 회음부, 즉 생식기와 항문 사이에 뱀처럼 또아리를 틀고 있다고 하고요. 이 에너지를 수행을 통해 정수리에 위치한 사하스라라 차크라까지 끌어올리면 해탈의 체험을 할 수 있다는 것이 핵심입니다. 이렇게 회음부인 물라다라 차크라에서 정수리에 있는 사하스라라 차크라까지 총 7개의 차크라가 사다리처럼 척추에 위치하는데, 이것들을 하나씩 개방하라는 겁니다.

그런데 쿤달리니는 처음 위치에서도 짐작할 수 있듯이 인간의 성적인 에너지와 밀접한 관련이 있습니다. 성적인 에너지가 종교적인 에너지로 승화될 수 있다는 주장이 탄트라(Tantra) 수행법인데, 쿤달리니 요가는 대표적인 사례입니다. 앞에서 칼리 여신을 신의 에너지적 측면으로 해석할 수 있다고 말씀을 드렸었죠. 시바 신과 칼리 신이 완벽하게 결합되었을 때 우리는 지고의 기쁨을 느끼고 불멸성을 체득할 수 있다는 겁니다. 티베트의 탄트라 불교에서 자주 볼 수 있는 '얍윰'(Yab-Yum)이라 불리는 '합환불'(合歡佛) 역시 이런 전통의 영향하에 있다고 할 수 있겠습니다. 이처럼 탄트라는 오해와 달리 종교적인 에너지와 성적인 에너지의 근원적인 근친성을 강조합니다. 존재의 근원적 에너지를 온전히 궁극적인 합일 체험을 향해 쏟아야 한다는 뜻인 거죠.

탄트라에서는 수행의 과정을 파트너와 함께 하기도 합니다. 그 방식에 따라 탄트라에도 좌파와 우파가 있습니다. 좌파는 실제 성관계를 통해 쿤달리니를 각성시키자는 입장이고, 우파는 명상 등의 수행을 통해 에너지를 깨우자는 거죠. 이렇게 힌두교의 마지막을 탄트라 수행으로 끝내게 되었는데요. 그만큼 모든 것을 다 담고 있는 종교가 힌두교라는 점을 다시 한 번 강조하면서 강의를 마치겠습니다.

2강 _ 유교, 하늘과 인간의 종교

이번 시간에는 우리에게 친숙한 유교를 크게 세 부분으로 나누어 살펴보겠습니다. 우선 '선진'(先秦) 시대의 유교입니다. '선진'이라는 말은 진(秦)나라가 천하를 통일하기 이전, 그러니까 춘추전국 시대를 말합니다. 이 시기의 유교로는 유교의 창시자라고 할 수 있는 공자(孔子), 그리고 맹자(孟子)와 순자(荀子)의 가르침을 꼽을 수 있겠습니다. 유교가 이야기하고자 하는 것이 무엇인지 세 사람을 중심으로 다루어 보려고 합니다.

그다음으로는 송대의 '신유학'(新儒學)입니다. 중국에서 도교와 불교가 성행하면서, 유교가 인간의 종교성을 근원적으로 충족시키지 못했다는 비판에 직면하게 되는데요. 송대가 되면 도교나 불교의 영향을 받은 신유학이 등장합니다. 기존의 유교보다 종교성이 강화된 형태라고 할 수 있습니다. 신유학을 주희(朱熹)나 왕양명(王陽明)과 같은 대표적인 인물들의 사상을 중심으로 이야기해 보겠습니다.

　마지막으로는 유교의 중요한 의례인 제사를 다루면서 우리나라에서 어떻게 유교가 전통으로 자리 잡게 되었는지를 말씀드리는 것으로 강의를 마치려고 합니다.

공자와 『논어』

공자는 누구인가

공자는 기원전 6세기경에 실존했던 인물이고, 그의 가르침으로부터 유교가 시작이 됩니다. 실제 인물이므로 공자의 삶은 어느 정도 재구성이 가능합니다. 공자는 당시 노나라의 곡부(曲阜)라는 곳에서 태어났습니다. 지금도 곡부에 가면 공자의 후손들이 살고 있다고 하고, 공자의 묘도 있죠. 그런데 태어난 후 별로 순탄치 않은 삶을 살았습니다. 아버지는 공자가 세 살 때 돌아가시고, 어머니도 얼마 지나지 않아 세상을 떠나지요. 어린 시절에 고생을 많이 했는데도, 학문에 매진해 큰 성취를 이루어 냅니다.

　학문을 닦은 공자가 하려고 했던 것은 정치였습니다. 고국인 노나라에서 벼슬을 구하다가 여의치 않자, 여러 나라들을 돌아다니면서 자신이 배운 바를 현실 정치에 적용할 기회를 얻기 위해 애를 썼습니다. 하지만 공자의 뜻이 너무 높았던지, 아니면 당시

至聖孔子
名丘字仲尼山東
兗州府曲阜縣人

공자

제후들의 수준이 너무 낮았던지 공자는 중용되지 못합니다. 노나라에 있을 때 짧은 기간 동안 고위직에 있었다는 기록이 있기는 하지만, 관료나 행정가로서 큰 역할을 하지는 못했던 것이죠. 말년에는 고향에 돌아와 후학들을 지도하면서 여생을 마칩니다.

이 점에서 공자는 여타 종교 지도자들과는 사뭇 다르게 살았습니다. 공자의 삶이 보여 주듯, 유교는 기본적으로 눈에 보이지 않는 초월적인 세계보다는 인간이 살고 있는 세계를 어떻게 바꿀 것인지에 관심이 많았습니다. 실제로 『논어』(論語) 「선진」(先進) 편에는 제자인 자로(子路)가 공자에게 죽음에 대해서 묻는 장면이 있습니다. 죽음 이후의 세계가 어떤지 궁금했던 모양입니다. 여기에 대해 공자는 "삶도 제대로 알지 못하는데 어찌 죽음을 알겠느냐?"라고 대답을 하죠. 현실주의적인 대답이자, 지금 이곳에서의 삶을 강조하는 공자의 태도가 잘 드러납니다. 같은 맥락에서 공자는 '괴력난신'(怪力亂神, 괴이한 것, 힘쓰는 것, 어지럽히는 것, 신기한 것)에 대해서는 이야기하지 않았다고 합니다. 이처럼 유교는 정치적이고 사회적인 문제에 큰 관심을 두고 출발한 것이지요.

『논어』

공자의 가르침을 기록한 책이 『논어』입니다. 『논어』는 공자가 직접 쓴 책이 아니고, 제자들이 스승에게 들었던 일, 자기들끼리

토론했던 것 등을 공자 사후에 묶어서 만들었습니다. 성인이라고 불리는 사람들은 자신이 직접 책을 쓰지 않고, 성인의 죽음 후에 제자들이나 후손들이 만드는 것이 보통입니다. 어쨌든 이 『논어』에서 가장 중요한 개념을 하나 고르라고 하면 바로 '인'(仁)이라고 할 수 있습니다. 우리말로는 '어짊'이라고 번역이 되는데요. 사람들이 맺는 군신(君臣), 부부(夫婦), 부자(父子) 등의 인간 관계에서 가장 중요한 덕목으로 강조됩니다.

유교가 사회 관계의 윤리적 측면을 강조하다 보니, 종교적인 측면은 약할 수밖에 없습니다. 물론 공자 역시 인간의 윤리적인 심성의 근원을 '천'(天)에서 구합니다. 이때 '천'은 우리가 보는 파란 하늘이 아니죠. 하늘이라는 물질적 차원을 넘어서는 존재의 근원을 상정한다는 점에서, 유교를 그저 사회윤리 체계라고만 말할 수 없게 만듭니다.

군자와 소인

유교에서는 '천'을 내면화한 바람직한 인간상으로, '성인'(聖人)과 '군자'(君子)를 이야기합니다. 성인은 하늘이 내린 선왕(先王)들을 말하는데, 공자에 따르면, 요(堯) 임금과 순(舜) 임금이 대표적입니다. 지금도 정치가 잘 이루어지는 평화로운 시대를 '요순시대'라고 하잖아요. 아주 현명한 군주들이 다스리던 태평성대를 뜻합니다. 이런 성인들은 실제로 존재했던 역사적인 인물일 수도 있고 신화적인 영웅일 수도 있습니다만, 유교에서는 가장 바람직한 인간상으로 여깁니다. 여전히 사회윤리적 측면이 강조되는 것이지요.

그런데 이들은 왕입니다. 그래서 보통 사람과는 큰 관련이 없습니다. 보통 사람이 학문이나 자기 수양을 열심히 하더라도, 왕이 되기는 어려우니까요. 그래서 '군자'라는 개념이 등장합니다. 성인이 하늘이 내린 성스러운 왕이라면, 현실 속에 살아가면서 자기 수양을 통해서 바람직하고 훌륭한 인간이 된 이들을 군자라고 칭하는 거죠. 군자는 의리(義理)에 밝은 사람입니다. 개인의 사적 이해에 매몰되지 않고, 더 큰 무엇을 생각하는 사람이죠. 그리고 그 반대편에 '소인'(小人)이 있습니다. 소인은 작은 사람으로 자기 이익에만 밝은 사람입니다. 소인이 아니라 군자가 되는 것이 유교 수행의 목적이라고 할 수 있습니다.

이렇게 보면 유교의 가르침은 좀 답답한 느낌이 들기도 합니다. 치열한 자기 수양을 강조한다는 점에서는 장점이 있지만, 초월과 저쪽 세상을 강조하는 여타 종교에 비해 현세지향적인 것처럼 보여서요.

현대 중국과 공자

다음의 그림은 타이베이에 있는 공자 묘입니다. 공자가 실제로 묻힌 것은 아니고, 인간이 살아가는 데 필요한 바람직한 성인으

타이베이의 공자 묘

로 추앙되면서, 공자 묘를 만들고 그의 가르침과 뜻을 기리려는 것이지요. 그런데 중국의 문화대혁명 시기에는 공자와 유교가 구래의 악습을 대표한다고 해서 사당을 비롯해 공자와 관련된 온갖 것들이 파괴되는 사건도 있었습니다.

한편 서구 열강에 의해 중국이 침략을 당하던 시기에도 공자와 유교가 호출된 적이 있습니다. 서구에 무력하게 침략을 당하면서 중국인들이 자존심에 엄청난 상처를 받는데요. 그 과정에서 많은 사람들이 서양이 자신들을 침탈한 원동력이 기독교의 힘이라고 생각을 합니다. 그러면서 유교가 서양의 기독교가 갖는 종교적인 성격이 약하기 때문에 자신들이 서구에 뒤떨어졌다고 본 거죠. 그래서 유교를 좀더 종교처럼 만들려는 움직임들이 그때 등장합니다. 공교화(孔敎化) 운동이 대표적입니다.

21세기에 중국이 세계의 열강으로 자리를 잡자, 다른 의미에서 공자를 전면에 내세우고 있습니다. 유물론이나 공산주의 이념으로는 세계적인 보편성을 확보할 수 없기 때문에, 공자라는 인물 자체를 재조명하려는 시도입니다. 로마가 기독교를 받아들이고 그들의 보편적 가치관으로 만들었던 것과 비슷하다고 할 수 있습니다. 주윤발이 공자로 등장했던 영화에서처럼 강력한 모습의 공자 역시 이런 의도가 담긴 움직임입니다.

맹자

지금까지 유교의 창시자인 공자에 대해 살펴보았습니다. 공자를 이은 선진 시대의 인물이 맹자입니다. 유교 자체를 '공맹지교'(孔孟之敎), 즉 '공자와 맹자의 가르침'이라고 말할 정도니까, 맹자는 공자와 더불어 유교를 지탱하는 가장 핵심적인 인물입니다.

맹자는 우리에게 그 어머니의 교육열을 보여 주는 '맹모삼천지교'(孟母三遷之敎)라는 일화로 많이 알려져 있죠. 아버지가 일찍 돌아가시고 홀어머니가 맹자를 키우는데, 교육에 좋은 환경을 찾아 어머니가 자주 이사를 다녔던 모양입니다. 묘지와 시장

근처에 살다가 결국 서당 근처로 이사를 갔다는 일화죠. 자식의 교육을 위해서라면 태평양도 건너가는 우리나라 부모들을 보면, 맹자의 가르침을 아주 잘 실천하고 있는 유교적인 국가라고 볼 수도 있겠습니다.

성선설과 왕도정치

맹모삼천지교로 유명하지만, 맹자는 순자의 '성악설'(性惡說)과 대비해서 '성선설'(性善說)을 주장한 것으로도 잘 알려져 있습니다. 하지만 맹자는 인간을 완전히 선하게만 보고 순자는 완전히 악하게만 봤다고 단순하게 정리하기는 힘듭니다. 좀더 복잡한 맥락이 있는데요. 우선 맹자는 인간에게는 '사단'(四端)이 있다고 보았습니다. '단'(端)은 '끄트머리'라는 뜻인데, 여기서는 '단초' 즉 실마리를 뜻합니다. 인간의 마음속에는 그 사람을 훌륭하게 만들 수 있는 네 가지 단초가 들어 있다는 거죠. 측은지심(惻隱之心), 수오지심(羞惡之心), 사양지심(辭讓之心), 시비지심(是非之心)이 그것입니다. 측은지심은 남을 측은하게 여기는 마음, 수오지심은 악을 미워하는 마음, 사양지심은 남에게 양보하는 마음, 시비지심은 옳고 그름을 분별하는 마음이죠. 이런 단초들을 가지고 있으니, 그것을 더 키우라는 겁니다. 즉, 네 개의 단초가 자라서 '인의예지'(仁禮義智)라는 사회적 덕목으로 피어난다는 것이 맹자의 주장입니다. 그럼 사단은 어디서 왔을까요? 바로 '천'(天)

이 인간의 마음속에 심어 둔 거죠. 잠들어 있는 씨앗을 깨워서 키워 내는 것은 인간의 몫이고요. 이렇게 사단을 잘 길러서 인의예지로 키워 내면 군자가 될 수 있다는 겁니다. 인간을 바라보는 이런 긍정적인 관점에 '성선설'이라는 이름이 붙여진 것이지요.

성선설에 근거해 맹자는 어진 왕에 의한 정치인 '왕도정치'(王道政治)를 강조합니다. 임금이 힘에 기반한 '패도정치'(覇道政治)가 아니라 왕도정치를 통해 백성들을 교화할 때, 백성들 역시 스스로 어진 마음을 사회 전체로 채워 나간다는 것이 맹자의 기본적인 생각입니다. 공자와 마찬가지로 맹자도 사회통치의 덕목으로서 인의예지를 강조하고 있는 겁니다.

'천' 개념

이런 관점에서 볼 때 맹자의 사상에서도 서양의 종교 전통이 이야기하는 창조주, 혹은 우주의 주재자로서의 신이라는 개념은 약하다고 할 수 있습니다. 물론 공자보다는 '천' 개념이 조금 더 강조되기는 합니다. 자신의 마음을 잘 수행한 사람은 자신의 성품을 깨닫고 발전시킬 수 있는데, 그 성품을 안다는 것은 곧 하늘을 아는 것과 같다고 말합니다. 앞에서 말씀드렸듯이 이때의 '천'은 우리가 보는 물질적 하늘이 아니라, 인간의 심성에 도덕적인 씨앗을 심어 주는 '그 무엇'을 말합니다. 맹자의 '천' 개념이 이후 중국에서 우주의 주재자로서의 '천' 관념이 등장하는 데 영향을 주었다고 볼 수 있습니다.

순자

이제 선진 시대 유교의 마지막 인물로 유교의 이단아라고도 불리는 순자를 살펴보겠습니다. 순자는 맹자보다 후세대의 사상가로 기본적으로 인간 속에 내재하는 욕망을 강조합니다. 인간은 보통 자신의 이익을 좇기 마련이고, 의(義)를 따르는 이들은 아주 적다는 것이 순자의 생각입니다. 이처럼 이익만 좇는 사람들을 교화하는 것이 중요하다고 보았는데, 당시로서는 굉장히 현실적인 인간 이해입니다. 공자와 맹자가 인간의 이상적인 발전 가능성에 초점을 맞췄다고 하면, 순자는 현실에서 실제 인간이 어떤 모습을 드러내는가에 주목했습니다.

특히 순자는 맹자의 말처럼 사단이 인간의 마음속에 있지만 그것을 충분히 키워서 군자가 될 사람이 얼마나 되겠냐고 반박합니다. 즉, 인간이 인의예지를 갖춘 존재로 성장하리라는 낙관주의적인 믿음에 근거해 공동체를 운영하겠다는 주장 자체가 비현실적이라는 거죠.

이처럼 맹자와 순자는 인간을 이해하는 상반된 태도를 보여줍니다. 두 가지 관점은 다른 종교에서도 공통적으로 발견됩니다. 인간에게는 예수나 붓다처럼 훌륭해질 가능성이 있지만, 동시에 짐승보다 못한 사람이 될 수도 있습니다. 그럼에도 불구하고, 공자와 맹자, 그리고 순자의 가르침은 우리 모두 자기 수양을 통해서 더 나은 사람이 되라고 강조합니다. 가르침을 통해서 자기 속에 있는 좋은 가능성을 크게 만들고 나쁜 가능성은 낮추어서 남과 더불어서 잘 사는 인간상이 유교의 목적입니다. 그 점에서 '사후천국'이나 신에 의한 구원을 강조하는 종교들과는 사뭇 다릅니다.

성리학의 확립

이렇게 선진 시대 유교를 살펴보았는데요. 유교는 절하거나 기도를 해서 은총을 받는 것, 또 엑스터시 상태에 빠지거나 하는 측면이 다른 종교에 비해 약합니다. 그러다 보니 다른 종교에 비해 소수의 사람들에게만 가능한 가르침으로 남거나, 사회윤리적 규범 체계로만 인식되기 쉽습니다. 특히 당나라 때 도교와 불교가 엄청나게 성행을 하면서 유교가 힘을 발휘하지 못합니다. 이런 배경에서 송대 성리학(性理學)이 등장하게 됩니다.

　　송대 성리학은 도교와 불교의 영향을 받아들여서 마음을 탐구하고 수양하는 것을 강조합니다. 성리학의 대표적인 인물로는 우선 장재(張載)를 들 수 있습니다. 송대의 신유학이 이 사람으로부터 시작되었다고 할 수 있고요. 그 뒤를 이은 사람으로 정호(程顥)와 정이(程頤) 형제가 있습니다. 두 사람을 일컬어 '이정'(二程)이라고 부르기도 하는데요. 두 사람의 성향이 다르기는 했지만, 이후 주희로 이어지는 성리학의 기초를 다졌습니다. 그들은 '성즉리'(性卽理)라는 가르침을 강조했습니다. 이후 육구연(陸九淵)이 '성즉리'에 대항해서 '심즉리'(心卽理)를 이야기합니다. '성즉리'와 '심즉리'를 둘러싼 많은 논쟁이 있었습니다. 다만 하늘[天]과 인간이 어떻게 유사성을 지니고, 인간이 현실 속에서 하늘의 이치[理]를 어떻게 발현시켜서 훌륭한 인간이 될 것인가에 대해서 서로 다른 입장을 취한다는 점이 관건이었습니다.

중요한 것은 인간의 근본적인 마음을 강조하고, '천'(天), '성'(性), '심'(心), '리'(理) 등의 추상적인 개념들에 기반해 자기 수양을 강조하는 흐름이 유교에서 본격적으로 등장하기 시작했다는 사실입니다. 앞서 공자, 맹자, 순자에게는 자기 수양이 주로 사회적 관계의 문제이자 정치 철학의 문제였다면, 이제부터는 나 자신의 마음을 갈고 닦아서 더 나은 인간이 되는 것이 중요해졌다는 뜻이지요. 이렇게 되면서 불교나 도교와 상통하는 대목이 생깁니다. 이런 흐름을 발전시켜 성리학을 완성한 인물이 바로 주희입니다. 성과 리를 강조하는 성리학은 이후 중국의 정치 사상뿐만 아니라 동아시아 전체에 큰 영향을 끼치게 됩니다. 조선 역시 성리학의 토대 위에 세워진 나라였죠.

성리학과 다른 신유학의 흐름도 있었는데요. 앞서 이야기한 육구연의 '심즉리'가 그것입니다. 이런 육구연의 사상은 이후 왕양명에 의해 양명학(陽明學)으로 자리 잡게 되죠. 양명학은 인간의 본성에 대한 직관을 강조합니다. 이런 차이에도 불구하고 성리학이든 양명학이든 어떻게 마음을 수양해서 성인이 될 것인가가 주요 과제라는 점에서 유교의 종교적인 색채가 강해졌다고도 볼 수 있습니다.

종교로서의 유교

바로 전 시간에 우리가 힌두교를 다루었는데요. 그때 본 칼리 여신의 모습을 기억할 겁니다. 거의 헐벗은 상태로 죽은 사람들의 머리를 엮어 목걸이로 걸고, 혀를 길게 내밀고 있는 모습이었죠. 유교에서는 이런 종교적 상징이나 이미지들은 존재할 수가 없습니다. 유교는 대단히 정돈되고 질서 잡힌 종교입니다. 그러다 보니 유교가 과연 초월적인 차원을 얘기하는 종교인가에 대한 논쟁이 끊임없이 벌어집니다. 실제로 유교에서는 기도를 하거나 복을 비는 행위가 중요하지 않습니다. 이 점에서 이성적인 사고 능력을 갈고 닦아 부단히 자기 수양을 하는 사람들에게 적합한,

즉 엘리트적인 종교였다고 할 수 있습니다. 이런 이유로 유럽의 계몽주의 사상가들은 당시에 소개된 공자나 맹자의 사상에 큰 매력을 느꼈습니다. 자신들이 지향해야 할 이상적인 인간상과 사회의 모습을 보여 준다고 생각했던 거죠.

이렇게 이성적인 측면이 강한 유교지만, 종교적 측면 역시 있다는 말씀을 1부 강의에서 드린 적이 있습니다. 유교를 종교로 보아야 할 가장 큰 이유로 말씀드렸던 것이 제사의식이었습니다. 유교에서 제사는 핵심적인 의례입니다. 사실 평소에는 돌아가신 조상들이 무얼 하고 있을지에 대해서는 별로 관심이 없어 보이지만, 제사를 지내는 하루만큼은 최선을 다하죠. 나라 차원에서도 하늘에 제사를 지내고, 사직단을 만들어서 지신과 곡신에게도 제사를 모셨습니다. 역대 임금들에게 종묘제례를, 공자와 공자의 제자들에게는 문묘제례를 지냈습니다. 문묘제례 같은 경우는 중국에서도 중단했다가 다시 부활시켰는데, 우리는 조선시대부터 지금까지 꾸준히 지내 오고 있는 거죠.

이런 걸 보면 세계적인 여행 책자인 『론리 플래닛』에서 한국이 가장 유교적인 국가라고 설명하는 것도 납득이 갑니다. 우리나라에서 유교를 종교로 받아들이고 믿는 사람의 수는 채 1%도 되지 않고, 교회나 절에 가는 것처럼 서원을 방문하지는 않습니다. 그러나 우리 문화 속에는 유교적인 세계관이 아주 깊게 뿌리 내리고 있습니다. 정도전이 유교를 조선의 근본적인 이념으로 내세운 후, 500년 동안 유교는 조선 사회 전체를 형성하고 유지한 이념체계였습니다. 향교를 통해 유교적 가르침을 확산시켜 사회의 운영은 물론 모든 인간관계가 유교적 규율에 따르도록 했습니다. 태어나면서부터 죽을 때까지 철저하게 유교적 세계관 속에서 모든 삶이 이루어졌던 것이지요. 그래서 유교는 현재까지도 은연중에 우리의 행동과 사고방식에 큰 영향을 미칩니다. 나이를 중시하고 연장자에게 양보하는 문화가 대표적입니다.

이렇게 공자에서 출발해 현재에도 우리에게 여전히 큰 영향을 주고 있는 유교의 흐름을 정리해 보았습니다. 종교라는 관점에서 보면 유교는 가슴을 두근두근하게 만드는 종교는 아닙니다. '인간이 저렇게까지 자기를 규율하면서 살 수 있나'라고 생각하게 만드는 대목이 많습니다. 그래서 소수에게만 가능한 종교라고 할 수 있습니다. 힌두교의 다양성과 역동성과 비교해 보면 유교의 특성이 잘 드러납니다. 특히 유교에서 종교적 에너지의 성적 측면을 언급하는 탄트라는 존재할 수가 없겠지요. 물론 유교가 높은 수준의 사회 윤리적인 의식을 지향하는 것은 큰 장점입니다. 하지만 뒤집어서 보면 보통 사람들의 종교성을 충족시켜 주지 못한다는 것은 유교의 큰 약점이라고도 볼 수 있습니다.

3강 _ 불교, 수행과 깨달음의 종교

오늘은 2부 세번째 강의로 불교를 다루려고 합니다. 제목을 '수행과 깨달음의 종교'라고 달아 보았는데요. '깨달음의 종교'라는 말을 들으면 왠지 가슴이 두근두근하죠. 저만 그런가요? 이 전 시간에 살펴본 유교는 그 출발인 공자와 맹자부터가 사회적·정치적 관심을 강력하게 드러낸 전통이라고 말씀을 드렸습니다. 그래서 우리에게 익숙한 방식의 종교성을 찾아보기가 어려웠습니다. 불교는 유교에 대비되는 독특한 종교성을 보여 줍니다. 제목에 있는 수행과 깨달음이라는 단어는 불교의 핵심이라고 할 수 있는데요. 수행을 통해 깨달음이라는 체험을 얻는 일에 불교만큼 전면적으로 집중하는 종교는 어디에도 없다고 봐야 합니다. 그 점에서 대단히 중요한 종교 전통입니다.

불교에 대해서 크게 다섯 가지로 나누어서 살펴보도록 하겠습니다. 우선 고타마 싯다르타의 생애를 중심으로 그가 어떤 수행의 과정을 거쳤으며, 깨달음을 얻은 자인 '붓다'가 무엇을 뜻하는지에 대해 다루고요. 그다음으로는 붓다의 가르침을 '삼법인'(三法印), '팔정도'(八正道), '연기법'(緣起法)과 같은 핵심적인 개념을 중심으로 설명하고, 세번째로는 불교의 다양한 흐름들을 살펴보겠습니다. 불교는 붓다의 가르침에서 출발했지만, 그 안에는 여러 흐름이 존재합니다. 불교 내부의 다양성을 정리해 봄으로써, 인간의 종교성이 얼마나 다채롭게 표출되는지를 짐작할 수 있습니다. 네번째로 불교의 의례를 설명하고, 마지막으로는 불교가 묻지 않은 질문들이 무엇이었는지를 알아보면서 불교의 강점과 약점을 이야기해 보려고 합니다.

석가모니 붓다의 생애

싯다르타의 탄생

진리를 깨달은 사람을 '붓다'라고 부른다는 말씀을 앞에서 드렸죠. 석가모니 붓다는 깨달음을 얻기 전에 '고타마 싯다르타'라는 이름을 가졌습니다. 어머니인 마야 부인이 코끼리 꿈을 꾸고 그를 낳았다고 하는데요. 출산을 위해 친정으로 가던 중에 룸비니 동산이라는 곳에서 출산합니다. 그런데 출산 후 7일 만에 모친은 세상을 떠납니다. 싯다르타의 탄생 과정도 독특합니다. 마야 부

석가모니의 탄생

인의 옆구리에서 태어났다고 전해지거든요. 이건 비범한 출생을 드러내는 전형적인 장치라고 할 수 있습니다. 다음 시간에 도교를 다룰 텐데요. 도교의 창시자라고 할 수 있는 노자(老子)도 옆구리에서 태어났다고 전해집니다. 위대한 인물은 통상적이지 않은 방식으로 태어나야 하는 것이지요.

싯다르타는 출산 후에도 남다른 모습을 보입니다. 바로 일곱 걸음을 걷고 손가락으로 하늘을 가리키면서 "천상천하, 유아독존"(天上天下, 唯我獨尊)이라는 말을 했다고 하죠. '하늘 위와 하늘

아래에 오직 나만이 홀로 존귀하다'라는 뜻이죠. 이것 역시 옆구리에서 태어났다는 것과 마찬가지로 신화라고 할 수 있습니다. 이 선언은 붓다가 될 고타마 싯다르타만이 존귀하다는 뜻이 아니라 모든 존재가 다 그러하다는 불교의 근본 가르침을 전한 것이라고 보아야 하지요. 실제로 불교는 모든 존재가 불성을 갖추고 있으므로, 다 존엄하다고 주장합니다.

사문유관과 출가, 그리고 고행 수행

어머니는 싯다르타를 낳고 곧 돌아가셨지만, 그는 왕국의 왕자라는 귀한 신분으로 편안하게 잘 삽니다. 그러던 중 그는 도성의 문 밖에서 늙은 사람과 병든 사람, 죽은 사람을 보고, 사람이 늙고, 병들고, 죽는다는 사실에 큰 충격을 받습니다. 그리고 마지막으로 수행자를 만납니다. 당연히 이때의 수행자는 불교가 아닌, 힌두교의 수행자였겠지요. 어쨌든 그 수행자를 보고 자신도 그 길을 걷겠다고 결심을 합니다. 이 네 번의 마주침을 '사문유관'(四門遊觀)이라고 합니다. 그리고 어느 날 하얀 말을 타고 도성을 빠져나가 수행자가 되었다는 것이 싯다르타의 출가와 관련된 이야기입니다. 처자식을 버리고 출가 수행자가 된 것이죠.

출가를 한 후 6년 동안 싯다르타는 온갖 스승들을 찾아다니면서 고행에 가까운 수행을 합니다. 갈비뼈가 앙상하게 드러날 정도로 욕망을 끊는 금욕적 수행도 하고요. 앞에서 힌두교를 이야기할 때, 힌두교에서 금욕적 수행은 외부적으로 행해지던 의례를 내면화한 것이라고 말씀을 드렸습니다. 자신을 바치는 일종의 희생 의례입니다. 싯다르타 역시 그런 금욕 수행을 6년 동안 철저히 행했는데, 결과가 좋지 않았습니다. 즉, 깨달음 체험을 얻지 못했던 것입니다. 이런 실패는 앞서 다룬 태어나자마자 '천상천하, 유아독존'이라 선언했던 사건과 어긋나는 측면이 있죠.

보리수 아래에서의 깨달음

고행을 통해 깨달음을 얻는 데 실패한 싯다르타에게 수자타라고 하는 동네 처녀가 음식 공양을 합니다. 우유로 만든 죽을 주었다고 전해지는데요. 싯다르타는 이 죽을 먹고, 기력을 되찾습니다. 그리고 어린 시절에 아버지를 따라 나갔다가 나무 밑에서 혼자 앉아 있던 중 기분 좋은 체험을 한 것을 떠올립니다. 불교에서 붓다의 '초선(初禪) 경험'이라 부르는 사건입니다. 수자타의 죽을 먹고 갑자기 그 기억이 떠오른 거죠. 그리고 깨달음이라는 것이 억지로 행하는 것이 아니라, 원래 우리 속에 들어 있는 것이 아닌가라는 생각을 하면서 수행에 결정적인 전기를 맞게 됩니다. 그러다가 보리수 밑에서 깨달음 체험을 하는 것이지요.

붓다가 깨달음을 얻자 힌두교의 모든 신들이 몰려왔다고 합니다. 온갖 사악한 신들도 몰려오고 좋은 신들도 왔는데, 나쁜 신들은 그의 깨달음을 세상에 전하지 말라고 간청합니다. 지금까지 유지되어 온 현실의 질서가 다 깨질 거라고 걱정하면서요. 반대로 선한 신들은 깨달음을 축하하고 세상에 전할 수 있도록 돕겠다고 하죠. 그런데 초기 경전에는 붓다 자신도 이 깨달음을 다른 사람들에게 말로 전할 수 있을지에 대해 고민했다는 대목이 나옵니다. 자신의 체험이 비범한 탓에, 남들과 공유하기 어렵다는 사실을 명확하게 인식했다는 것이지요.

이렇게 깨달음을 얻은 후 고타마 싯다르타는 붓다로 변모합니다. 붓다는 깨달은 사람이라는 뜻의 보통명사입니다. 고타마 싯다르타가 자신 안에 존재하는 불성을 깨달았기 때문에 붓다라고 불리게 된 거죠. 붓다는 깨닫고 난 후 자기 이전에도 여러 붓다가 있었고, 자기 이후에도 붓다가 나타날 거라고 이야기합니다. 즉, 수행을 하면 모든 인간들이 붓다가 될 수 있다는 겁니다. '견성성불'(見性成佛)이란 '자신의 참된 본성[性]을 안다면[見] 붓다[佛]가 될 수 있다[成]'는 의미입니다. 이 선언은 불교의 혁명적인 성격을 그대로 드러냅니다.

초전법륜

붓다가 깨닫고 나서 처음으로 찾아간 이들은 자신과 함께 고행 수행을 했던 동료들이었습니다. 그들은 붓다가 고행을 멈추고 수자타가 준 우유죽을 먹자, 수행을 저버렸다고 비난을 하고 부처를 떠나 다른 곳에서 수행을 이어 갔는데요. 붓다가 깨달음을

초전법륜

얻은 후 이들이 있던 녹야원(鹿野園)이라는 곳으로 찾아옵니다. 그리고 여전히 고행을 하고 있는 이들에게 자기가 깨달은 바를 이야기하죠. 이걸 '초전법륜'(初轉法輪)이라고 부릅니다. '처음으로[初] 법륜(法輪)을 굴렸다[轉]'는 뜻이죠. 법륜은 '법의 바퀴'라는 뜻으로 산스크리트어로는 '다르마차크라'(Dharmachakra)입니다. 불교의 가르침을 나타내는 대표적인 상징이죠. 이들은 붓다의 이야기를 듣고 그의 변한 모습을 보면서, 붓다가 되었음을 알게 됩니다. 그리고 제자가 되어서 붓다의 가르침을 인도 전역에 퍼뜨리기 시작합니다.

붓다의 가르침

불교는 붓다의 깨달음 체험을 말로 전달하기가 어렵다고 주장합니다. 그 때문에 붓다는 방편(方便, 우파야)을 써서 가르침을 펼칩니다. 상대방의 이해 수준에 부합하는 다양한 방법을 활용하는 것이 방편입니다. 가령 제 강의가 과도하게 어렵거나, 너무 뻔하고 쉽다면 사람들이 들으려 하지 않겠죠. 적절한 수준의 강의를 해야 하는 것처럼 방편도 마찬가지입니다. 깨달음 체험을 말로 전하기는 어렵지만, 사람들이 이해할 수 있는 방식으로 제시하는 것이 자신의 깨달음을 공유하려 했던 붓다에게 매우 중요한 과제였던 겁니다.

삼법인·사성제·팔정도

붓다가 보기에 사람들은 잘못된 견해로 인해 사물의 진면목을 알 수 없습니다. 붓다는 세상의 참모습을 '삼법인'(三法印)으로 설명합니다. '제행무상'(諸行無常), '제법무아'(諸法無我), '일체개고'(一切皆苦)가 삼법인입니다. '제행무상'은 현상 세계의 모든 것이 실체성이 없이 끊임없이 변화한다는 뜻입니다. 당장 강의를 하고 있는 저만 해도 100년 전에는 세상에 없었죠. 또 어느 시점에 저는 없어질 겁니다. 즉, 물질 세계에 있는 그 어떤 것도 영속적인 실체로서 존속할 수 없다는 겁니다.

그다음으로 '제법무아'는 내가 나라고 생각하는 존재도 사실은 실체가 아니라는 말입니다. 불교 교리에서 가장 유명한 무아론이죠. 무아론과 관련해서는 치열한 논쟁이 있습니다. 무아론의 주장처럼 '나'라는 존재가 실체가 아니라면, 죄 짓는 사람은 누구냐는 것이지요. 또 윤회를 통해서 카르마(업보)를 받는 존재가 없어서 되겠느냐는 물음까지 이어지지요. 그래서 이 문제는 '육체를 가지고 이 세계를 살아가는 나라는 존재가 시간의 흐름 속에서 계속 끊임없이 변화한다는 사실을 곰곰히 생각하라' 정도로 정리하고 넘어가지요.

마지막 '일체개고'는 '모든 것이 고통'이라는 의미입니다. 일체개고의 '고'(苦)는 네 가지 가장 중요한 진리를 말하는 '사성제'(四聖諦)로 연결이 됩니다. '사성제'는 고·집·멸·도(苦·集·滅·道), 이렇게 네 가지인데요. '고'는 '일체개고'와 같은 말로 모든 것이 고통이라는 의미이고, 그다음에 '집'은 집착과 욕망 때문에 고통이 비롯됐다라는 뜻입니다. 그다음에 '멸'은 그런 집착과 욕망을 멸해야지만 고에서 벗어날 수 있다는 것이고, 마지막 '도'는 고통을 벗어날 수 있는 구체적인 방법을 말합니다.

'사성제'의 '도'(道)는 다시 '팔정도'(八正道)라는 수행법으로 구체화됩니다. 정견(正見), 정사유(正思惟), 정어(正語), 정업(正業), 정명(正命), 정정진(正精進), 정념(正念), 정정(正定)이 그 여덟 가지죠. 맨 처음 나오는 정견을 볼까요. 사물을 올바르게 바라보면 그다음 정사유, 정어…, 정정까지가 이어지게 된다는 겁니다. 사람이 실상을 올바르게 보지 못하기 때문에 집착하게 되고, 집착을 하니까 고통이 더 커지는 악순환을 벗어날 수 없다는 주장입니다. 그래서 정견이 팔정도 중에 가장 첫번째에 자리 잡고 있습니다. 이렇게 올바르게 보고 바르게 수행을 해서 깨달음 체험을 얻게 되면, 궁극적으로 자신의 본성은 물론 이 모든 것들이 공하다라는 것을 직관하게 된다는 것이 붓다의 핵심적인 가르침입니다.

연기법

불교가 세상의 존재 방식을 설명하는 또 하나의 중요한 해석틀이 '연기법'(緣起法)입니다. '연기'(緣起)는 '서로 의존해서[緣] 발생한다[起]'는 뜻인데요. 보통 '십이연기'라고 해서 바퀴가 굴러가듯 열두 단계가 주욱 이어지는 것으로 표현됩니다. 무명(無明)·행(行)·식(識)·명색(名色)·육입(六入)·촉(觸)·수(受)·애(愛)·취(取)·유(有)·생(生)·노사(老死). 이렇게 열두 단계를 해탈에 이르기까지 무한히 반복한다고 보는데요. 그 첫번째 단계가 '무명'입니다. 무명은 산스크리트어로 '아비디아'(avidyā)라고 하는데, '알지 못한다'라는 뜻이죠. 이 무명을 출발점으로 해서 마지막에 죽음까지 가는데, 세상을 떠나는 시점에도 깨달음을 얻지 못해 무명의 상태라면 윤회를 반복해야 한다는 겁니다. 완벽한 깨달음을 통해서 무명이 완벽하게 사라질 때까지 이 과정이 무한히 계속된다는 것이 십이연기입니다.

그런데 여기서 필연적으로 질문이 생깁니다. 이 모든 과정의 시작인 무명은 처음에 왜 존재했을까라는 의문입니다. 사실 불교는 여기에 대해서 명확하게 이야기하고 있지 않습니다. 죽기 전에 무명의 상태라면 무명이 지속된다고 설명을 하지만, 궁극적으로 무명이 어디에서, 그리고 왜 시작되었는지는 다루지 않습니다. 나중에 불교가 묻지 않는 질문에 대해 정리하겠지만, 이것 역시 여기에 해당된다고 할 수 있습니다.

존재하는 모든 것에 불성이 있다

붓다가 행한 가르침의 핵심은 '누구나 깨달음을 얻으면 붓다가 된다'입니다. 나아가 인간뿐만 아니라 존재하는 온갖 동식물이 불성을 가지고 있기 때문에 모든 존재는 불성을 체득할 수 있다는 것이지요.

붓다의 가르침 중에는 창조주 신이나 신의 은총 같은 말들이 등장하지 않습니다. 힌두교에서 봤던 의례나 아바타 같은 내용도 없습니다. 그래서 불교를 스스로 구원을 추구하는 자력신앙 또는 무신론적인 종교 전통이라고 하기도 합니다. 유대교, 기독교, 이슬람교의 입장에서 볼 때 불교는 종교가 아닌 것처럼 보일 수 있겠죠. 하지만 앞서 말씀드린 대로 불교 역시 눈에 보이지 않는 차원을 상정한다는 점에서, 그리고 인간 의식의 변화를 통해 눈에 보이는 세계가 다가 아니라는 종교적 통찰을 얻을 수 있다고 선언한다는 점에서 종교에 해당됩니다.

한편 불교의 교리는 굉장히 탄력적입니다. 대처승 제도가 있는 종파도 있고, 탄트라 불교도 존재합니다. 인간의 성적인 에너지(쿤달리니 에너지)를 위로 끌어올려서 머리 꼭대기에 있는 차크라가 열리게 되면 범아일여를 체험할 수 있다고 주장하는 게 힌두교의 탄트라 전통이라고 말씀을 드렸죠. 이와는 다르게 성적 에너지들을 배출시키지 않고 금욕이라는 과정을 거쳐 종교적인 목적에 활용하는 것이 불교 전통에서 주장하는 독신 수행의 근거가 된다고 보기도 합니다.

이런 맥락에서 '결혼하고 일상을 영위하는 재가자들도 깨달음을 얻을 수 있는가'라는 질문이 자연스럽게 등장합니다. 또 붓다가 가르쳐 준 팔정도를 따르지 않아도 깨달음에 이를 수 있을까 하는 질문도 던질 수 있습니다. 붓다의 깨달음이 팔정도를 의도적으로 수행한 결과라고 할 수 있을까요? 아니겠죠. 깨달음을 얻고 나서 그 과정을 곰곰이 생각하고 발전시킨 후 정리해서 전달한 수행법입니다. 그러니까 전통으로서의 불교는 실제로 붓다 이전에는 존재하지 않았다는 거죠. 붓다 자신도 자신의 깨달음을 자기만의 방식대로 설명했지만, 미래에는 새로운 붓다가 또 다른 방식으로 가르침을 전할 거라고 보았습니다.

다양한 불교 전통

불교의 성공적인 전파에는 인도 마우리아 왕조의 3대 왕인 아소카(Asoka)의 영향이 큽니다. 아소카 왕은 정복군주로 초기에는 전쟁을 많이 했는데, 나중에 불교의 비폭력적인 면에 감화되어 참회하고 개종을 하게 됩니다. 그의 개종 이후 불교는 인도 전역을 비롯해 동남아시아까지 퍼져 나갑니다.

불교의 비폭력성은 카를 야스퍼스(Karl Jaspers)와 같은 철학자도 주목을 했는데요. 심지어 야스퍼스는 불교가 내부의 이단을 공격하거나 다른 종교 전통을 공격하지 않은 유일한 종교라고까지 주장합니다. 이 말은 반대로 무엇이든지 쉽게 불교 전통 안으로 수용된다는 뜻이기도 합니다. 그런 까닭으로 불교 내부에는 굉장히 다양한 흐름들이 생겨나게 됩니다.

소승불교 vs 대승불교

불교에서 가장 대표적인 분류가 소승불교와 대승불교입니다. '소승'(小乘, hinayana)과 '대승'(大乘, mahayana)의 '승'(乘, yana)은 '수레'라는 의미로 소승은 작은 수레, 대승은 큰 수레를 말합니다. 보통 우리나라에서는 소승은 한 사람만을, 대승은 여러 사람을 태울 수 있으니, 대승이 더 좋다고 배우는데요. 소승이 스스로를 그렇게 이름 붙이지는 않았겠지요. 중국, 한국, 일본 불교가 남방불교를 소승, 자신들을 대승이라고 칭한 것입니다. 남방불교는 태국을 비롯해서 동남아시아 쪽 불교 전통을 말합니다. 이 전통에서는 개인의 완성이 우선되어야 한다고 보고 자기 수행을 강조하는데, 이 측면을 부각시켜서 '자기만 깨달으려 한다'고 비판을 했던 겁니다. 최근에는 우리도 남방불교를 '테라바다'(Theravada) 혹은 '상좌부(上座部) 불교'라고 부릅니다.

반면 대승불교는 깨달음 이후의 중생 구제를 강조합니다. 내가 붓다가 되면 무명이 사라지기 때문에 이 세상에 다시 안 태어날 수 있잖아요. 그럼에도 불구하고 모든 사람들이 붓다가 될 때까지 거듭 태어나겠다는 서원을 세우는 것이 대승불교입니다. 모든 사람들을 큰 수레에 태워서 피안에 인도할 때까지 다시 태어나겠다고 결심하는 거니까 이건 대단한 거죠. 이런 결의를 세우고 실천하는 사람이 바로 보살입니다. 붓다가 되어서 이 세상에 더 태어나지 않아도 되지만, 다시 돌아와서 모든 사람이 깨달음을 얻도록 돕겠다는 자비의 정신이 충만한 이들을 북방불교에서 보살이라고 부르고, 자신들을 대승불교라고 정의합니다.

선불교

우리에게 친숙한 선불교(禪佛敎)를 조금 더 자세히 살펴볼까요. 중국을 비롯한 극동아시아의 주된 흐름 중 하나가 선불교입니다. '선'(禪)이라는 글자는 산스크리트어로는 '디야나'(dhyana)라고 하는데, 원래 힌두교에서 말하는 명상을 의미합니다. 즉, 명상 수행을 더욱 강조하는 전통이 선불교입니다. 선불교는 불교가 중국으로 전파되는 과정에서 도교의 영향을 많이 받아서 발전합니다. 다음 시간에 도교에 대해 살펴보겠습니다만, 『장자』 같은 책을 보면 굉장히 스케일이 크죠. 맨 첫 부분에서 수천 리에 달하는 큰 물고기가 날개가 거대한 대붕이 되어 날아가는 이야기가 나옵니다. 도교의 '무위자연'(無爲自然)과 거대한 스케일을 불교가 받아들였고, 그 결과 선불교라는 독특한 형태가 만들어집니다.

선불교에는 유명한 스승들이 여럿인데, 그중에서 8세기의 조주(趙州) 선사가 널리 알려져 있습니다. 제자가 찾아와서 깨달음에 대해 물으니까, "너 밥은 먹었냐?"라고 되묻죠. 제자가 밥을 먹었다고 대답을 하니, 그럼 가서 밥그릇이나 씻으라고 이야기를 합니다. 즉, 깨달음에 대한 복잡한 사고와 집착보다는 일상의 삶 자체에 충실한 태도가 깨달음을 위한 참된 길임을 일러 주는 일화입니다. 이런 식으로 제자의 불필요한 생각들을 단순하게 만들어 주는 것이지요. 그 밖에도 '손바닥 하나로 소리를 낼 수 있는가', '개에게도 불성이 있는가'와 같은 이해할 수 없는 화두를 숙고하게 만들어, 이성의 한계를 절감하게 만들기도 합니다. 이처럼 선불교에는 깨달음을 위한 파격이 많습니다.

정토 신앙과 미륵 신앙

북방불교에서 선불교만큼이나 널리 퍼져 있는 것이 정토 신앙입니다. '정토'(淨土)는 영어로 '퓨어 랜드'(Pure Land)라고 번역을 하는데요. 보통 서쪽에 있다고 해서 서방정토라고도 하죠. 선불교만 하더라도 깨달음을 얻기 위한 치열한 수행은 아주 소수의 사람들에게만 가능했습니다. 하지만 정토 신앙에서는 '나무아미타불 관세음보살'만 열심히 외워도 서방정토에 다시 태어날 수 있다고 가르칩니다. 이 점에서 선불교와는 대단히 다른 대중적인 형태의 신앙이라 할 수 있겠습니다.

미륵 신앙 역시 대중들에게 큰 영향력이 있었는데요. 앞에서 붓다는 자신이 깨달은 방식으로 가르침을 전했지만, 미래에 깨달음을 얻은 또 다른 붓다가 나타날 것이라고 이야기합니다. 즉, 미륵 신앙은 미래에 올 붓다와 관련된 불교입니다. 특히 사회·정치 질서가 혼란스러울 경우, 기독교의 메시아처럼 미래불인 미륵불이 도래해 완전히 새로운 세상을 만들어 줄 것이라는 믿음이 동양 역사에서 강력하게 등장하곤 했습니다.

금강승(밀교)

힌두교의 탄트라 신앙을 다룰 때, 불교에도 탄트라적 흐름이 있다고 언급했습니다. 티베트 불교가 탄트라 전통에 해당합니다. 불교 내부에서는 금강승 혹은 밀교라고 불리는데요. 음양의 조화를 포함해 삶의 에너지와 기쁨을 종교적 관점에서 긍정적으로 승인하는 불교 전통입니다.

지금까지 불교의 다양한 흐름을 살펴보았는데요. 힌두교에서 범아일여에 이르는 다양한 길을 요가라고 부르는 것처럼 불교 내부에도 불성을 깨닫는 여러 방식을 인정하고 있습니다. 크게 보면 불교의 여러 수행법들 역시 힌두교 전통에서 비슷하게 발견됩니다. 이 점에서 불교는 힌두교와 매우 밀접하다는 사실을 드러냅니다.

불교의 의례

사찰에 가면 백팔배라는 절하는 수행을 많이 합니다. 상에 음식을 차려 놓고 기도를 하기도 합니다. 불상에 절을 하고 기도를 하는 것은 붓다 개인을 숭배한다는 의미가 아니라, 붓다를 거울 삼아서 자기 안에 있는 불성을 발견하겠다는 의미가 더 강합니다. 궁극의 깨달음 체험을 얻을 때까지 한눈팔지 않고 정진하기를 권고하는 것이 불교이기 때문에, 의례나 종교적 권위에 의탁하는 태도를 경계합니다. 특히 선불교 전통이 더욱 그렇습니다. '부처를 만나면 부처를 죽이고, 조사를 만나면 조사를 죽인다'는 가르침이 대표적입니다. 선불교의 이런 점은 개신교의 종교개혁 정신과도 유사해 보입니다.

그렇지만 오늘날 현실의 불교는 천도제를 비롯해 여러 가지 신앙 형태를 모두 보여 줍니다. 자식이 대학에 붙게 해 달라는 기도를 하는 등 기복적인 요소들이 다 수용되고 있는 것이지요. 또 힌두교의 아바타와 유사하게 보살의 위상이 높아지기도 합니다. 보통의 불교 신자들에게 '공'이나 '무아'와 같은 개념은 어렵게 느껴지므로, 보살이라는 친밀한 존재를 통해 보이지 않는 차원과 연결될 수 있다는 것이지요. 또 승려들에게 삶의 고통을 상담하는 방식을 통해 대중의 종교적 열망이 충족되기도 합니다. 이런 까닭에 가장 급진적인 선불교에서도 많은 보살들이 등장합니다. 이처럼 현대불교는 매우 다양한 흐름을 가지고 있기 때문에 불교를 하나의 단일한 전통이라고 생각해서는 곤란합니다.

불교가 묻지 않은 질문들

1부 강의에서 독화살의 비유를 짧게 언급한 적이 있죠. 불교에서는 '죽은 다음에는 어떻게 되나요', '신은 존재하나요'와 같은 형이상학적 질문을 꺼려합니다. 독화살을 맞았으면 빨리 치료를 하는 게 우선이지, 누가 쐈는지, 독의 성분이 무엇인지에 매달려서는 안 된다는 비유였죠. 수행을 통해서 견성성불하고 나면 모든 문제들이 저절로 다 풀릴 수 있다는 겁니다. 그러니 창조주나 모든 것을 주재하는 신 존재 여부를 물을 필요가 없습니다. 공리공론보다는 수행이 더 중요하다는 태도입니다. 이 점에서 불교는 굉장히 실천적인 종교라고 할 수 있습니다.

이런 실천적이고 실용주의적인 측면이 서양 지식인들에게 매력적으로 다가왔습니다. '믿으면 구원받는다'는 기독교의 교리에 비해 이성적이고 명쾌해 보이기 때문이지요. 물론 더 엄밀하게 말하자면 불교가 형이상학적 문제들을 묻지 않을 뿐이지, 그것들을 완벽하게 답하고 있는 건 아닙니다. 다른 종교들은 존재의 근원이나 보이지 않는 세계와 관련된 근본적인 의문에 대해서 어떻게든 설명해 주려고 시도하고 있으니까요. 그래서 특정 종교가 더 훌륭하다라고 말하기보다는 서로의 접근 방식이 다르다고 보는 게 더 정확하겠습니다. 이 점을 염두에 두면서 도교로 넘어가 볼까요.

4강 _ 도교, 영원과 불멸성의 종교

이번 시간은 도교를 살펴볼 차례입니다. 도교는 여러 가지 측면에서 굉장히 매력적인 종교입니다. 특히 유교나 불교와 비교해 보면 아주 흥미로운 점을 많이 발견할 수 있는데요. 함께 탐구해 보도록 하겠습니다.

이 강의에서는 우선 도가(道家) 사상과 도교(道敎) 신앙을 구분하는 것부터 시작해서, 도교의 창시자라고 할 수 있는 노자(老子)라는 인물과 그가 남겼다고 전해지는 『도덕경』(道德經)이라는 책을 중심으로 살피려고 합니다. 또 노자와 더불어 중요한 사상가인 장자(莊子)와 그의 책 『장자』를 통해서 도교의 세계관을 조금 더 구체적으로 다루어 보겠습니다.

강의 제목을 '영원과 불멸성의 종교'라고 붙였는데요. 영원과 불멸성을 전면적으로 추구한다는 점이 도교의 대단히 독특한 성격이라고 할 수 있습니다. 도교의 이상적인 인물상으로는 신선이 있는데, 깊은 산속에 숨어 살면서 구름을 타고 다니는 모습으로 자주 묘사되죠. 이런 신선의 이미지가 불사(不死)를 추구하고, 이를 위한 다양한 수행법을 발달시킨 도교의 특성을 잘 보여줍니다.

끝으로 도교의 발상지인 중국에서 도교의 현재 위상이 어떤지를 살펴보고, 우리나라에 있는 도교 전통을 정리하는 것으로 강의를 구성해 보았습니다.

도가 사상과 도교 신앙

먼저 도가 사상과 도교 신앙이 구분된다는 점을 말씀드리면서 이야기를 시작해 볼까요. 도가와 도교라고 하면 앞의 '도'(道)는 같은데 하나는 '가'(家)가 붙고, 하나는 '교'(敎)가 붙었죠. 도가는 쉽게 말해서 철학적인 측면을 강조하고, 도교는 신앙적인 측면을 강조하는 흐름을 말합니다.

도가라고 하면 떠오르는 사상가로 노자와 장자가 있는데, 이들은 '도'라는 개념을 기반으로 우주와 인간, 그리고 양자의 관계를 어떻게 이해할 것인지를 탐구했습니다. 이런 사상적인 측면이 '도가'라면, 여러 가지 수행법을 통해 양생과 불멸을 획득하는 것을 목표로 하는 종교적인 차원이 존재합니다. 이를 '도교'라고 분류할 수 있겠습니다. 물론 이런 방식에 대해서 문제가 제기되기도 합니다만, 종교라는 관점에서 양자를 다룰 때, 이 구분은 여전히 유효하다고 생각합니다.

앞 시간에 불교를 다루면서도 언급했듯이 모든 종교는 엘리트적인 측면과 대중적인 측면을 모두 가집니다. 한편에서는 소수의 엘리트들이 형이상학적 사상에 기반해 자기 수행에 주력합니다만, 또 다른 쪽에서는 현세의 안녕과 복을 바라는 기복적 측면도 강하게 존재합니다. 불교의 경우 선불교는 통상 대단히 엘리트적이라고 할 수 있습니다. 화두를 통해 깨달음을 얻겠다는 수행은 보통 사람들이 할 수 있는 게 아니거든요. 아주 소수만이 용맹정진할 수 있습니다. 하지만 '나무아미타불 관세음보살'만 열심히 외워도 서방정토에서 태어날 수 있다는 정토 신앙이나, 새로운 붓다를 바라는 미륵 신앙은 대단히 대중적입니다. 이런 두 측면이 어느 종교에나 존재하는데, 이 구분이 도교는 물론 종교 전체를 이해하는 데 중요한 틀이 된다는 점을 기억해 두시면 좋겠습니다.

도(道), 도교의 핵심 개념

도교의 핵심적인 개념인 '도'(道)에 대해서 살펴보겠습니다. 중국에서 유래한 종교들은 이 '도'라는 매우 다의적인 개념에 기초하고 있습니다. 우선 '도'는 존재의 궁극적 실체이자 원인으로서의 의미를 갖습니다. 이런 의미에서 '도'는 고대 그리스 철학의 로고스와 일맥상통하는 면이 있죠. 지상의 모든 존재를 낳는 근원으로서의 '도'라고 할 수 있습니다.

노자 『도덕경』 42장에는 "도가 하나를 낳고, 하나가 둘을 낳고, 둘은 셋을 낳고, 셋은 만물을 낳는다"(道生一, 一生二, 二生三, 三生萬物)는 말이 있는데, 세상을 낳는 근원으로서의 도를 설명합니다. 노자는 근원인 도로부터 상대적인 세계(둘, 셋, 만물)가 유출된다는 것을 표현하고 있지요. 이 구절은 아담과 이브의 신화를 떠올리게 합니다. 신과 인간, 자연과 인간이 하나였던 에덴동산의 상태가 지혜의 열매를 먹어서 상대성을 알게 되는 순간 분리되기 시작합니다. 신과 인간을 포함한 일체의 분리가 출현한 과정을 에덴동산의 신화가 묘사하고 있다고 볼 수 있습니다.

이처럼 '도'에서 유출되어 만들어진 세상은 일정한 법칙 속에서 움직입니다. 세상이 만들어지고 운행되는 방식이나 법칙 역시 '도'입니다. '도'는 원래 길이라는 뜻이니까, 세상이 운행되는, 즉 흘러가는 방식을 뜻합니다. 더 구체적으로 '음양오행'(陰陽五行)의 법칙으로 설명합니다. '도'에서 '음양'이 분리되고, 또 여기서 '오행'이 나옵니다. '오행'은 목화토금수(木火土金水)라는 다섯 가지 성질로, 이들은 서로 상생·상극하는 특성을 띱니다. 가령

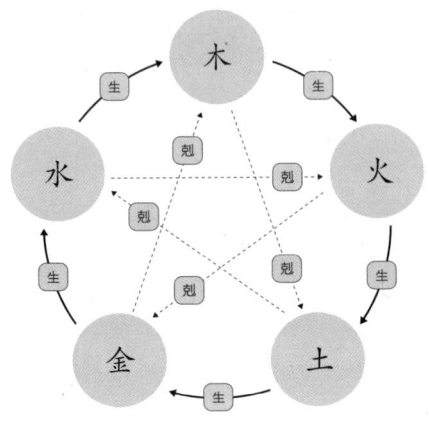

오행의 상생과 상극

토는 금을 생하지만 금은 화에 의해서 극을 당하고, 또 금은 목을 극하는 동시에 수를 생하는 식으로 존재하는 모든 것들이 긴밀히 상호작용을 한다는 것이지요. 이처럼 만물이 일정한 방식으로 운동하는 법칙 또한 '도'입니다.

　　마지막으로 근원으로부터 유출된 인간을 비롯한 모든 존재가 다시 근원으로 돌아가는 방식 또한 '도'라고 부를 수 있습니다. 뒤에서 도교의 수행을 살펴볼 텐데요. 존재의 근원으로 돌아가는 방법인 '도'를 탐구하고 수행하는 사람을 '도사'(道士)라고 부릅니다.

유교와의 차이

'도'의 여러 측면을 살펴보았는데요. 도교와 유교는 '도'라는 개념을 서로 공유합니다. 유교를 다루면서 '천'(天), '리'(理), '성'(性) 같은 개념들을 살펴보았는데, 도교의 '도'는 유교의 이런 개념들을 모두 포괄한다고 정의할 수 있습니다. 그런데 유교는 '천'을 적극적으로 인격화시키지는 않았습니다. '천'을 존재의 궁극적 근원 혹은 윤리적인 행위의 근거로 보려고 하지, 인간이 직접 관계를 맺는 인격적 존재로 설정하지는 않은 거죠. 하지만 도교에는 '천'을 의인화한 '옥황상제'(玉皇上帝)나 '원시천존'(元始天尊) 같은 개념이 있습니다. 이처럼 존재의 궁극적 원인을 인격적 존재로 간주하는지 여부가 이후 유교와 도교의 전개에 굉장히 큰 차이를 만들어 내게 됩니다.

노자와 『도덕경』

노자는 누구인가?

노자는 도교의 시조로 일컬어집니다. '노자'(老子)는 '늙은 사람'이라는 뜻으로, 소위 말하는 '축의 시대'인 기원전 6세기경에 태어나 살았던 사람이라고 전해집니다. '축의 시대'는 인류의 위대한 인물들이 여러 곳에서 동시다발적으로 태어났던 시기를 말하죠. 공자, 소크라테스, 붓다가 모두 비슷한 시기에 태어난 것으로 알려져 있습니다.

노자의 실존 여부에 대해서는 논란이 있습니다. 사마천(司馬遷)은 『사기』(史記)에서 노자를 초나라 사람으로 이름이 이이(李耳)라고 기록합니다. 한편 어머니 뱃속에서 70년을 지내다가 붓다와 마찬가지로 옆구리를 통해 태어났는데, 이렇게 늙은 상태로 나와서 '노자'라고 불린다는 설도 있습니다. 나면서부터 뭐든지 다 알고 있었다고도 하고요. 이런 신화적인 측면만 보아도 도교와 유교의 차이가 확연하게 드러납니다. 공자와 관련해서는 이런 이야기가 드물지요. 도교의 경우는 노자의 탄생 신화부터 종교적인 색채가 아주 짙습니다.

사마천은 또 노자가 공자와 만난 장면도 기록하고 있습니다. 만났을 당시 공자는 젊었기 때문에 자신의 지적 능력에 대해 굉장한 자부심이 있는 오만한 성격으로 그려지는데, 노자는 이보다 더 대단해서 구름을 타고 노는 용 같다고 묘사됩니다. 이런 일화는 노자의 사상이 유교의 중요한 뿌리가 되고 있음을 암시합니다.

노자의 죽음에 대해서도 여러 설이 있습니다만, 죽음이 임박하자 홀연히 서쪽으로 떠났다고 알려져 있습니다. 비범한 생애를 살다가 사라진 노자는 후대에 '태상노군'(太上老君)이라는 이름으로 신격화됩니다. 제사나 기복의 대상이 된 건데요. 공자를 추모하는 문묘제례라는 제의가 여전히 이뤄진다고 말씀을 드렸는데요. 공자에게 제사를 지내기는 하지만 공자를 소원을 들어주는 주체로 상정하고 하는 행위는 아니라는 점에서 공자와 노자 숭배에는 역시 분명한 차이가 있습니다.

『도덕경』

노자가 지었다고 전해지는 『도덕경』은 도교의 근본 경전입니다. 이 책은 "도를 도라고 말할 수 있으면 도가 아니다"(道可道, 非常道)라는 흥미로운 문장으로 시작합니다. 도라는 것이 추상적인 개념이 아니라 직접 깨달아야 할 존재의 궁극적 원리나 본성이라는 의미입니다. 이 경전이 어떻게 전해졌는지를 중심으로 이야기를 시작해 볼까 합니다.

대부분의 종교는 '경전'이라고 불리는 중요한 텍스트들을 가지고 있습니다. 도교의 『도덕경』, 유교의 『논어』가 대표적입니다. 기독교는 『성경』, 이슬람은 『쿠란』을 가지고 있습니다. 그런데 이 경전들이 어떤 방식으로 만들어졌는지를 살펴보는 것이 그 종교의 특성을 뚜렷하게 보여 주기도 합니다. 『성경』은 어떻게 만들어진 책이죠? 기본적으로 신의 사자를 통해서 신이 인간 세상에 전해 준 이야기들입니다. 저쪽 세상에서 직접 온 메시지들이죠. 이에 비해 『논어』는 어떻습니까? 공자와 공자의 제자들이 주고받은 얘기들을 공자 사후에 제자들이 기록한 책입니다.

하늘에서 직접 내려왔다는 설명은 전혀 없죠.

불교의 경전은 붓다가 열반에 든 후 제자들이 '결집'하면서 만들어집니다. 붓다의 제자 중에 기억력이 가장 좋고, 붓다를 가장 가까이에서 모신 아난다(Ānanda)라는 제자가 붓다 생전에 들었던 이야기들을 기억해 내면, 다른 제자들이 승인을 하는 형태로 불경이 정리되었다고 합니다. 그래서 초기 불경의 첫머리는 모두 '여시아문'(如是我聞), 즉 "이와 같이 나는 들었다"라는 말로 시작을 합니다. 불교의 초기 경전은 유교의 『논어』와 비슷하게 만들어졌다고 할 수 있습니다.

그런데 제자들이 모여서 붓다의 언행을 정리했으면, 시간이 흐른다고 해서 불경이 더 늘어나서는 안 되겠죠. 하지만 '팔만대장경'이라고 할 정도로 엄청나게 경전이 많아집니다. 제자들의 경전 편집 후에도 계속해서 그 수가 늘어났기 때문인데요. 실제로 계시를 받아서 불경을 발견했다고도 하고, 새로 집필한 경전의 해석들이 붓다의 말씀으로 간주되기도 합니다.

도교는 동양과 서양의 중간쯤 된다고 할 수도 있습니다. 『도덕경』의 유래와 관련한 신화 중에 물소를 타고 가던 노인이 노자에게 불러 주었다는 이야기가 있습니다. 만약 그렇다면 『도덕경』은 노자가 직접 집필한 책이 아니겠지요. 아마도 오천 자를 줄줄 불러 준 사람은 신선일 듯싶고, 그렇다면 『도덕경』 역시 저쪽 세상에서 이쪽 세상으로 건너온 책이 되는 거죠.

장자

호접몽

장자는 노자와 더불어 도교를 만들어 낸 중요한 인물입니다. 기원전 4세기에 살았던 인물이고, 노자보다는 역사적으로 실존했을 가능성이 훨씬 높습니다. 사마천은 장자를 송나라 사람 장주(莊周)로 노자의 제자라고 기록을 하고 있죠.

장자의 이야기 중에서 가장 잘 알려지고 흥미로운 것은 '나비의 꿈'[胡蝶夢]입니다. 장자가 어느 날 잠을 자다가 나비가 되는 꿈을 꾸었다고 하죠. 그런데 깨어나서 생각해 보니 장자 자신이 나비가 된 꿈을 꾼 것인지, 나비가 장자가 된 꿈을 꾸고 있는 것인지 알 수 없다는 이야기를 합니다. 이 말은 우리가 살고 있는 현실 세계가 진짜인지를 알 수 없다는 이야기죠.

1999년에 개봉되었던 「매트릭스」라는 영화가 있습니다. 우리가 알고 있는 이 세상이 컴퓨터가 만들어 낸 진짜 같은 꿈이라는 것이 영화의 주된 주제입니다. 이 영화는 불교와 힌두교에서 큰 영향을 받았습니다. 힌두교에는 '마야'(maya)라는 개념이 있는데, 세상은 브라흐만이 만들어 낸 꿈이나 환상 같은 것이고, 우리는 그 꿈 속에서 살고 있다는 주장입니다. 마야는 꿈이나 환상을 뜻합니다. 즉, 우리가 사는 현실이 꿈이라는 주장을 도교, 불교, 힌두교가 공통적으로 하는 겁니다. 이런 태도는 유교와 사뭇 다릅니다. 유교에서는 현실이 '천'에서 유래하기는 하지만, 인간은 그 속에서 무언가를 행하고 관계를 맺어야 하는 엄연한 실재입니다. 그러나 장자는 이 물질 세계를 훌쩍 초월해 버립니다.

죽음에 대한 장자의 태도

장자가 죽음을 수용하는 태도도 흥미롭습니다. 장자가 죽을 때쯤 되니까 제자들이 스승이 죽은 다음에 어떻게 할지 고민을 합니다. 그러자 장자가 그런 고민 할 것 없이 시체를 묻지 말고 까마귀와 솔개가 뜯어먹도록 놔두라고 하죠. 비슷한 맥락에서 장자의 아내가 죽었을 때의 일도 유명합니다. 장자 아내의 부고를 듣고 친구인 혜시(惠施)가 상가를 찾아가 보니 장자가 동이를 두드리면서 노래를 하고 있었다고 합니다. '어찌 그러고 있냐'고 묻는 친구에게 장자는 처음에 슬퍼서 울다가 생각해 보니, 죽음은 자연의 섭리로 사계절이 변하는 것과 다름이 없다는 것을 깨달았다고 말하죠. 죽은 이들을 기리는 제사를 가장 중요하게 여기는 유교와는 대단히 다른 사고방식을 보여 줍니다.

포정해우

『장자』의 내용 중에 기억할 만한 것으로 '포정해우'(庖丁解牛)의 이야기가 있죠. 포정이라는 백정이 소를 해체하는 솜씨가 아주 뛰어났다고 하죠. 그러자 당시 임금이던 문혜군(文惠君)이 포정에게 어떻게 그렇게 뼈와 살을 잘 발라낼 수 있는지를 묻습니다. 그러자 서투른 백정은 한 달에 한 번 칼을 바꾸는데 이는 뼈를 가르기 때문이고, 숙련된 백정은 일 년에 한 번 칼을 바꾸는데 그건 살을 가르기 때문이라고 대답을 하죠. 자신은 뼈와 근육 사이의 길[道]을 따라서 칼날을 움직이기 때문에 19년 동안 칼을 갈지 않아도 방금 숫돌로 간 것처럼 날카롭다는 것이 포정의 대답입니다. '도'를 따랐기 때문에 칼에 무리가 가지 않았다는 것인데, 이때의 '도'는 존재의 온전한 질서를 따르는 것을 말하죠. 즉, 어떤 것이든 인위적으로 하지 않고 자연스러운 흐름을 따르라는 도교의 핵심적인 가르침입니다.

도교의 수행법

자연의 '도'에 따르는 무위자연의 가르침이 도교의 핵심이라면, 조금 아이러니한 특성이 나타납니다. 노자나 장자의 사상에 따르면, 죽음 역시 자연스럽게 받아들여야 하는데, 후대에 도교는 극단적으로 육체적 불멸을 추구하기 때문입니다. 도교의 이상적인 인물상이 불멸성을 획득한 존재인 신선입니다. 거북이나 학같이 오래 산다고 여겨진 동물들을 '십장생'(十長生)이라고 하죠. 이 동물들의 수명이 긴 것은 자연에 순응하기 때문인데, 이런 방식을 따르면 인간도 오래 살 수 있다는 것이 도교의 입장입니다.

불교가 스스로 수행해서 깨달음을 얻고 성불하는 것을 목표로 하는 자력 구원의 종교라면, 도교 역시 자신의 수행을 통해 존재의 영원성을 육체적으로 구현하려 한다는 점에서 자력적 측면이 강하지요. 그래서 도교는 양생(養生)과 장수(長壽)에 관심을 많이 기울입니다. 대부분의 세계 종교가 인간의 육체에 큰 주의를 기울이지 않는 데 반해, 도교는 육체에 매우 관심이 많지요.

벽곡과 조식

도교의 대표적인 수행법으로 '벽곡'(辟穀)이 있습니다. 벽곡은 곡식을 피한다는 말이죠. 오곡을 먹지 않고, 불에 익혀서 먹는 것도 피하는 것이 벽곡입니다. 거북이같이 오래 사는 동물들은 생식을 하지 불에 익힌 곡식을 먹지는 않죠. 그런 걸 보고 곡식을 불에 익혀 먹는 것이 인간의 타고난 수명을 줄인다고 생각을 하게 된 겁니다. 또 '조식'(調息)이라고 해서 호흡을 천천히 하도록 조절하는 수행을 하기도 합니다. 타고난 호흡의 수가 정해져 있으므로, 천천히 호흡할수록 장수한다는 생각입니다.

내단과 외단

도교의 수행법으로 또 잘 알려진 것이 '내단'(內丹)과 '외단'(外丹)입니다. '정기신'(精氣神)이라고 하는 인간의 타고난 에너지를 인

청나라 황신(黃愼)의 「연단도」(煉丹圖)

체 안의 단전에 모으는 것을 내단, 여러 가지 자연물질을 이용해 단약을 만들고 이를 섭취하는 것이 외단이지요. 내단법에 따르면, 인체에는 하단전, 중단전, 상단전이 있는데, 각각의 단전들을 이용해 에너지들을 모으고 키우면 불로장생할 뿐만 아니라, 여러 가지 대단한 능력들이 생긴다는 겁니다. 예컨대 『전우치전』을 보면 도사들이 별의별 수법을 다 쓰는데, 그런 신통력을 발휘할 수 있게 된다는 거죠. 그런데 도교가 이렇게 세 가지 단전을 제시하는 것은 앞에서 살펴보았던 힌두교 쿤달리니 요가의 '차크라'(chakra)와 비슷한 면이 있죠. 둘 다 육체적·정신적 에너지가 중요하다고 강조를 하는 흐름이라는 점에서도 그러합니다.

부적

마지막으로 도교의 독특한 수행법인 부적에 대해 살펴보겠습니다. 도교가 '도'나 '천'의 개념을 인격화한다는 점에서 유교와 크게 갈라진다는 말씀을 드렸는데요. 그러다 보니 도교에는 자연스럽게 옥황상제나 태상노군을 비롯한 여러 신들이 존재합니다. 또 인간의 육체적 죽음 이후에도 존속하는 혼백들의 존재도 받아들이고요. 이처럼 도교는 유교나 불교와 달리 보이지 않는 세계의 존재는 물론, 그들과의 관계를 순조롭게 만들기 위한 노력에도 열심입니다.

그러나 불교나 유교는 이런 일들에 큰 관심이 없죠. 유교에서 보이지 않는 세계는 삶의 윤리적 기준으로서만 의미가 있을 뿐, 우리의 일상적 삶에 큰 의미를 갖지 못합니다. 저쪽 세계의 존재들을 잘 모신다고 해서 구원을 얻거나 수명이 연장되지는 않지요. 이 점은 불교도 마찬가지입니다. 치열한 수행으로 깨달음을 얻는 것이 주된 목적이지, 다른 차원의 존재들과 우호적인 관계를 맺겠다는 의도는 희박합니다.

도교의 도사들은 그와 달리 이런 관계 형성의 전문가들입니다. 이 과정에서 중요한 장치가 바로 부적입니다. 부적을 사용해서 사악한 영이나 귀신을 쫓아내기도 하고, 육체적인 병을 고쳐 줄 수도 있다는 것이지요. 실제로 도교의 도사들은 일상적인 삶의 온갖 길흉화복을 모두 다룹니다. 이런 점에서 도사는 다음 시간에 다룰 샤머니즘의 샤먼과도 비슷한 역할을 맡습니다.

현대의 도교

이런 여러 가지 이유로 인해 도교는 믿고 의지하고 싶어 하는 보통 사람의 종교적인 기대를 충족시켜 주기가 쉽습니다. 그 결과 중국에서 유교나 불교보다 훨씬 더 대중적 신앙으로 자리를 잡게 됩니다. 당나라부터 청나라에 이르기까지 도교가 굉장히 성행했고, 국가 차원에서 도교의 경전을 모두 모아 '도장경'(道藏

經)을 간행하는 사업이 대대적으로 벌어지기도 합니다. 도교가 인기를 끌면서 유교의 영향력은 약해졌는데요. 유교 강의를 하면서, 도교나 불교의 영향을 받아 개인의 수행을 중시한 신유학이 출현했다고 말씀드린 것도 이런 시대적 변화와 관련이 있습니다.

이렇게 큰 인기를 끌었던 도교지만 현대에 와서는 상황이 많이 달라졌습니다. 중국이 공산국가가 된 이후에 '인민의 아편'이라고 비난받을 만한 모습을 가장 많이 보여 준 것이 도교이기 때문입니다. 유교 역시 구질서를 상징한다고 탄압을 받았지만, 그나마 사회질서를 유지한다는 측면에서 후대에 복권되기도 합니다. 그러나 도교는 대중적인 성격이 강해서 여전히 탄압을 받았던 것이지요. 그래서 도교의 큰 도관들이 많이 문을 닫게 되었고요. 현재는 대만이나 전 세계로 퍼진 화교 사회에서만 종교 전통으로서의 명맥을 유지하고 있습니다.

우리나라의 도교

마지막으로 우리나라 도교에 관해 짧게 다루면서 도교 강의를 마무리하려 합니다. 우리나라에는 도관이 중국처럼 성행한 적은 없지만, 조선 시대에도 도교 제사를 주관하는 '소격서'(昭格署)

라는 관청이 있을 정도로 영향력이 있었습니다. 조선 시대 선비들도 '도인법'(導引法)이라는 도교에서 유래한 체조를 건강을 위해 하기도 했고요. 현재도 국선도 등 도교적 수행을 하는 단체들이 꽤 있습니다. 그러나 현재에는 소수의 사람들이 자기 수행과 심신을 수행하는 수단으로 도교를 활용하지, 기층 민중들의 기복적이고 종교적인 심성을 도교가 충족시키고 있지는 않습니다. 우리나라의 경우 도사들이 해야 할 일을 무당들이 잘 수행했기 때문으로 보입니다. 그럼에도 불구하고 우리나라에서도 도교가 사상적, 종교적인 측면에서 중요한 역할을 맡았던 것은 분명합니다. '유불선 삼교'(儒佛仙 三敎)라는 전통적인 표현이 우리에게 오랫동안 익숙했던 것처럼요.

도교를 여러 측면에서 살펴보았는데요. 도교는 유교나 불교와 엄연히 다른 전통이면서도, '도'라는 개념으로 유교와 유사성을 갖기도 하고, 궁극적인 도통 체험을 이야기한다는 점에서 불교와도 상통합니다. 『장자』에는 앉아서 모든 것을 잊고 도와 하나가 되기 위한 수행인 '좌망'(坐忘)이라는 개념이 나옵니다. 이는 불교와 매우 유사합니다. 동시에 기복적이고 샤머니즘적인 측면을 강조하면서, 보이는 차원과 보이지 않는 차원을 연결하는 것에도 진심이었다는 점에서 힌두교의 역동성도 가진 종교라고 이해할 수 있습니다.

5강 _ 샤머니즘, 해원과 신명의 종교

오늘은 샤머니즘에 대해서 다루려고 합니다. 강의의 제목을 '해원과 신명의 종교'라고 붙였는데요. '해원'(解冤)은 '원통함을 풀어내다'라는 뜻이고, '신명'은 신기가 불끈불끈 솟아오르는 모습을 말하죠. 이 두 가지 키워드를 가지고 샤머니즘에 대해서 알아보도록 하겠습니다.

　샤머니즘을 크게 다섯 가지 대목으로 나누어 살펴보려 합니다. 우선 샤머니즘을 가장 오래된 종교라는 측면에서 설명을 해보고요. 그다음에 샤머니즘의 가장 핵심인 샤먼이라는 존재에 대해서 이야기해 보겠습니다. 다음으로는 샤머니즘의 의례의 특징과 중요성을 다루고요. 네번째로는 다른 종교와 샤머니즘의 관계에 대해서 다루고, 마지막으로는 우리나라의 샤머니즘을 정리해 보겠습니다.

　본격적인 강의에 들어가기 전에 샤머니즘이라는 용어를 간단히 설명드리겠습니다. 샤머니즘은 흔히 '무속'(巫俗)이라는 단어로 번역이 되는데요. '속'이라는 말은 '속되다'라는 폄하의 의미가 숨어 있습니다. 무교의 부정적인 측면들을 비판하는 뉘앙스가 들어 있는 용어라고 할 수 있는데요. 그래서 이 강의에서는 그런 편견들을 잠깐이라도 내려놓고 종교로서의 샤머니즘을 바라보자는 의미에서 '무속'이라는 용어를 쓰지 않고, '무교'나 '샤머니즘'이라고 표현하겠습니다. 샤머니즘에 대한 선입견이 혹시 있더라도, 강의를 듣는 동안은 잠시 내려놓고 들어 주시길 부탁드립니다.

가장 오래된 종교, 샤머니즘

단군신화에 따르면 단군왕검은 정치적 지도자이면서 동시에 제사장의 역할도 겸했습니다. 두 세계를 연결하는 것을 제사장의 역할이라 해석한다면, 그만큼 샤머니즘이 유구한 종교 전통이라는 의미이기도 합니다. 이렇게 오래되었다는 말은 달리 표현하자면 자연발생적이라는 뜻이기도 하지요. 단적인 예로 우리가 알고 있는 대부분의 종교와 달리 샤머니즘에는 창시자가 없죠. 이슬람은 무함마드, 기독교는 예수, 불교는 붓다가 있죠. 하지만 샤머니즘은 누가 창시했는지 알 수가 없습니다.

신윤복, 「무녀신무」(巫女神舞).

그만큼 오래되기도 했지만, 제도화가 되지 않았다는 특징
도 가집니다. 거의 모든 종교에는 사원을 비롯해 승려나 사제 같
은 전문적인 성직자가 있죠. 또 불교나 기독교 모두 성직자를 배
출하는 시스템도 가지고 있습니다. 하지만 샤머니즘은 그런 체
계를 갖지 않습니다. 우리나라의 무당들은 스승과 제자라는 직
접적이고 개인적인 관계에서 만들어집니다. 이런 방식으로 수천
년 동안 이어져 온 종교가 샤머니즘입니다. 여러 가지 의미에서
대단히 독특한 형태의 종교이자, 모든 종교의 근저에 흐르는 바

탕이라고도 할 수 있습니다.

샤먼

샤머니즘의 근간인 샤먼에 대해서는 1부 강의에서도 여러 차례 말씀드린 바 있습니다. '무'(巫)라는 글자가 보여 주는 것처럼, 샤먼은 눈에 보이는 세계와 눈에 보이지 않는 세계를 연결하는 존재라고 말씀드렸습니다. 특히 샤먼의 엑스터시, 즉 망아경에 빠진 상태가 중요하다고 이야기했습니다. 즉, 샤먼은 일상적인 의식 상태를 벗어나서, 보이는 세계와 보이지 않는 세계를 연결하는 엑스터시의 전문가입니다.

이 점에서 샤머니즘은 비일상적인 의식 상태를 강조합니다. 반면 유교나 불교는 맑고 명료한 의식 상태를 더 중요하게 여깁니다. 냉철한 정신으로 존재를 있는 그대로 명확하게 인식하는 것을 추구하는 종교이기 때문입니다. 물론 불교는 유교에 비해 비범한 의식 상태가 제공하는 통찰을 강조하지만, 전체적으로 보아 냉철한 바라봄과 깨달음에 초점을 맞추지요.

기독교는 좀 다릅니다. 평소에는 조용히 기도하는 삶을 살더라도 부흥회 같은 곳에서는 열광의 상태로 변모합니다. 기독교에서 시종일관 냉정한 마음의 상태를 유지하고 있으면, 영성이 부족하거나 신앙 생활을 제대로 안 한 사람이라고 평가받을 겁니다. 이처럼 기독교는 깨어 있는 의식 상태와 그렇지 않은 상태를 모두 아우르려 애씁니다. 그러나 무교는 엑스터시의 상태를 빼고는 성립될 수 없는 종교입니다.

샤머니즘에 대한 폄하와 비판

앞에서 '무속'이라는 단어에 대해 말씀드렸듯이 샤머니즘은 끊임없는 폄하와 비난의 대상이 되기도 했습니다. 샤먼이 보이지 않는 세계에 대한 이야기를 눈에 보이는 세계의 사람들에게 전달한다고 말씀드렸는데요. 보통 사람들은 샤먼이 인식하는 차원을 알 수 없습니다. 따라서 샤먼의 이야기를 따를 수밖에 없는데, 메시지가 잘못 전달되거나 의도적으로 악용되면 검증할 방법이 없습니다. 즉, 혹세무민하거나 다른 사람을 잘못된 길로 이끌게 될 가능성이 상존합니다.

또 샤머니즘에는 성직자를 재생산하는 제도가 없다고 말씀드렸는데요. 샤먼은 기본적으로 엑스터시 능력을 갖춰야 하지만, 지성적인 능력까지 필요로 하지는 않습니다. 도교 역시 대중적인 종교성을 지니고 있지만, 동시에 많은 경전을 가지고 있습니다. 그래서 도교 수행자들, 특히 도가는 기본적으로 우주의 질서와 지상 세계를 어떻게 연결할지에 대해 공부를 합니다. 반면 샤먼들은 이런 공부를 체계적으로 하는 것은 아닙니다. 그러다 보니 혹세무민의 가능성도 훨씬 크고, 이로 인해 무교 자체가 통째로 비난당할 가능성도 높아집니다.

강신무와 세습무

우리나라의 무당은 크게 '강신무'(降神巫)와 '세습무'(世襲巫)로 나뉩니다. '강신'(降神)은 '신이 내린다'는 의미죠. 무당이 엑스터시 상태에 빠지면, 신이 깃들게 됩니다. 이렇게 많은 신이 몸으로 들어온다고 해서 무당을 '만신'(萬神)이라고 부르기도 하죠. 이런 과정을 강신이라고 하고, 이렇게 신을 직접 받아들여 소통하는 무당을 강신무라고 합니다. 세습무는 이와 다르게 업으로 무당이 되는 경우를 말합니다. 영적인 능력이나 기운의 유무와 무관하게, 굿이나 의례를 학습해서 가업으로 이어 갑니다.

기본적으로 샤먼은 양쪽 세계에 걸쳐 있는 사람입니다. 이렇게 양쪽 세계를 다 볼 수 있다는 것은 어떤 면에서는 긍정적이지만, 부정적인 측면에서 보자면 이들은 어느 쪽 세계에도 전적으로 속해 있지 않습니다. 옛날에는 무당이 마을 안에서 살지 못하고 마을의 경계에 자리 잡았습니다. 이쪽 세계에 꼭 필요한 존재들이면서도, 이 세계에 속해서는 안 되는 경계인이자 주변인이기 때문입니다. 그런 의미에서 샤먼들은 경이로움과 두려움의 대상이기도 하고, 동시에 천대나 경계심을 유발하는 기묘한 존재였습니다.

샤먼의 역할

치유자와 스승

샤머니즘은 중남미 원주민들에게서도 찾아볼 수 있는데요. 이들은 샤먼을 영혼과 육체의 치유자라고 이야기합니다. '치유'를 뜻하는 영어 단어 '힐'(heal)의 고어가 '할렌'(hælan)인데, 그리스어로 '전체'를 뜻하는 '홀로스'(holos)와 비슷한 말입니다. 전체성을 회복하는 것이 곧 치유고, 이것이 종교의 주된 역할이라는 말씀을 드렸지요. 치유자로서의 샤먼은 현실의 삶을 눈에 보이지 않는 차원과 결합해 전체성을 회복하려 시도합니다. 그리고 이럴 때 육체적·정신적 치유가 일어난다고 보는 것이지요.

최근 들어 인간의 많은 병이 심리적인 요인에서 비롯된다는 사실이 밝혀지고 있습니다. 현대 문명에서는 과거와 달리 정신의 회복과 육체의 치유는 별개의 영역으로 간주됩니다. 물론 몸과 마음이 생각보다 긴밀하게 연결되어 있다는 연구들이 많이 쏟아지고 있지만요. 그런데 샤먼은 아주 오래전부터 이 두 차원을 통합하려 시도했던 사람이라고 할 수 있겠지요.

샤먼은 지혜를 알려 주는 스승이 되기도 합니다. 샤먼은 보이지 않는 세계와 보이는 세계를 통합하는 앎을 가지고 있는데, 이를 사람들한테 알려 주는 스승이라는 거죠. 이런 역할을 했던 대표적인 샤먼으로 돈 후앙(Don Juan)이라는 멕시코의 인디언이 있

치료 행위 중인 알래스카의 샤먼(1905)

습니다. 우리나라에도 '돈 후앙의 가르침'이라는 시리즈로 소개되었는데요. 인류학자가 돈 후앙이라는 샤먼을 찾아가서 전해 들은 삶의 지혜와 가르침을 기록했습니다. 실존 여부를 둘러싼 논쟁이 있습니다만, 흥미로운 전통적 지혜를 많이 담고 있습니다.

예언자

샤먼의 중요한 역할 중에 하나는 예언인데요. 가령 불교에서는 사람이 윤회를 하기 때문에, 백지처럼 태어나는 게 아니라고 봅니다. 이번 생은 전생의 업과 관련이 있는데, 샤먼은 그런 것들을 읽어 내 이번 생을 어떻게, 그리고 무엇을 하면서 살아야 하는지를 이야기해 주기도 합니다. 일종의 미래 예측이라고 할 수 있겠지요. 유럽인들이 오기 전에 인디언 부족의 샤먼들이 불을 뿜는 괴물인 기차가 달리거나, 들소들이 죽어 가는 비전을 봤다는 이야기들이 전해지기도 했습니다. 이런 예언은 다른 종교 전통에서도 공통적으로 보이는 현상입니다. 구약과 신약의 예언서도 선지자가 미리 본 미래의 모습을 적어 둔 것으로 인식됩니다. 불교의 미륵불 사상 역시 예언적인 요소가 뚜렷하지요. 이런 점에서도 샤머니즘 역시 종교의 범주에 속할 수 있습니다.

샤머니즘의 의례

공동체의 유지

샤머니즘은 공동체를 유지하는 의례 측면에서도 중요합니다. 우리의 굿이 대표적입니다. 살풀이 굿은 원한을 품은 영혼이 저세상으로 넘어가야 하는데, 이승에 남아서 두 세계의 경계를 혼란스럽게 하는 걸 해소하려는 목적을 갖습니다. 굿을 통해 두 세계의 질서를 다시 정립해서 눈에 보이는 세계의 안정성을 도모한다는 겁니다.

크게 보아 유교도 비슷한 입장을 취합니다. 죽은 조상들의 혼백을 평소에는 크게 신경 쓰지 않지만, 적어도 하루는 제사를 통해 잘 대접하는 거죠. 저세상으로 간 존재에 대해서 배려하고 공경하지 않으면, 이 세계에 악영향을 끼친다는 것이 제사라는 의례에 깔린 사고방식이라고 할 수 있습니다.

통과의례

여러 통과의례에도 샤머니즘적 요소들이 있습니다. 북미 원주민 부족에서는 청소년들이 어른이 되기 위해서는 혹독한 성인식을 치러야 합니다. 혼자서 숲으로 가서 자기 삶의 본질을 드러내는 통찰이 들어 있는 꿈을 꿀 때까지 기다리는 사례도 있습니다. 그동안 청소년은 혼자서 안전한 장소도 찾아야 하고 먹을 것도 구해야 합니다. 이런 경험을 통해 일상적인 의식의 변화를 유도합니다. 그래서 의미심장한 꿈을 꾸고 돌아오면, 꿈이 준 통찰을 통해 샤먼에게서 새로운 이름을 받습니다.

이런 방식의 통과의례는 굉장한 지혜를 담고 있습니다. 동양에서도 옛날에는 어릴 때 이름인 아명(兒名)이 있고, 나이가 차서 어른이 되면 새로운 이름을 받기도 하고, 자기가 다른 사람들에게 불릴 호를 스스로 짓기도 하죠. 이름이 우리의 정체성을 규정한다고 보면, 동양의 이름 짓기 역시 삶의 국면을 바꾸는 지혜와 관련된 통과의례라고 할 수 있습니다.

현대사회에서는 이런 통과의례가 많이 사라졌습니다. 성인이 되는 것의 두려움을 극복하고 무의식의 통찰들을 만나게 되는 일이 많이 없어졌지요. 징병제가 있는 우리나라는 군대가 좋은 의미로든 나쁜 의미로든 통과의례의 역할을 하고 있기는 하지만, 전통사회에 비해 삶의 근본적 통찰을 직접 인식하게 만드는 계기가 많이 줄었다는 사실은 분명합니다.

샤머니즘과 여성

한편 샤머니즘은 여성과 관계가 깊은 종교 전통입니다. 동양의 종교 전통, 즉 유교와 불교는 여성들에게 그다지 우호적이지 않았습니다. 유교는 말할 것도 없고 불교에도 여성 차별적인 요소들이 적지 않았는데요. 무교는 가부장적 사회에서 억압받고 고통받던 여성들의 한을 풀어 주는 기능을 했습니다. 사회가 강제한 억압을 신명을 통해 풀어놓는 장이 굿이었습니다. 굿판에서는 기성사회의 남녀 관계가 역전이 되기도 합니다. 굿을 주도하는 것은 대부분 여성이고, 박수 무당이 나서더라도 여성의 모습을 하고 굿을 주관하는 경우가 많았습니다. 어쨌든 여성들이 주도적인 역할을 했다는 측면 역시 샤머니즘의 특징적 모습입니다.

우리나라의 샤머니즘

여러 종교와 샤머니즘

다음으로는 무교의 관점에서 우리나라의 여러 종교들을 다뤄 보도록 하겠습니다. 구한말에 조선에서 활동했던 선교사 호머 헐버트(Homer Hulbert)는 조선 사람들은 "생활은 유교적으로 하고, 생각은 불교적으로 하고, 문제가 생기면 무당한테 간다"라는 말을 했습니다. 아주 정확한 관찰이었다는 생각이 드는데요. 현재 우리나라에서는 여러 종교가 뒤섞여서 일상의 삶을 구성하고 있습니다. 가령 우리나라 사찰의 배치를 보면, 붓다를 모시는 대웅전보다 더 높은 곳에 산신각이 있습니다. 산신각에는 호랑이를 데리고 있는 하얀 수염을 한 노인상을 모셔 놓은 경우가 많은데요. 샤머니즘이 불교와 융합이 되어 있는 것이지요. 경합이 아닌 공존의 모습을 보여 줍니다.

개신교 부흥회의 엑스터시적 특성에 대해서도 말씀을 드렸었죠. 부흥회는 교회에서 주기적으로 하는 행사인데, 전문 목사를 따로 초청하기도 합니다. 부흥회의 참여자들은 이미 엑스터시 상태로 빠질 준비를 마치고 옵니다. 부흥회에서 냉정한 의식 상태로 남아 있기란 불가능하지요. 신자들은 부흥회를 통해 카타르시스를 경험하기도 하고, 방언이나 극적인 치유를 겪기도 합니다. 한국 개신교의 부흥회는 여러 측면에서 우리의 전통적인 굿판을 연상시킵니다.

한국 사회의 샤머니즘적 요소들

샤머니즘은 우리 문화 속에서 여전히 강력한 힘을 발휘하고 있습니다. 무교 관련 종사자의 수가 적게는 20~30만까지 된다는 이야기도 있고요. 실제로 삶의 답답함을 해소하기 위해 무당을 찾아가는 분들이 많이 있습니다. 최근에는 젊은 세대들에게도 샤머니즘의 영향력이 큽니다. 역사적으로도 불교나 기독교조차도 무교의 영향을 받았다는 사실을 앞에서 말씀드렸습니다. 특히 조선 시대 내내 유교의 전통이 그토록 강했음에도 불구하고 무교를 완전히 없앨 수 없었던 것도 우리 사회에서 샤머니즘이 얼마나 깊이 뿌리내렸는지를 보여 줍니다.

한국의 샤머니즘은 우리가 가지고 있는 특유의 '신명'이라는 관점에서도 이해될 수 있습니다. '신이 난다', '신명 난다'라고 할 때의 '신'(神) 혹은 '신명'은 내면의 에너지입니다. 신명이 나면 우리는 도저히 해낼 수 없는 일도 성취하곤 합니다. 굿판에서 신명이 강한 일반인들은 자기도 모르게 덩실덩실 춤을 추기도 합니다. 우리나라 사람들이 때와 장소를 가리지 않고 춤판을 벌이는 것도 이렇게 신명이 넘치기 때문이라고 할 수 있는데요. 이런 면이 잘 발휘되어서 케이팝이나 한류로 드러나는 게 아닌가 싶기도 합니다. 이화여대 명예교수 최준식 선생님은 한국이 '무기'(巫

氣)와 '신기'(神氣)가 아주 강한 나라라고 설명을 하시는데, 저도 전적으로 동의합니다. 우리나라의 시조로 여겨지는 단군왕검도 샤먼이라고 말씀을 드렸죠. 그러니 우리는 시작부터 샤머니즘과 뗄 수 없는 관계였다고도 볼 수 있습니다.

지금까지 힌두교에서부터 샤머니즘까지 동양의 종교 전통을 주욱 다루었습니다. 다음 시간부터는 서양 종교로 넘어가겠습니다. 먼저 서양의 가장 오래된 종교 전통인 유대교에서부터 이야기를 시작하려고 합니다.

6강 _ 유대교, 계약과 율법의 종교

세계 종교를 다루는 여섯번째 시간입니다. 앞에서 힌두교, 유교, 불교, 도교라는 동양 종교를 살펴보았고, 지난 시간에는 모든 종교의 저변에 자리하는 샤머니즘을 다루었습니다. 이번 시간부터는 본격적으로 서양의 종교 전통을 알아볼 텐데요. 그 첫번째는 유대교입니다. 앞으로 다룰 유대교, 기독교, 이슬람교는 모두 대표적인 유일신론적인 종교입니다. 이 세 종교 전통은 동양 종교와는 사뭇 다른 특성들을 가지고 있습니다. 이 점에 주목하면 좋겠습니다.

우선 유대인의 선조인 아브라함이라는 중요한 인물에 대해 이야기를 하고, 이후 유대 민족의 정체성을 확립하는 데 결정적인 역할을 한 모세(Moses)와 출애굽 사건을 다뤄 보려고 합니다. 그다음으로는 계약과 율법의 집약체인 『성경』을 살펴보겠습니다. 아울러 유대민족의 정체성을 유지하게 만들었던 '시너고

그'(synagogue)를 비롯해 '랍비'(Rabbi), 『탈무드』(*Talmud*)에 대해서도 이야기해 보려 합니다. 끝으로 유대인들이 겪었던 시련의 역사와 그중에서도 가장 참혹했던 홀로코스트를 언급하면서, 유대 민족에게 유대교가 어떤 의미를 가지는지를 정리해 보겠습니다.

아브라함의 자손들

『성경』에 따르면 유대인들은 모두 아브라함의 자손입니다. 아브라함의 아들은 이삭인데, 하느님이 아브라함의 신앙을 시험하기 위해 아들을 희생제물로 바칠 것을 요구합니다. 다음 쪽의 그림이 그 사건을 묘사하는 렘브란트의 유명한 작품입니다. 아브라함이 고민 끝에 이삭을 희생하려고 할 때, 하느님의 시험에 통과했으니 죽이지 않아도 된다고 천사가 알리는 장면입니다.

유대교의 시조인 아브라함은 이처럼 신앙심이 독실했습니다. 그런데 아브라함과 아내 사라와의 사이에서 아이가 생기지 않습니다. 그래서 아브라함은 하갈이라는 두번째 처를 맞이합니다. 그리고 하갈과의 사이에서 첫번째 아들인 이스마엘을 얻습니다. 그런데 마치 드라마처럼, 그 후에 본처 사라가 아들 이삭을 낳고, 결국 하갈과 이스마엘은 사막으로 쫓겨납니다. 이삭에게서 야곱이 태어나면서 유대 부족이 시작되었다고 합니다. 또 사

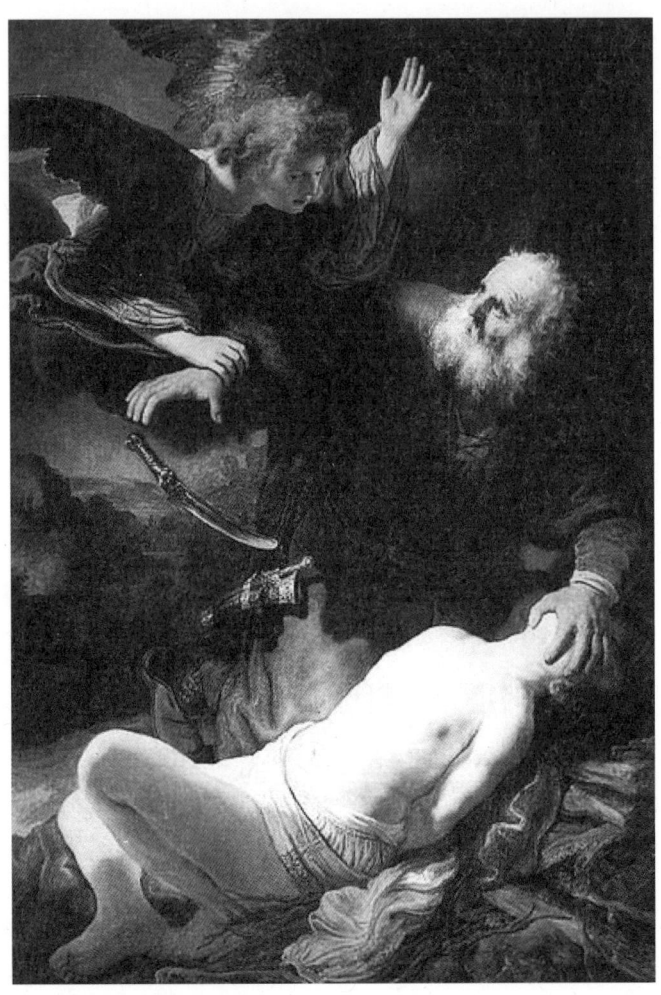

렘브란트, 「아브라함의 희생제사」

막으로 쫓겨난 이스마엘의 후손들이 아랍인이라고 하고요.

이처럼 아브라함은 유대인들과 아랍인들의 공동 조상으로 여겨집니다. 또 아브라함이 이삭을 낳고, 이삭이 야곱을 낳는 계보에서 예수까지 나오니까, 기독교 역시 아브라함에서 출발합니다. 요컨대 유대교를 필두로 이슬람교와 기독교 모두 아브라함에서 뻗어 나온, 형제의 종교라고 할 수 있습니다. 나중에 이슬람을 다룰 때도 언급하겠지만, 이슬람 경전의 많은 부분이 구약과 겹칩니다. 또 예수를 중요한 예언자로 보고 신약의 내용도 많이 채택합니다. 즉, 세 종교는 서로 밀접하게 연관되어 있습니다.

유대교, 기독교, 이슬람교의 차이

한 뿌리를 공유해도 유대교와 기독교, 이슬람교 사이에는 넘을 수 없는 차이가 존재합니다. 우선 메시아라는 존재와 경전의 관점에서 보자면, 유대교는 예수의 탄생 이전이 중요하기 때문에 신약을 경전으로 받아들이지 않습니다. 유대교가 보기에 아직 메시아가 오지 않았기 때문이죠. 하지만 예수를 메시아로 받아들이는 기독교에서는 예수의 행적을 기록한 신약이 가장 중요한 경전입니다. 동시에 기독교에서는 메시아가 온다는 것을 예언한 구약 역시 의미가 있습니다. 그래서 기독교, 즉 천주교와 개신교는 모두 신약과 구약을 자신들의 경전으로 삼습니다.

이슬람에서도 예수는 중요한 예언자로 여겨집니다. 하지만 무함마드가 더 핵심적인 인물이지요. 그래서 이슬람에서는 구약과 신약 시대의 모든 성인들과 예언자 전통을 무함마드가 완성한다고 봅니다. 이런 맥락에서 무함마드가 신의 말씀을 전해 받은 『쿠란』이 가장 결정적인 경전이고요. 정리하자면, 세 종교 모두 유일신에 대한 신앙입니다. 하지만 전통을 형성한 핵심적인 인물은 유대교는 모세, 기독교는 예수, 이슬람교는 무함마드로 각기 다릅니다. 또 유대교는 구약, 기독교는 구약과 신약, 이슬람교는 『쿠란』이라는 새로운 경전을 근간으로 삼는다고 요약할 수 있습니다.

구원에 이르는 길도 세 종교 사이에 조금씩 차이가 있습니다. 유대교가 신과의 계약과 율법을 지키는 것을 중시한다면, 기독교에서는 예수의 가르침에 대한 믿음이 중요하죠. 이슬람교에서는 '다섯 가지 기둥'의 실천이 결정적입니다. 다섯 기둥은 신앙 고백, 기도, 순례, 금식, 헌금을 말하는데, 자세한 이야기는 이슬람교를 다루면서 더 설명하도록 하겠습니다.

이런 차이에도 불구하고 같은 뿌리를 공유한다는 점에서 세 종교는 사촌지간입니다. 그런데도 역사적으로 심각한 갈등을 겪었습니다. 개별 종교들을 살펴보면서 이 갈등 역시 알아보도록 하겠습니다.

모세와 출애굽

아브라함에서 시작해 기독교와 이슬람까지 아주 간략하게 살펴보았는데요. 다시 유대교로 돌아와서 이 전통의 가장 중요한 인물인 모세를 다루어 보지요. 모세는 이집트에 노예로 잡혀가 있던 유대인들을 구출한 '출애굽' 사건으로 유명합니다. '애굽'은 오늘날의 이집트인데, 유대 민족을 이곳에서 탈출시켜 가나안 땅에 정착시킨다는 것이 주된 내용입니다. 유대교와 기독교 역사에 매우 결정적인 사건이라 영화로도 많이 만들어졌습니다.

『성경』에 따르면 모세는 유대인인데, 이집트 왕자로 자랐다고 합니다. 보통의 이야기에서는 왕자로 태어난 아이가 자신의 신분을 모르고 살다가 자신의 진정한 정체성을 찾는다는 식으로 전개가 되는데 여기서는 반대죠. 유대인 노예의 자식을 이집트의 공주가 주워다 키웠는데, 결국에는 유대인 신분을 다시 찾는다는 점에서 뒤집힌 구조의 신화라고 할 수 있지요.

모세는 이집트의 왕자로 자랐지만, 후일 유대 민족의 리더로 성장해 당시 세계에서 가장 강대국인 이집트의 파라오와 담판을 짓습니다. 이 과정에서 이집트에 여러 재앙이 생깁니다. 메뚜기 떼가 창궐하고 나일강이 피로 변했지만, 파라오는 유대 민족을 끝내 풀어 주지 않습니다. 결국 야훼(Yahweh)의 권능으로 이집트의 맏아들들이 모두 죽은 후에야 유대 민족이 풀려납니다. 여기

렘브란트, 「증언 판을 들고 있는 모세」(1659)

서 유대교의 중요한 절기 중 하나인 '유월절'(逾越節)이 유래합니다. '유월'은 건너뛴다는 뜻으로, 영어로는 '패스오버'(Passover)입니다. 이집트의 모든 장자가 죽을 때, 유대인들은 문에 양의 피를 칠함으로써 재앙을 피했다고 하죠. 유월절은 그렇게 재앙을 건넌 사건을 기념하는 절기로 출애굽의 역사를 상징합니다.

『성경』과 『탈무드』

유대인의 『성경』인 구약은 크게 '토라'(Torah)라고 부르는 모세 오경과 예언서들, 그리고 성문서라고 부르는 여러 성격의 경전들로 이루어져 있습니다. 그중 모세 오경은 모세가 기록했다고 전해지는 경전들로, 구약 맨 앞에 나오는 다섯 편을 말합니다(「창세기」, 「출애굽기」, 「레위기」, 「민수기」, 「신명기」). 모세는 출애굽이라는 사건을 통해 핍박받는 유대인들을 정치적으로 독립시킨 사람입니다. 또 동시에 신으로부터 십계명을 받아 오고 모세 오경을 기록한 예언자이기도 하죠. 즉, 그는 제정일치 사회에서 정치적 권력과 종교적 권위를 동시에 가졌던 인물입니다. 그래서 유대인들이 생각하는 메시아는 모세처럼 정치적 권력과 종교적 권력을 동시에 갖춘 사람이어야 합니다. 이 점은 나중에 예수를 메시아로 판단하는 문제와도 직결됩니다.

모세 오경과 『탈무드』

유대교의 경전 중에서 「창세기」와 「출애굽기」를 간략하게 살펴보겠습니다. 「창세기」에는 아담과 이브의 신화가 담겨 있습니다. 세상이 어떻게 만들어졌는지가 「창세기」에 나와 있기 때문에 중요합니다. 동양에서는 도교가 대표적입니다만, 하나에서 둘이, 둘에서 셋이 나오는 식으로 상대적인 세계가 만들어졌다고 말씀을 드렸었는데요. 유대-기독교 신화에서는 신이 무에서 우주를 창조하는 것으로 묘사됩니다. 또 「출애굽기」도 중요합니다. 이집트에서 노예생활을 하던 비참한 처지의 유대인들이 신의 선택을 받아 가장 높은 지위로 올라가게 되는 일련의 과정이 그려지고 있기 때문이지요. 이 사건을 통해 모세가 유대교에서 가장 중요한 인물로 자리 잡게 됩니다.

우리가 유대교의 경전과 관련해서 살펴보아야 할 또 하나의 중요한 책이 『탈무드』입니다. 『탈무드』는 유대인을 상징하는 책으로, 유대교를 이해하는 데 중요한 문헌입니다. 구약에는 인간이 어떻게 해야 신의 뜻에 따라 살 수 있는지를 다루는 여러 이야기들이 나오지만, 내용이 추상적이거나 원칙적이어서 실생활에 적용하기에는 난감한 면이 있습니다. 그래서 『성경』에 나와 있는 전통적인 율법들을 생활에 곧바로 적용하도록 해석된 내용이 바로 『탈무드』입니다.

『탈무드』는 크게 '예루살렘 탈무드'와 '바빌로니아 탈무드'로 나뉘는데요. 전통적인 율법에 대한 단순하고 1차적인 해석을 '미슈나'(Mishnah)라고 하고, 이 미슈나에 대해서 더 구체적으로 주석을 단 것을 '게마라'(Gemara)라고 하는데, 이 둘을 『탈무드』라고 부릅니다. 이렇게 성문화된 『탈무드』 외에도 '할라카'(Halakhah)와 같은 구전 율법을 비롯해서 인간들이 어떻게 살아야 하는지에 대한 규정들이 유대교에는 많이 있습니다.

이처럼 유대인들은 어떻게 공동체를 구성하고, 신과 관계를 맺고, 다른 사람들과 함께 살아가야 하는지, 그리고 자식들을 어떻게 교육시키고 일상적인 삶을 꾸려야 하는지를 다루는 자세한 규율을 만들어 왔습니다. 이런 규정들을 빼고는 유대인들을 이해할 수 없는 거죠. 이런 의미에서 유대교는 문자와 책의 종교이자 율법을 해석하고 적용하는 것이 중요한 종교입니다.

유대교의 특징은 동양 종교와 비교할 때 더 분명해집니다. 유교가 개인들을 규율하는 측면이 크다고 하지만, 그건 기본적으로 자기 성찰에 의한 것이지, 아주 세세한 규정들이 있는 것은 아니죠. 그리고 불교나 도교에서는 언어나 말의 중요성이 많이 약해집니다. 불교에도 수많은 경전들이 있지만, 이 경전들은 세상의 공성(空性), 혹은 실체 없음을 드러내기 위한 것이죠. 세상이 허상임을 깨닫고 자기 내면의 궁극적인 본성을 체득하도록 하는 데 주된 목적이 있습니다. 도교 역시 『도덕경』의 첫 구절부터 말로 표현할 수 없는 경지에 대해 이야기합니다. 이런 면을 보면 동양의 종교들과 유대교가 사뭇 다르다는 사실을 거듭 확인할 수 있습니다.

시너고그와 랍비

수난의 역사와 유대인의 정체성

유대인이 나라를 다시 세운 것은 출애굽 이후입니다. 강대한 이집트에서 노예 생활을 하다가 모세의 인도로 탈출하고, 가나안 땅으로 가서 나라를 세우는 거죠. 경전들도 이 무렵 만들어졌다고 추정되고요. 그런데 가나안에서 잠시 나라를 세우고 살다가, 다시 바빌론의 포로가 되어서 노예로 끌려가게 됩니다. 이때 모세가 야훼로부터 받은 십계명 석판을 모셔 놓았던 성전(솔로몬 성전)이 처음으로 파괴되었고요.

이후 우여곡절을 거쳐 다시 가나안 땅으로 돌아온 유대인들은 로마의 지배를 받습니다. 이처럼 유대인들은 끊임없이 식민 지배를 받는데, 예수 사후 약 70년쯤 후에는 더 큰 시련을 겪습니다. 이스라엘은 로마에 반란을 일으켰다가 패배하고, 로마는 유대 민족을 제국 안으로 뿔뿔이 분산시킵니다. 이른바 '디아스포라'(Diaspora)입니다. 이때, 로마 군인들은 예루살렘 성전을 완전히 파괴하고, 현재 '통곡의 벽'이라고 부르는 성전의 벽 하나만을

구스타프 바우언파인트(Gustav Bauernfeind), 「통곡의 벽」(1887).

남겨 놓았다고 합니다. 이때 십계명을 모신 성궤도 사라지고요. 잃어버린 성궤를 모티프로 해서 「인디아나 존스」를 비롯한 여러 영화나 소설이 만들어지기도 했죠.

근거지가 모두 파괴된 상태에서도 유대인들은 기원후 70년경부터 1940년대까지 2천 년 가까운 세월 동안 민족의 정체성을 유지해 옵니다. 여기에 가장 중요한 역할을 한 것이 바로 '시너고그'(Synagogue)와 '랍비'(Rabbi)라고 할 수 있습니다. 로마에 의해서 여러 곳으로 흩어지면서도, 유대인들은 『탈무드』를 자신들의 율법서로 인정하고 그것을 해석하고 가르칠 랍비의 존재를 인정해 줄 것을 요구합니다. 이 두 가지가 승인되면, 비록 나라가 없더라도 자신들의 정체성을 보존할 수 있다고 믿었던 거죠.

시너고그

『탈무드』를 읽고 랍비의 가르침을 받는 공간이 유대교의 회당인 시너고그입니다. '시너고그'라는 말은 그리스어인데요. '신'(syn)은 '함께'이고, '아고그'(agogue)는 '가다'라는 뜻으로 '함께 모인다'는 의미입니다. 이 시너고그를 중심으로 랍비의 가르침에 따라 『탈무드』를 읽고 해석하면서, 유대인의 정체성을 유지해 온 것이죠. 『탈무드』, 랍비, 시너고그 이 세 가지가 나라를 잃은 유대인을 수천 년 동안 유대인으로 살아남게 만든 결정적인 요소라고 할 수 있습니다.

그런데 유대민족의 시련은 끝이 나지 않습니다. 2차 세계대전 중에 홀로코스트라는 끔찍한 사건을 겪고, 전쟁이 끝난 후에는 서구 열강의 도움으로 다시 이스라엘이라는 나라를 만들게 됩니다. 하지만 그 과정 역시 평화롭지 않았고, 지금까지도 팔레스타인에서는 서로 죽이는 비극이 벌어지고 있죠.

자신들만의 뚜렷한 정체성을 유지하려는 유대인들의 노력은, 이들이 유럽에 흩어져 살면서도 현지인들과 섞일 수 없게 만들기도 했습니다. 자신들이 선택받은 민족이라는 생각은 주변인들을 불편하게 만들었습니다. 게다가 유대인들이 예수를 죽였다는 역사적 사실이 기독교를 신봉하던 유럽의 여러 나라들에서 유대인들이 탄압과 박해에 시달리는 요인으로 작용했습니다. 이런 반유대주의의 분위기는 최근까지도 이어집니다. 영화배우이자 감독인 멜 깁슨은 예수의 수난을 묘사한 「패션 오브 크라이스트」라는 영화를 만들었습니다. 그런데 예수의 희생을 강조하려던 감독의 의도와 달리 유대인들이 예수를 얼마나 끔찍하게 죽였는가를 다시 상기한 기독교인들 사이에서 영화 개봉 후 반유대주의가 불타오른 일도 있었습니다.

한편 '선택된 민족'이라는 주장은 유대교를 보편 종교로 자리잡을 수 없게 만드는 요인이기도 합니다. 물론 유대교로 개종하는 비유대인도 있고, 유대교를 믿지 않는, 세속적인 유대인이나 타 종교로 개종한 유대인들도 많지만, 결국 민족의 독특성을 강조하는 측면은 확장을 어렵게 합니다.

랍비

랍비는 유대교의 경전들을 해석하고 가르치는 사람들을 말합니다. 『탈무드』를 만들어 낸 것도 랍비들이었고요. 예수 탄생 이전에도 랍비는 오랫동안 존재했습니다. 학자들은 예수를 개혁적인 성향을 지닌 랍비로 보기도 합니다. 이들은 굉장히 오랜 역사를 지닌, 유대교의 존속에 중요한 역할을 하고 있는 사람들입니다. 그런데 다른 종교의 성직자들과 다르게 랍비 자체는 직업이라고 보기 어렵습니다. 유대교 경전에 대해 더 깊은 이해를 가진 사람으로 직업은 따로 가지고 있는 경우가 많죠. 또 유대교는 기독교나 불교와 달리 독신 수행의 전통이 아니라는 점도 기억할 필요가 있습니다.

유대교의 의례들

유대교는 유대인의 문화와 아주 밀접하게 연관이 되어 있습니다. 그래서 유대인들이 지키는 여러 절기들은 종교적으로도 큰 의미를 갖습니다. 자신의 죄를 회개하는 속죄일이 있고, 앞에서 설명한 유월절도 중요한 절기입니다. 유대인들이 사는 집에 양

피를 발라 놓으면 야훼가 보낸 죽음의 사자가 장자를 죽이지 않고 건너뛰었다고 해서 유월절이라고 말씀을 드렸죠. 야훼가 유대 민족을 선택했다는 것을 아주 명징하게 보여 주는 사건이기 때문에 유월절을 크게 기념하고 있죠.

유대교에서는 '코셔'(Kosher)라고 해서 먹을 수 있는 음식과 먹을 수 없는 음식에 대한 규정도 세세하게 존재합니다. 무슬림의 '할랄'(Halal)이라는, 음식에 대한 규율과 비슷합니다. 유대교에서는 굽이 갈라지지 않고 되새김질을 하지 않는 동물은 먹을 수 없습니다. 가령 소는 먹을 수 있지만, 돼지는 되새김질을 하지 않기 때문에 금기시됩니다. 물론 돼지고기는 무슬림들도 먹지 않습니다. 마빈 해리스(Marvin Harris)의 『음식문화의 수수께끼』라는 책은 어떤 문화에서 특정 음식을 먹거나 먹지 않는 이유를 다룹니다. 예컨대 돼지 같은 경우는 사막이라는 기후 조건에서 키우기가 힘들지만, 고기는 맛있다는 겁니다. 게다가 소나 말은 일을 할 수 있지만, 돼지는 도움이 되지 않으므로 너무 큰 부담을 요구한다는 거죠. 이처럼 경제적인 측면에서 분석한 연구도 있지만, 유대교나 이슬람교에서는 이런 해석을 받아들이지 않겠죠. 경전에 나와 있으니까 먹지 않는다고 대답할 겁니다.

또 유대교에서는 물고기 중에서 비늘이나 지느러미가 없는 것은 먹으면 안 됩니다. 문어나 오징어, 갑각류는 먹어서는 안 되는 거죠. 또 뱀장어도 비늘이 없으니 먹을 수가 없고요. 경전의 규정 외에는 왜 안 되는지에 대한 합당한 설명은 없습니다. 동물을 죽일 때도 랍비가 입회를 해야 하고, 피를 완전히 빼야 한다는 내용도 있습니다.

앞서 샤머니즘을 다루면서 북미 원주민 공동체에서 청소년이 성인이 될 때 겪는 혹독한 통과의례에 대해서 말씀을 드렸는데요. 유대교에서도 인생의 국면마다 치러야 하는 여러 의례가 있습니다. 특히 성인식은 남자의 경우 '바르미츠바'(bar mitzvah)라는 의식이, 여자의 경우 '바트미츠바'(bat mitzvah)라는 의식이 있습니다. 또 남자 아이가 태어났을 때 하는 할례도 유대교 고유의 의식이라고 할 수 있습니다. 태어나자마자 피를 흘리게 해서 신과 인간이 맺은 계약의 증표를 몸에 남기는 것인데요. 『성경』에 있는 짧은 문장에 근거해, 유대인이 유대인임을 나타내는 가장 대표적인 의례 중 하나로 정착된 것이지요.

홀로코스트와 이스라엘의 건국

지금까지 유대교의 여러 측면을 살펴보았는데요. 끝으로 홀로코스트를 다루지 않을 수 없습니다. 이 강의를 처음 시작할 때, 종교가 정치와 같은 사회적 문제와 얼마나 얽혀 있는지를 보여 주는 사례로 홀로코스트를 다루었습니다. 2차 세계대전 직전 히틀러가 정권을 잡은 이후에 유대인들을 향한 사람들의 오랜 미움이 증폭됩니다. 독일 정부는 이런 대중적인 심리를 이용해 유대인을 희생양 삼아서 내부 결속을 다지기도 했고요. 특정 집단을 미워하고 탄압하는 과정에서 독일인이라는 정체성을 더 강화시킨 것이지요. 이런 사태가 극단으로 치달아서 결국 4~5년의 짧은 기간 동안 600만 명이 넘는 유대인들이 수용소에서 죽음을 맞은 것으로 알려져 있습니다.

이 비극적인 사건은 독일이 주축이 되어 벌어졌지만, 이 짧은 기간 동안 유럽 전역의 유대인들을 수용소로 모았다는 것은 사실 당시 독일의 지배하에 있던 유럽 각국의 조력이 없이는 불가능했을 겁니다. 이웃들이야말로 누가 유대인인지를 잘 아는 사람들이었으니, 이들의 도움 없이는 그렇게 많은 유대인들을 색출하기 어려웠겠지요. 그런데 수용소에 갇혀 있다가 풀려나 고향으로 돌아온 유대인들은 다시 잔혹한 상황을 마주하게 됩니다. 고향에 돌아가 보니까 집과 재산이 깡그리 파괴되거나 혹은 이웃들이 차지해 버린 겁니다. 그러니 유태인들의 귀환이 환영받을 리가 없겠죠. 돌아온 이들에게 린치를 가하기도 하는 등 많은 문제가 생깁니다. 결국 유대인들을 다시 수용소로 데려가는 일이 곳곳에서 벌어집니다.

그래서 결국 찾아낸 해결책이 팔레스타인에 이스라엘 국가를 다시 만드는 계획이었습니다. 이렇게 이스라엘이 건국되었지만, 중동의 화약고가 되어 버렸지요. 유대인들이 로마에 의해서 흩어진 것이 거의 2천 년 전이고, 그 자리에는 오랫동안 무슬림들이 살고 있었습니다. 그런데 어느 날 갑자기 유럽 열강들이 유대인들을 데려다가 무슬림들이 살던 터전에 나라를 만들어 준 겁니다. 종교 간 갈등은 물론 분쟁을 피할 수 없게 된 것이지요.

홀로코스트와 이스라엘 건국 과정을 살펴보았는데요. 아이러니하게도 홀로코스트라는 사건이 많은 유대인들이 자신의 종교를 떠나게 만든 사건이 되기도 했다는 점을 짚고 넘어가겠습니다. 앞에서 신정론과 관련된 논쟁을 말씀드린 적이 있었는데요. 즉, '신이 전지전능하다면, 유대 민족이 홀로코스트와 같은 끔찍한 일을 당하도록 놔둘 수 있었겠느냐'라는 질문이 2차 세계대전 이후 본격적으로 제기됩니다. 이런 사건이 날 것을 알고도 내버려뒀다면 신이 사악한 존재이고, 만약 몰랐다면 전지전능하지 않다는 의미가 되는 거니까요. 이 사건에 충격을 받은 적지 않은 유대인들이 자신의 종교를 버린 겁니다.

이상으로 유대교에 대한 이야기를 마치도록 하겠습니다. 이 내용들을 잘 기억해 두신다면, 앞으로 다룰 기독교와 이슬람에 대한 이해가 더 수월할 겁니다. 다음 시간에는 예수의 탄생에서 시작되는 기독교를 다루는데요. 그중에서도 더 오래된 종교 전통인 천주교를 먼저 살펴보도록 하겠습니다.

7강 _ 천주교, 계시와 구원의 종교

이번 시간부터는 크게 천주교와 개신교로 나누어 기독교를 본격적으로 다루려고 합니다. 지난 시간에는 아브라함 계열 종교 중에서 맏형쯤 되는 유대교를 먼저 살펴보았습니다. 한 민족이 2천 년이 넘도록 숱한 고난을 겪고도 어떻게 공동체로서 자기 정체성을 유지해 왔는지를 알 수 있었습니다. 종교의 대단한 힘을 보여 주는 대표적인 사례라고 할 수 있겠지요.

　이번 강의에서는 기독교 전통 중 천주교를 다루겠습니다. 천주교는 로마 가톨릭을 가리킵니다. 사실 개신교 이전의 기독교는 동방정교회와 서방의 로마 가톨릭으로 나뉘는데, 이번 시간에는 아무래도 우리에게 좀 더 익숙한 가톨릭, 즉 천주교를 중심으로 말씀을 드리겠다는 의미입니다.

신의 아들, 예수

예수의 생애

먼저 기독교에서 가장 결정적인 인물인 예수에 대한 이야기로 시작해 보지요. 오른쪽 그림은 베들레헴 마구간에서 예수가 탄생한 장면을 묘사하고 있습니다. 그림의 세 남성은 『성경』에 나오는 동방박사들이죠. 그런데 예수의 탄생 장면부터 아이러니가 있죠. 메시아가 태어났는데, 유대인들이 아닌 동방에서 온 세 명의 박사들만이 경배를 바치러 왔다는 것이니까요. 동방이라고 했으니 페르시아나 근동 쪽에서 온 인물들일 겁니다. 메시아의 탄생을 유대인이 아닌 이민족이 먼저 알았다는 이야기가 『성경』에 적혀 있다는 점이 사실 매우 특이합니다.

베들레헴에서 태어난 예수는 이후 나사렛이라는 곳에서 주로 성장합니다. 예수의 어린 시절에 대해서는 전해지는 이야기가 거의 없습니다. 성전에서 『성경』에 대한 깊이 있는 해석을 제시해 랍비들을 깜짝 놀라게 했다는 짧은 에피소드만 전해지죠. 그 이후 서른 살이 될 때까지 예수가 어디서 무엇을 했는지는 나와 있지 않습니다. 그러다가 서른 살에 갑자기 나타나서 3년 동안의 짧은 기간에 경이로운 삶의 모습을 보여 준 것이지요.

예수는 공자나 붓다와 같은 동양 종교의 창시자들과 비교가 되는 측면이 많습니다. 공자나 붓다의 삶에는 수수께끼가 그

마티아스 스톰(Matthias Stom), 「예수의 탄생」.

리 많지 않습니다. 장수하기도 했고, 제자들에 의해서 삶이 비교적 명확하게 전해지기 때문이죠. 그러나 예수의 삶은 수수께끼로 가득합니다. 서른 살 이전에는 무엇을 했는지, 어떤 수행이나 공부를 했는지, 결혼은 했는지, 죽음 이후에 정말로 부활을 했는지 등등 명확히 알 수 있는 것이 거의 없죠. 예수를 다룬 픽션들이 끝없이 만들어지는 것도 예수의 삶이 미스터리로 가득해서일지도 모르겠습니다.

이렇게 베일에 싸여 있던 예수가 서른 살이 되면서 본격적으로 가르침을 전하기 시작합니다. 그 출발점이 세례자 요한에게서 세례를 받는 사건입니다. 요즘 천주교 의례에서 세례는 머리에 적은 양의 물만 흘리는 식으로 치러지는데, 세례자 요한은 전신을 물에 담그는 침례를 행했습니다. 지금은 약식화된 것이지요. 세례자 요한은 예수에게 침례를 행하고 나서, 이 사람이야말로 신이 인간에게 보낸 메시아라고 선언합니다. 이 선언 이후로 예수는 신의 가르침을 전하는 여정을 시작합니다.

우리는 예수를 보통 '예수 그리스도'라고 부릅니다. 영어로는 '지저스 크라이스트'(Jesus Christ)죠. 이때 그리스도 혹은 크라이스트는 그리스어에서 온 말인데, 히브리어 '메시아'의 번역어입니다. 메시아는 '기름 부은 자'라는 뜻이고요. 지난 시간에 유대교를 설명하면서 출애굽은 물론 야훼로부터 계율을 받아 온 모세가 정치적인 동시에 종교적인 지도자였다고 말씀드렸죠. '기름 부은 자'란 바로 모세처럼 유대민족을 정치적·종교적으로 지도하는 인물을 지칭하는 표현이었습니다. 그래서 초창기에 예수를 메시아로 받아들였던 사람들은 예수가 로마로부터 유대인들을 독립시킬 것이라고 생각했습니다. 그런데 예수가 정치적 독립에는 큰 관심을 보이지 않으니까, 예수를 회의적인 시선으로 바라보는 유대인들도 등장한 것이지요.

사탄의 시험

종교적 성인들은 다들 고독 속에서 자신의 내면 깊숙한 곳으로 들어가 진리를 발견하는 수행의 단계를 거칩니다. 예수 역시 40

일 동안 광야에서 홀로 기도를 했다고 하죠. 심층적 진리를 발견해 그 지혜를 다른 사람들과 나누게 만드는 꼭 필요한 계기였던 것이지요.

예수는 이 기간에 사탄의 시험을 받습니다. 종교심리학적 관점에서 보면 사탄의 시험은 자기 내면에 존재하는 이기적이며 부정적인 욕망을 상징한다고도 볼 수 있습니다. 즉, 참된 진리를 발견하고 이를 실천하기 위해서는 이기적인 자아는 물론 마음의 부정적인 것들을 어떤 식으로든 극복해야 한다는 것을 전형적으로 보여 줍니다.

붓다 역시 깨달음을 얻고 난 다음에, 어떻게 살아야 하는가라는 문제에 봉착했을 때, 마군들이 나타나서 그를 여러 가지 방식으로 유혹합니다. 위협을 하기도 하고 아름다운 여자들의 모습으로 나타나기도 합니다. 붓다도 이런 여러 유혹을 이겨 낸 다음에 가르침을 전하는 여정에 나서게 되는데요. 예수 역시 광야에서 세 가지 유혹을 이기고 나서 포교에 나섰다고 합니다.

예수가 받은 세 가지 유혹 중 첫번째는 돌을 떡으로 만들라는 것이었고, 두번째는 사탄인 자신에게 절을 하면 세상의 모든 나라를 주겠다는 것이었습니다. 마지막 세번째는 하느님의 아들이라면 높은 곳에서 뛰어내려 보라는 것이었죠. 육체적 존재인 인간이 식욕과 같은 근본적인 욕구를 이겨 낼 수 있는지, 세속적인 권력을 탐하는 유혹에서 벗어날 수 있는지, 영적인 오만을 극복할 수 있는지 시험받은 것이죠. 이것들 모두는 우리 안에 뿌리 깊게 자리한 개인적인 욕망을 상징한다고 볼 수 있습니다.

회개하라

40일간의 기도 후에, 예수가 첫번째로 전한 가르침은 "회개하라, 하늘나라가 가까이 왔다"입니다. 하늘나라가 가까이 왔다는 말은 곧 심판의 때가 임박했다는 말입니다. 이 심판을 통과하기 위해서는 지금 회개를 해야 한다는 것이죠. 회개는 보통 지은 죄를 반성한다는 의미인데, 여기서 죄는 원죄를 말합니다. 원죄에 대해서는 여러 번 말씀드렸죠. 아담과 이브가 하느님의 명령에 불복한 근본적인 죄를 뜻합니다. 이 죄를 깨닫고 죄를 사해 줄 구원자인 예수 그리스도를 믿고 따르라는 말이지요.

『성경』에 따르면 원죄는 인간의 힘으로는 해결할 수 없습니다. 그래서 유대교에서는 양과 같은 희생물들을 주기적으로 신에게 바침으로써 용서와 구원을 구했습니다. 반면 기독교에서는 하느님의 아들인 예수가 자기 목숨을 버리는 희생을 통해 원죄를 사하는 드라마를 완성했다고 봅니다. 그래서 예수의 이름으로 구원을 받을 수 있다고 믿는 것이지요.

그런데 이 '회개하라'라는 말을 다르게 해석할 수도 있습니다. 원래 '회개하라'라는 단어는 그리스어 '메타노이아'(metanoia)의 번역입니다. '메타'는 '초월적인', '더 높은'이라는 의미이고요.

'노이아'는 '새로운 앎'이라는 뜻입니다. 그러니까 '회개하라'는 '더 높은 차원의 앎을 가져라'라고도 해석을 할 수 있겠죠. 이렇게 보면 지은 죄를 용서해 달라는 것과는 조금은 다른 의미를 가집니다. 즉, 눈에 보이는 세계가 유일한 실재라고 여기지 말고, 인간이 근원적인 차원에서 비롯된 존재라는 사실을 알아차리라는 겁니다. 이런 인식의 전환을 '하느님의 나라'라는 표현이 상징한다는 것이지요.

신비주의적 관점에서 보자면, 인간 존재의 심층에 있는 신성을 체험으로 알게 되는 순간 하늘나라가 여기에 오게 된다는 겁니다. 죽어서 가는 곳이 아니라 나의 내면 깊이 하늘나라가 있다는 사실을 깨닫는 사건이 메타노이아, 곧 회개의 순간이라는 것이죠. 물론 이런 신비주의적 해석이 기독교의 주류는 아닙니다만, 종교심리학과 신비주의의 관점에서는 예수의 첫번째 가르침 역시 이렇게 설명될 수 있다는 것이지요.

나중에 이단으로 몰린 초기 기독교의 '영지주의'(Gnosticism)에서도 비슷한 이야기를 합니다. 하늘나라, 즉 천국이 하늘 높은 곳에 있다면 인간보다 새가 더 빨리 천국에 갈 것이고, 물 속에 있다면 인간보다 물고기가 먼저 천국에 간다는 겁니다. 하지만 인간이 구원을 받는다는 것은 외부가 아닌, 인간 내면에 존재하는 하늘나라를 인식하는 것이라는 주장입니다. 하느님의 나라는 이미 와 있는데 우리가 단지 그것을 모르고 있다는 것이죠. 그것을 아는 사건이 진정한 회개, 즉 메타노이아라는 것이 영지주의를 비롯한 기독교 신비주의의 가르침입니다.

사도들과 기독교의 성립

오순절과 성령 강림

예수의 첫번째 가르침을 살펴보았는데요. 예수의 가르침이나 생애 전반을 보면, 그는 유대교를 좀더 인간주의적 관점에서 재해석하고 개혁하려고 했지, 기독교라는 새로운 종교를 의도적으로 만들려 했다고 생각하기는 어렵습니다. 우리가 아는 기독교 전통은 사실 바울(Paul)을 필두로 한 사도들의 활동을 통해서 성립되었다고 볼 수 있습니다. 이 과정에서 지금 천주교가 성령강림 대축일로 기념하고 있는 '오순절'(五旬節)이라는 절기가 중요합니다. 오순절은 예수가 부활하고 50일째 되는 날이라는 의미도 있고, 유월절 이후 다섯번째 절기라는 뜻도 있습니다. 이 오순절에 성령이 사도들에게 임해서 온갖 이적이 벌어집니다.

예수의 죽음 이후, 제자들은 모두 도망쳐 숨습니다. 대표적인 사건이 베드로가 첫 닭이 울기 전에 예수를 세 번 부정한 일입니다. 예수가 베드로에게 네가 내 이름을 세 번 부정할 거라고 예견했을 때, 베드로는 자기가 그럴 리가 없다고 펄쩍 뜁니다. 그러나

율리우스 슈노르 폰 카롤스펠트(Julius Schnorr von Carolsfeld), 「오순절의 성령 임재」, 『그림 성경』(*Die Bibel in Bildern*, 1860)의 삽화

예수가 처형당하는 과정을 보고 겁에 질린 그는 예수를 부인하게 됩니다. 이렇게 두려움과 의심에 사로잡힌 제자들이 오순절의 성령 강림을 계기로 각성하게 되고, 이후 본격적으로 스승인 예수의 가르침을 전하기 시작했다고 합니다. 개신교의 교파 중에 오순절파는 성령이 자기 속에 임재하는 사건에 신앙의 초점을 맞춥니다. 즉, 의식 변형의 상태인 종교 체험을 굉장히 강조하는 교파이지요.

이렇게 성령의 임재를 강하게 경험한 예수의 제자들은 팔레스타인을 벗어나 근동 여러 곳으로 가서 자신들이 메시아인 예수 그리스도의 가르침을 전하는 사람이라고 선언합니다. 즉, 이런 사도들의 희생적인 선교활동을 통해 유대교와 구분되는 기독교라는 새로운 종교 전통이 성립됩니다.

사도 바울

여기에서 가장 중요한 역할을 한 인물이 바로 바울입니다. 바울은 열두 제자에 속하는 인물이 아닙니다. 실제로 예수를 만난 적도 없고, 오히려 초기에는 기독교인들을 탄압하러 다니던 사람이었습니다. 이런 사람이 다마스커스로 가던 중에 예수를 만나는 종교 체험을 하고, 기독교인으로 개종을 합니다. 그런 후에 평생 동안 유럽과 서아시아를 돌아다니면서 기독교를 전파하는 삶을 살게 됩니다.

사실 열두 제자를 포함해 초기 기독교의 많은 신자들은 글자를 몰랐을 가능성이 높습니다. 베드로와 야고보는 어부였고, 다른 제자들의 사정도 비슷했죠. 하지만 바울은 그리스 철학을 공부한 지식인이었습니다. 이런 까닭에 신약의 총 27편 중에서 13편이 바울의 서신이죠. 바울이 초대 교회 여러 곳과 서신을 주고받으면서 기독교 교리와 가르침을 논한 것이 신약에 포함된 것입니다. 그러니 바울이야말로 기독교라는 종교 전통을 유대교라는 민족 종교에서 벗어나게 하고, 보편적인 종교로 확장시킨 사람이라고 보는 견해가 과언은 아닙니다.

신약

그리스어로 쓰여진 신약

이제 신약에 대한 이야기를 조금 해 보죠. 구약이 유대교의 경전이라고 말씀을 드렸는데, 유대교의 경전이니까 유대인들의 언어인 히브리어로 쓰여 있습니다. 그런데 신약은 구약과 다르게 그리스어로 기록됩니다. 당시 이스라엘은 로마의 식민지였습니다. 그리고 당시 로마의 지식인들은 그리스어를 사용했습니다. 신약을 주로 집필했던 바울 같은 이들은 로마의 지식인 계층이다 보니, 신약이 처음부터 히브리어가 아닌 그리스어로 기록된 것입니다.

이건 우리나라의 불교 경전이 인도에서 쓰이던 산스크리트어나 팔리어가 아니라 한자로 적혀 있는 것과 비슷합니다. '공'(空), '색'(色), '보살'(菩薩) 같은 불교의 모든 용어들이 산스크리트어나 팔리어에서 한문으로 번역되었고, 이 과정에서 중화 문화권이 가지고 있는 독특한 특성이 반영될 수밖에 없었습니다. 그러니 산스크리트어나 팔리어 불교와는 다른 뉘앙스를 지닌 불교가 등장했습니다.

　가령『성경』의 첫 구절인 '태초에 말씀이 계셨다'에서 '말씀'은 그리스어 '로고스'의 번역입니다. 그런데 '말씀'이라는 표현만으로는 '로고스'의 의미를 온전히 옮기기 어렵습니다. 도교를 다룰 때 '도'가 존재의 근원이자, 모든 것의 존재 방식이며, 뭇 존재가 근원으로 돌아가는 길마저 포괄한다고 말씀을 드렸죠. '로고스' 역시 신이나 인간이 한 '말'에 그치는 것은 아닙니다. 무질서한 세상을 질서 잡힌 세상으로 만드는 것이 '로고스'고, 인간이 그 질서를 알 수 있는 것도 '로고스' 덕분입니다. 달리 말해, 인간이 '로고스'를 통해 알게 된 지상 세계의 법칙 자체도 '로고스'입니다. 그러니까 도교의 '도'처럼 '로고스' 역시 엄청나게 다차원적인 의미를 포괄하고 있는 개념입니다. 요컨대 신약『성경』은 헬레니즘과 헤브라이즘, 달리 말해 유대교 전통과 그리스 철학의 전통이 혼합되어 만들어졌다는 겁니다.

신약의 네 복음서

구약이 모세 오경을 중심으로 예언서나 시편을 모아 놓은 것이라고 하면, 신약도 '가스펠'(Gospel)이라고 부르는 주요한 네 개의 복음서가 중심입니다. 그리고 그 밖에도 선교의 역사를 기록한「사도행전」, 바울이 초기 교회들과 주고받은 서신, 그리고 예언서로 구성되어 있습니다. 예수의 가르침을 전하는 네 개의 복음서 중에서, 마태오, 마가, 루가의 세 복음서를 '공관복음'(共觀福音)이라고 부릅니다. '공관'이라는 것은 영어로 '시놉틱'(Synoptic)인데, '신'(syn)은 '함께'라는 뜻이고 '옵틱'(optic)은 '보다'라는 의미입니다. 이 세 복음서는 모두 예수의 행적을 기록하고 있는데, 예수 사후에 구전으로 남겨졌던 동일한 원천을 참고해 마태오, 마르코, 루가의 이름으로 쓰여졌을 거라고 추정됩니다. 그런데 「요한 복음」은 성격이 조금 특이해서, 메시아로서 예수가 보여 준 기적과 가르침에 초점을 맞추고 있습니다.

이 네 편의 복음서는 우리 생각과 달리 예수가 죽고 수십 년이 지난 후에 기록이 됩니다. 불교의 경전이 붓다가 죽고 난 후 비교적 이른 시기에 제자들에 의해서 기록된 것과 차이가 있죠. 『성경』의 작성 연대가 통념과 달리 상당히 늦다는 사실은 『성경』 학자들이 연구를 통해 밝혀낸 내용인데요. 이는 곧 예수의 얼굴을 직접 본 적이 없는 사람들이 예수의 가르침과 생애를 적기 시작했다는 것을 의미합니다.

또 지금 우리가 접하는 복음서는 하나의 버전으로 전해진 것으로 보이지만, 사실은 그렇지 않습니다. 여러 사람들이 『성경』을 필사하는 일을 반복하면서 잘못 베끼는 일도 많았습니다. 특히 그리스어는 띄어쓰기도 하지 않고, 지금처럼 문장부호가 있는 것도 아니었지요. 심지어 주어 서술어 같은 문장 성분의 배치도 대단히 자유롭습니다. 그러다 보니 오탈자가 끊임없이 등장했지요. 더 심각한 것은 옮겨 쓰는 사람들이 이 과정에서 나름대로 새로운 것들을 추가했다는 겁니다. 보통은 『성경』이 딱 한 번 기록되었고, 후일 그것을 완벽하게 번역했다고 생각하는데, 역사적인 사실과는 거리가 매우 멀지요.

강력한 위계질서

로마 제국이 커지자 이를 지탱할 보편적 이데올로기가 필요하게 됩니다. 이 과정에서 기독교가 국교가 되어, 여러 이민족들을 하나로 통합하는 기능을 담당합니다. 탄압받던 초창기의 상황이 완전히 바뀌게 되는 거죠. 그런데, 나중에 로마가 서로마와 동로마로 쪼개지면서 교회 역시 서로마의 천주교와 동로마의 동방정교회로 나뉘게 됩니다. 천주교 쪽은 라틴어권이고, 동방정교회는 그리스어권이죠.

　앞에서 십자군 전쟁 이야기를 하면서 십자군이 동방정교회의 중심인 콘스탄티노플에 쳐들어가서 약탈한 사실을 언급했습니다. 이런 것도 교회가 분리되면서 생긴 일입니다. 십자군 전쟁에는 종교적인 목적뿐만이 아닌, 경제적인 이해관계를 관철시키기 위한 의도도 있었다는 점을 적나라하게 드러내 준 사건이라고 할 수 있습니다. 한편 동방정교회에 비해 로마 천주교는 교황을 정점으로 하는 대단히 꼼꼼한 조직을 갖추고 있습니다. 교황에서 시작해서 추기경, 총대주교, 대주교, 주교, 신부에 이르는 위계적인 질서를 명확하게 가지고 있는 것이지요. 즉, 천주교는 눈에 보이는 세계와 보이지 않는 세계를 연결하는 강력한 시스템을 특징으로 합니다.

성모 마리아 신앙의 의미

천주교와 개신교 모두 예수를 핵심으로 받아들이지만, 성모 마리아에 대해서는 뚜렷한 입장 차이가 있죠. 천주교에서 성모 마리아는 매우 중요합니다. 성당을 가 보면 꼭 성모 마리아 상이 따로 있습니다. 하지만 개신교에서는 성모 마리아의 존재를 천주교와 달리 탐탁하게 여기지 않습니다. 그런데 성모 마리아 숭배를 종교심리학적 관점에서 보면 대단히 중요한 의미가 숨어 있습니다.

　카를 융이라는 심리학자에 대해서 이미 살펴보았는데요. 융은 신이 남성성과 여성성을 함께 구비한 존재라고 주장합니다. 힌두교를 다룰 때, '시바'(shiva)와 '샥티'(shakti)를 언급했었죠. 궁극적 실재인 브라흐만은 시바라는 의식의 측면과 샥티라는 에너지의 측면이 있는데, 후자를 인격화시킨 것이 칼리 여신이라고요. 칼리 여신이 무기력하게 누운 시바 신을 밟고 있는 그림은 신에게서 역동적인 에너지의 측면이 빠지면 시체와 같다는 것을 상징한다고 했습니다.

　이런 구도는 기독교 전통에도 적용될 수 있습니다. 기독교에서는 신을 보통 '하느님 아버지'라고 부르죠. '하느님 어머니'라는 표현은 생소합니다. 즉, 융의 관점에서 비추어 보면 신이 온전히 가지고 있어야 할 남성성과 여성성 중에서 여성성이 현저하게 약화된 것이지요. '삼위일체'라는 표현이 보여 주듯이 성부, 성자, 성신으로 신성이 나뉘기도 하지만, 여전히 아버지와 아들 관계가 중심이죠. 어머니의 자리는 빠져 있습니다. 이 여성성의 자리를 천주교는 마리아 신앙으로 보완한다는 견해입니다. 즉, 성모 마리아는 천주교에서 신성의 온전성을 확보하는 아주 중요한 틀로 해석될 수 있습니다. 개신교의 주장처럼 우상숭배라고 비판할 수 없다는 얘기인 거고요. 또 하나 덧붙여서 얘기하자면 이집트의 신화에서는 이시스(Isis)와 호루스(Horus)라는 모자관계가 중요하게 등장합니다. 오른쪽의 사진은 이시스가 호루스에게 젖을 먹이고 있는 장면을 표현한 동상인데, 이런 이미지들이 후일 기독교의 마리아와 예수로 옮겨 왔다고도 할 수 있습니다.

이시스와 호루스.

성인과 수도원

이제 성인과 수도원이라는 천주교의 독특한 제도를 살펴보겠습니다. 천주교는 이 세상에 살았던 사람들 중에서 종교적인 이유로 숭고한 죽음을 맞이한 이들, 즉 순교한 이들을 성인으로 추대해 주는데요. 우리나라에서는 1984년 103명의 순교자가 동시에 성인으로 인정을 받으면서, 세계에서 네번째로 많은 성인을 배출한 나라가 되었습니다. 천주교의 도입 역사가 얼마 되지도 않았는데, 이렇게 많은 성인들이 있다는 사실은 천주교가 우리나라에서 유독 성공했다는 것을 말해 주기도 합니다. 순교한 성인들 외에도 치열한 수행을 통해 성인이 된 이들도 있습니다. 예를 들어 68년 동안 기둥 위에서 수도를 했다고 하는 시메온(Simeon) 성인이 있는데요. 이런 수도자가 세상을 떠나면 성인으로 '시성'(諡聖)이 됩니다.

한편 수도원에서 독신 수행을 하는 수도사들이 많이 있습니다. 수도원을 뜻하는 영어 단어인 '모나스트리'(Monastery)도 혼자 산다는 뜻의 그리스어에서 나온 말이죠. 이렇게 결혼하지 않고 종교적인 수행에 전념하는 사람들을 독신 수행자라고 하는데요. 이들은 통상 수도원에 거주합니다. 수도원 제도 역시 개신교와 다른 천주교만의 독특한 제도라고 할 수 있습니다.

이렇게 천주교는 교황과 주교, 신부로 이어지는 위계질서,

시메온 성인.

성모 마리아 신앙, 성인과 수도자와 같은 특징을 갖는데요. 이들 모두는 신과 인간 사이를 이어 주는 매개라고 할 수 있습니다. 앞에서 힌두교를 다루면서, 보이지 않는 세계와 보이는 세계를 연결하는 엄청나게 많은 신들과 아바타들이 있다고 설명을 드렸는데요. 이 점에서 보면 천주교도 비슷하다고 할 수 있습니다. 반면 개신교는 인간이『성경』과 예수를 통해 신과 직접 만날 것을 강조하죠. 종교개혁을 통해 성인, 성모 마리아, 위계적 교회 조직 같은 것을 모두 걷어 내려 시도한 것이 개신교입니다.

일곱 개의 성사(聖事)

천주교가 신과 인간을 매개하는 촘촘한 위계질서를 가진다는 사실은 의례의 전통이 풍부하다는 것을 의미하기도 합니다. 천주교의 의례는 '성사'(聖事)라는 이름으로 불리는데요. 일곱 개의 대표적인 성사가 있습니다. 우선 반복적으로 행하는 성사로는 '고해성사'(告解聖事)와 '성체성사'(聖體聖事)가 있습니다. 고해성사는 신부에게 자신의 죄를 말하고 신에게서 속죄를 받는 의례를 말합니다. 고해성사의 종교적인 의미에 대해서는 나중에 3부 강의에서 다시 말씀드릴 기회가 있을 겁니다. 성체성사는 인간들을 위해서 희생한 예수의 살과 피를 나누는 성사입니다. 이 두 가지가 반복적으로 행하는 가장 중요한 성사고, 나머지 다섯 가지 성사들은 부정기적으로 이루어지는 통과의례적인 성격을 갖습니다.

'세례성사'(洗禮聖事)는 태어나거나, 개종해서 새로 신자가 될 때 받습니다. 다음으로 '견진성사'(堅振聖事)라는 것이 있습니다. '견진'은 굳건하게 하다라는 뜻인데요. 세례를 받았다고 모두가 독실한 기독교인이 되는 것이 아니니까, 기독교의 가르침을 굳건하게 받아들일 수 있는 나이가 되었을 때 견진성사를 다시 받습니다. '병자성사'(病者聖事)는 중병을 앓고 있는 병자에게 행하는 의례고요. '신품성사'(神品聖事)는 사제가 될 때 행합니다. '혼인성사'(婚姻聖事) 혹은 '혼배성사'(婚配聖事)는 우리가 잘 알듯이 결혼할 때 치르는 의례이고요.

천주교의 역사는 굉장히 길고 복잡합니다. 교리 체계 역시 간단하지가 않죠. 이 시간에는 이런 복잡한 내용을 최대한 간단하게 소개해 드렸습니다. 강의 내용을 한번 더 정리하자면, 예수의 등장을 계기로 유대교라는 민족주의적 종교가 보편 종교로 변모한 것이 기독교이고요. 후일 기독교가 로마의 국교가 되었지만, 로마가 서로마와 동로마로 나눠지면서 기독교 역시 천주교와 동방정교회로 나누어집니다.

다음 시간에는 개신교에 대해서 다룰 예정인데, 천주교와 성격이 많이 다릅니다. 개신교 교회에는 천주교와 달리 성모 마리아나 성인들을 나타내는 상징들이 없습니다. 십자가에 못 박힌 예수의 생생한 모습이 천주교 성당 정면에 배치되어 있다면, 개신교의 교회에는 단순한 십자가만 있습니다. 개신교 교회에는 스테인드글라스 같은 장식도 없고, 많은 경우 하얀 벽에 투명한 유리창으로 되어 있습니다. 이처럼 외양만 보아도 천주교와 개신교의 차이가 뚜렷하지요. 이런 점에 대해서도 더 자세하게 다루도록 하겠습니다.

8강 _ 개신교, 믿음과 은총의 종교

이번 시간에 다룰 주제는 천주교의 대안 세력으로 등장한 개신교입니다. 개신교는 천주교와 대비해서 여러 가지 독특한 특성들을 드러냅니다. '믿음과 은총'의 종교라는 측면에 초점을 두고 개신교의 특징들을 살펴보겠습니다.

종교개혁과 개신교의 성립

면죄부 판매와 마르틴 루터

개신교의 출발점이라고 할 수 있는 종교개혁부터 살펴볼까요. 종교개혁의 결정적인 계기가 된 것이 면죄부였습니다. 천주교 교회가 죄를 사해 주는 문서를 돈을 받고 팔았던 것인데요. 이런 일은 종교적 권력이 정치적 힘까지 독점하게 되면서 벌어질 수밖에 없었던 현상이죠.

중세 유럽의 역사는 교황을 수장으로 삼는 교회가 영적인 권위를 완벽하게 독점하고 있었고, 이 종교적 영향력에 기반해 정치 권력까지도 좌우할 수가 있었습니다. 교황이 왕을 서슴없이 파문시키기도 했죠. 파문은 기독교인의 입장에서 보면 곧바로 지옥에 보내는 것과 똑같은 것이기 때문에 대단히 큰 위협이었습니다. 나중에 사회가 점차 세속화되면서 종교의 권한이 약화되지만, 동양의 상황과는 사뭇 달랐다고 할 수 있습니다. 마녀 재판이나 이단 심판 같은 폭력도 종교적 권력과 정치 권력이 결합되어 있었기 때문에 가능한 일이었습니다.

당시 교회가 죄를 사해 주는 권리를 돈을 받고 팔았던 것은 경쟁적으로 건축하던 교회의 비용을 마련하려는 목적이었습니다. 하지만 면죄부는 종교의 근본 정신과 어긋나 보였지요. 이걸 견딜 수 없었던 독일의 신부 마르틴 루터(Martin Luther)는 면죄부 판매를 비롯해 교회의 잘못을 조목조목 지적한 '95개조 반박문'을 성당 앞에 게시합니다. 이렇게 해서 개신교의 탄생을 알리는 종교개혁이 시작됩니다. 마르틴 루터도 반박문을 붙인 자신의 행위가 개신교라는 새로운 종교 전통을 만들어 내리라고는 꿈에도 생각하지 못했을 겁니다. 하지만 천주교의 행태에 반발하는 저변의 강력한 흐름들이 있었기 때문에, 루터의 비판이 계기가 되어 상황이 폭발적으로 전개됩니다.

페르디난드 파웰스(Ferdinand Pauwels), 「성당 문에 95개조 반박문을 못질하고 있는 루터」(1872)

인쇄술의 발명과 종교개혁

종교개혁을 통해 새롭게 등장한 기독교는 우리말로 '새로 고친다'는 의미의 '개신'(改新), 영어로는 '프로테스탄티즘'(protestantism)이라고 불립니다. '프로테스트'(protest), 즉 '항의하다'라는 뜻이 들어 있습니다. 이제 '프로테스탄티즘'의 물결이 북유럽을 중심으로 맹위를 떨치게 됩니다.

이 과정에서 천주교가 천 년 넘게 가졌던 독점적 지위가 사라집니다. 특히 『성경』 해석의 독점적 권리를 나눠 가지려는 움직임이 강력하게 등장합니다. 『성경』은 오랫동안 라틴어로만 적혀 있었고, 사제들만이 『성경』을 해석하는 독점적인 권한을 가졌습니다. 그러나 종교개혁이 일어나면서, 라틴어 『성경』을 독일어나 영어와 같은 현지어로 번역하는 일이 본격화됩니다. 초기에는 번역을 시도한 사람들이 이단으로 몰려서 화형을 당하기도 합니다. 『성경』을 현지어로 번역하는 것을 교회가 싫어했던 것이지요. 『성경』의 해석 권한이 사제 계급 바깥으로 퍼져 가는 것을 어떻게든 막고 싶었던 겁니다.

그런데 이 시기에 중요한 변화가 생깁니다. 구텐베르크(Johannes Gutenberg)가 인쇄술을 발명하면서 대량인쇄의 길이 열린 것이지요. 그전에는 『성경』을 만들려면 손으로 다 필사를 했습니다. 필사를 해서 책을 만드는 것은 비용과 노력이 많이 드는 일이었기 때문에 교회의 독점적 권한이 유지되는 데 유리했습니

프랑수아 뒤부아(François Du Bois), 「성 바르톨로메오의 날 대학살」(1572)
1572년 성 바르톨로메오 축일인 8월 24일부터 프랑스 전역에서 천주교 세력에 의해
개신교의 일파인 위그노에 대한 대학살이 벌어졌다.

다. 하지만 대량인쇄 기술의 발명은 번역된 『성경』을 많은 사람들에게 퍼트릴 수 있는 좋은 조건을 마련해 주었습니다. 아무리 번역을 해도 필사를 할 수밖에 없었다면, 보통 사람들에게는 그림의 떡이었을 겁니다. 인쇄술의 발전이 종교개혁과 맞물리면서 이런 움직임이 더 활발하게 전개될 수 있었습니다.

마르틴 루터가 시작한 종교개혁은 이후 츠빙글리(Ulrich Zwingli)나 칼뱅(Jean Calvin)과 같은 북유럽의 종교개혁가들에 의해 더욱 활발해집니다. 당시 이탈리아와 같은 남부 유럽에서는 천주교의 전통이 강하게 유지되고 있었는데요. 두 세력이 프랑스

에서 만나게 되면서, 개신교와 천주교 간의 갈등이 강하게 표출됩니다. 학살 사건과 종교 전쟁이 여러 차례 일어나게 되지요.

개신교의 원리

개신교의 근본 가르침이 어떤 점에서 천주교와 다른지 살펴보도록 하겠습니다. 개신교의 근본 원리는 '다섯 가지 솔라(Sola)'로 요약됩니다. '솔라'(Sola)는 라틴어로 '오직'이라는 뜻입니다. '오직 『성경』으로만'(Sola Scriptura), '오직 그리스도로만'(Solus Christus), '오직 은총으로만'(Sola Gratia), '오직 믿음으로만'(Sola Fide), '오직 영광의 하느님으로만'(Soli Deo Gloria)이 다섯 가지 솔라입니다.

만인 제사장주의와 무교회주의
'오직 『성경』으로만' 그리고 '오직 그리스도로만'이라는 말은 '만인 제사장주의'와 연결이 됩니다. 개신교에서 인간과 신 사이를 매개하는 계시와 구원은 『성경』으로 드러난다고 봅니다. 그리고 신이 육화된 존재인 예수 그리스도 역시 신과 인간을 이어 주는 중요한 매개이지요. 개신교는 예수와 『성경』 외에는 어떤 것도 중요하지 않다고 주장합니다. 천주교의 타락이 교회의 위계적 조직과, 성모 마리아와 수많은 성인들이 신과 인간 사이를 가로

막았기 때문이라고 보았습니다. 이런 장치들이 신과 인간을 매개해 준다는 장점을 갖지만, 양자의 직접적인 소통과 만남을 막았다는 겁니다. 그래서 '오직 『성경』으로만', '오직 그리스도로만'이라는 선언이 중요하다는 거죠.

이런 관점에서는 교회조차도 중요하지 않을 수 있습니다. 일본을 중심으로 무교회주의가 등장했던 적이 있습니다. 우리나라에서는 1920년대 일본에서 배워 온 김교신(金教臣) 등이 주장했는데요. 『성경』만 읽을 수 있다면, 목회자나 교회도 필요가 없다는 입장입니다. 하느님의 말씀을 직접 읽음으로써 불필요한 매개 없이 신으로 돌아갈 수 있다는 것이죠. 요컨대 누구나 직접 신의 말씀을 이해하고 전하는 제사장이 된다는 겁니다. 이런 생각은 근본주의적이고 급진적인 민주주의 사상과도 연결됩니다.

천주교와 개신교의 이런 차이는 건축 등 교회 양식의 차이로도 드러납니다. 천주교 성당에는 십자가에 못 박힌 예수의 모습이 매우 사실적으로 묘사됩니다. 반면 개신교 교회는 단순한 십자가만을 걸어 두었습니다. 즉, 신을 직접 만나는 과정에서 주의를 분산시킬 수 있는 상징들을 전부 걸어 냈다고 할 수 있습니다.

예수의 이타적 사랑

'오직 그리스도로만'은 성인이나 교황 같은 존재들에 의지하지 말고, 하느님의 아들인 그리스도를 신앙의 중심에 두자는 말인데요. 예수는 유대교라는 특정 민족에 국한된 종교를 보편적으로 확신시킨 인물이죠. 또한 예수는 인간들이 어떻게 살아야지 신에게로 돌아갈 수 있는지를 보여 준 패러다임이기도 합니다. 개신교는 오직 예수 그리스도만을 본받아서 구원의 드라마를 연출하자고 강조합니다. 그렇다면 예수의 핵심적인 가르침은 무엇이었을까요.

예수가 십자가형을 당했기 때문에 십자가는 기독교에서 가장 중요한 상징입니다. 그런데 로마에서 십자가형은 아주 잔혹한 극형이었습니다. 죽을 때까지 십자가에 매달아 놓는 형벌이어서, 끔찍한 범죄를 저지른 사람들만 받았습니다. 그런데 신의 아들인 예수가 살인범과 같은 범죄를 저지른 사람들과 똑같이 처형된 것이지요. 그런데 예수가 이런 처벌을 감내한 이유가 바로 기독교의 핵심적 가르침인 사랑을 직접 실천하기 위해서라고 『성경』은 이야기합니다. 하느님 아버지에 대한 사랑에서 출발했지만, 더 나아가 자신의 이웃들, 그리고 인류 전체에 대한 사랑 때문에 예수가 자기를 희생했다는 것이지요. '오직 그리스도로만'이라는 표어로 예수 그리스도를 본받자고 권고할 때, 이 말은 곧 예수의 이타적인 사랑을 실천하자는 뜻입니다. 개신교가 천주교보다 선교에 열성적일 뿐만 아니라, 그 과정에서 여러 가지 박애주의적 사회 사업들을 많이 추진한 것도, 예수가 몸소 보여 준 사랑의 정신을 구현하겠다라는 의미로 볼 수 있습니다.

구원예정설과 자본주의

다음으로 '오직 은총으로만'이라는 선언을 살펴보겠습니다. 천주교에서는 성모 마리아에게 기도를 하고, 신부에게 고해성사를 합니다. 심지어 중세에는 면죄부로 죄 사함을 받을 수 있는 길까지 열어 놓기도 했습니다. 이러다 보니 신이나 신이 육화한 존재인 예수 그리스도의 은총을 받아서 인간이 구원을 받는다는 개념이 약화될 수 있습니다. 하지만 개신교는 오직 신의 아들인 예수의 은총으로만 구원을 얻는다고 역설합니다.

또 신의 은총이 중요하다는 이야기와 함께, 칼뱅 같은 인물은 '구원예정설'을 강조합니다. 구원은 오직 신에게 달려 있기 때문에, 특정인의 구원 여부는 이미 정해져 있다고 봅니다. 구원은 신의 의지이기 때문에 내가 어떻게 할 수가 없다는 주장입니다. 신이 은총을 내리면 감사할 따름이지, 내 노력으로 구원받았다고 이야기할 수가 없다는 뜻입니다. 그러니 사람들은 자신의 구원 여부를 간절하게 확인받고 싶어 합니다.

막스 베버는 바로 이 부분에 주목해서 프로테스탄티즘이 자본주의 발전에 원동력이 되었다고 주장합니다. 신의 은총과 사랑으로 구원이 예정된 사람은 모든 일에서 잘 풀리겠죠. 가난을 비롯해 여러 가지 고통을 받고 있다면 신의 은총을 받았다고 보기 힘들 겁니다. 그래서 경제적 풍요와 사회적 성공이 구원을 간접적으로 확인하는 증표로 등장합니다. 만약 성공을 거둔다면

이는 자신의 노력 때문만은 아닙니다. 그러니 성공의 결과인 물질적 부를 낭비해서는 곤란합니다. 이런 인식이 부를 자연스럽게 저축이나 투자로 이어지게 만들고, 자본주의의 발전을 가져왔다는 것이 막스 베버의 설명입니다. 이런 점에서 그는 개신교 국가들이 천주교 국가들에 비해 자본주의적으로 더 성공할 것으로 보았습니다.

무조건적인 믿음의 중요성

'오직 은총으로만'이라는 표현에서 은총은 신이 인간에게 주는 것입니다. 반면 '믿음'은 인간의 태도입니다. 즉, 우리는 신의 은총을 통해서만 구원받을 수 있다는 사실을 굳게 믿어야 합니다. 개신교의 믿음은 논리적 계산과 이성적 사고의 결과가 아닙니다. 그렇게 될 것이라고 무조건 받아들여야 합니다. 그 점에서 한편으로 인간의 지속적인 노력이 간과될 가능성도 있습니다. 천주교에서는 신부나 수도사 들을 중심으로 『성경』에 대한 지성적 이해의 노력이 굉장히 강조되었습니다. 반면 무조건적인 믿음을 강조하는 개신교에서는 신의 말씀을 지성적으로 이해하려는 노력이 상대적으로 약화될 가능성도 있지요.

개신교의 이런 측면을 동양 종교와 비교해 보면 흥미롭습니다. 혹자는 동양의 종교가 지성과 믿음을 동시에 활용한다고 봅니다. 특히 동양 종교가 개인적 수행과 체험을 통해서 얻을 수 있는 것들을 강조하는 데 비해서, 서양의 종교는 그저 믿음만을 강조한다는 것이지요. 대표적인 예가 불교입니다. 불교는 그저 믿으라고 요구하지 않습니다. 불교가 서양에 전파됐을 때 서양의 지성인들이 불교를 대단히 좋아했던 이유가 여기에 있습니다.

그런데 불교 역시도 믿음을 강조하는 측면이 존재합니다. 무엇보다 2500년 전에 붓다라는 존재가 견성성불을 한 사건이 실제로 일어났다고 믿어야 되는 거죠. 왜냐하면 자신이 수행을 통해서 직접 그 경지에 가기 전에는 그런 일이 가능하다는 것을 실제로 알 수 없기 때문입니다. 즉, 붓다의 견성성불 사건을 굳게 믿지 않으면, 애초에 수행을 시작할 수가 없는 거죠. 이 점을 고려해 보면 믿음의 기준만으로 동서양의 종교를 엄격하게 나누기는 어렵습니다. 물론 기독교가 불교에 비해 믿음을 더 강조한다는 것은 분명해 보입니다.

선불교와의 유사성

지금까지 개신교의 핵심적인 가르침들을 살펴보았는데요. 개신교의 이런 특징은 불교, 특히 선불교와 일맥상통하는 면이 있습니다. 선불교는 견성성불하겠다는 목적 외에는 어떤 것에도 한눈을 팔지 말라고 권고합니다. 수행을 하다 보면 여러 가지 초자연적인 체험을 하게 되는데, 그런 것들에도 신경 쓰지 말고 오직 견성성불에만 집중하라는 주장이지요. 더 나아가 "붓다를 만나면 붓다를 죽이고, 조사를 만나면 조사를 죽여라"라고까지 합니다. 조사는 스승을 말합니다. 이를 개신교의 입장에서 해석하면, 성모 마리아나 성인과 같은 존재에 관심을 갖지 말고, 오직 예수를 통해 궁극적 목표인 구원에만 집중할 것을 강조한다고 볼 수 있습니다. 물론 『성경』과 예수를 통해 신에 도달하는 것이지만, 인간이 신에 도달할 때까지는 어떤 것에도 마음을 쓰지 않겠다고 결심한다는 점에서 두 전통은 유사합니다.

또 개신교가 '실천'을 강조하는 것도 선불교와 유사한 점이 있습니다. 선불교에서는 선 수행을 강조하죠. 경전에 대한 공부와 앎을 쌓는 것보다 명상 등의 수행을 통해서 직접 궁극적인 본성을 실제로 체험하는 데에 초점이 맞춰져 있습니다. 마찬가지로 개신교 전통도 여러 신학적인 공부나 논쟁에 한눈팔지 말고, 궁극적 목표인 하느님과 하느님의 나라에 푹 빠질 때까지 끊임없이 사랑을 실천하라고 이야기를 합니다. 이렇게 실천과 수행을 강조한다는 측면에서도 유사성을 발견할 수 있죠.

이런 유사성은 교회나 사찰의 모습에서도 드러납니다. 개신교의 교회가 십자가 외에 장식을 하지 않는 것과 유사하게 일본 선불교 사찰도 하얀 벽 외에는 아무것도 없는 곳들이 많습니다. 이걸 '선'의 일본어 발음을 따서 '젠(Zen) 스타일'이라고 하죠. 반면에 천주교는 다릅니다. 성당은 엄청난 상징들로 가득 차 있습니다. 동네마다 수호성인이 따로 있고, 성모상, 벽화, 스테인드글라스 등 다채롭습니다. 힌두교도들이 집에 제단을 만들어 놓고 많은 신들을 모셔 놓은 것처럼 천주교도 비슷한 특징을 보여 줍니다. 다음 시간에 살펴보겠지만, 이슬람 역시 신을 인격화하거나 형상화하는 것을 엄격하게 금지합니다. 이 점은 개신교와 상통합니다.

개신교의 의례

개신교는 천주교의 일곱 의례 중에서 두 가지, 세례와 성체성사(성만찬식) 외에는 크게 강조하지 않습니다. 교황, 주교, 신부라는 위계적 체계가 없기 때문에 정교한 사제 서품 성사도 필요가 없겠죠. 핵심적인 의례 외에는 다 없앴다고도 할 수 있습니다. 이 대목에서 고려해야 할 중요한 사실이 고해성사를 없앤 겁니다. 천주교에서는 신부님들이 고해성사를 통해 개인들의 죄의식을 해소시켜 주었는데, 이게 개신교에서는 없어져 버린 거죠.

종교심리학적 관점에서는 고해성사를 없앤 것은 득보다 실이 클 수도 있습니다. 고해성사가 인간들의 정신 건강에 대단히 유익하기 때문이지요. 또 개신교가 철저하게 신과 인간관계에만 초점을 맞추면서 성모 마리아나 성인들에 대한 신앙을 다 없앴다고 말씀을 드렸는데요. 일종의 우상숭배라고 보기 때문입니다. 그런데 융과 같은 심리학자는 이런 매개 장치가 신성한 힘을 직면하는 데에서 비롯되는 심리적 혼란을 낮추는 방어기제가 될 수 있다고 봅니다. 그 점에서 개신교는 천주교가 발전시켜 온 심리적 보호 장치를 없앴다는 것이지요.

부흥회

우리나라 개신교는 미국에서 전래된 탓에 그 영향을 많이 받았습니다. 그런데 우리만의 독특한 특성 중 하나가 열광적인 부흥회입니다. 부흥회는 인간 의식의 집단적 변화를 통해서 보이지 않는 차원을 직접 경험하는 걸 강조합니다. 앞 강의에서 오순절파를 다루었는데요. 초기 신도들은 오순절에 임재한 성령으로 인해 방언을 하는 등 초자연적 이적들을 많이 경험했습니다. 이처럼 성령을 직접 받는 것에 초점을 맞춘 교파가 오순절파입니다. 오순절파는 심지어 의식 변형 상태에서 독사를 만지기도 하는데요. 『성경』에 나와 있는 '독사조차도 나를 침해할 수 없다'는 구절을 근거로 이런 행위를 실제로 합니다.

한국 개신교의 열광적인 부흥회도 성령을 받아 신과 직접 만날 수 있는 계기를 강조합니다. 이 점에서도 천주교와 개신교의 차이가 드러납니다. 만약 종교적 기적이 발생하면 천주교는 기본적으로 꼼꼼하게 조사를 하고, 아주 오랜 시간이 지난 후에이를 신중하게 승인합니다. 하지만 개신교는 기적적인 사건이 벌

뱀을 다루고 있는 오순절파 교인(1946)

어지면 신과 인간이 직접 만나는 징표로 수긍하고, 곧바로 종교적인 권위를 부여하는 경우가 많습니다.

다양한 교파의 등장과 개교회주의

기독교의 두드러진 특징 중 하나는 다양한 교파입니다. 기독교는 로마의 분열과 함께 천주교와 동방정교회로 나뉘었고, 천주교에 반발해서 개신교가 갈라져 나옵니다. 그런데 기독교는 이후에도 계속 나뉘어 무수히 많은 새로운 교파가 등장하고 있습니다. 이 과정에서 영국 국교회(성공회)도 분리되었습니다.

개신교는 더 역동적입니다. 우선 영국 국교회 안에서도 청교도라는 새로운 흐름이 출현하는데요. 이들이 종교적 자유를 찾아서 영국을 떠나 미국을 건국합니다. 또 존 웨슬리(John Wesley)가 시작한 감리교회나 우리에게 익숙한 구세군도 생겨나죠. 그 밖에도 여호와의 증인(Jehovah's Witnesses), 크리스천 사이언스(Christian Science), 미국 유타주를 근거지로 하는 모르몬교(Mormonism) 등 많은 개신교 교파들이 등장했습니다. 우리나라 개신교에서도 새로운 교파가 끊임없이 생겨납니다.

어떻게 이처럼 다양한 교파가 개신교에서 등장할까요? 천주교는 교황을 중심으로 하는 강력한 조직체계가 여전히 있습니다. 이런 시스템 속에서 개인이 새로운 교파를 만드는 것이 매우 어렵습니다. 하지만 개신교에서는 신자들이 『성경』을 해석할 수 있는 권한을 전적으로 가지고 있고, 은총으로만 구원을 받는다는 믿음 때문에 무한에 가까운 자유가 부여됩니다. 그래서 누군가 독특한 종교 체험을 하면, 그 경험에 입각해서 『성경』을 새롭게 해석하고 교파를 만들 수 있습니다. 즉, 교회의 분화가 개신교에서는 구조적으로 가능한 것이지요.

새로운 교파가 많이 생기면서, 개신교 전통에서는 개교회주의라는 특징이 등장합니다. 천주교도 그렇고 개신교 중에서도 감리교의 경우는 중앙집권적 체계를 가지고 있습니다. 예컨대 천주교 신부는 부임지로 여러 성당을 돌아다닙니다. 한 지역에는 하나의 성당만이 의도적으로 건축되지요. 그런데 개신교는 많은 경우 목사가 자신의 교회를 만들고 운영합니다. 교회가 중앙집권적인 시스템 속에 있는 것이 아니라, 개별적으로 존재하는 것이 개교회주의입니다. 그래서 교회는 스스로 성장해야 하고, 신도가 없으면 교회 자체가 유지되지 않습니다.

개교회주의는 한국 개신교가 엄청나게 성장하고 발전하는 원동력이 되었습니다. 하지만 동시에 무한경쟁을 촉발하고, 교회가 신도 수를 확장하는 데만 몰두하게 되는 원인이 되기도 했습니다. 교회 건물을 크게 짓고 여러 곳에 지부를 만드는 양적 팽창에 몰두하는데, 이는 천주교의 면죄부처럼 오늘날 개신교의 큰 약점으로 지적됩니다.

물론 모든 개신교 교회가 이런 양적 팽창만을 추구하는 것은 아닙니다. 그러니 개신교 전체의 문제로 비판이 확대되어서는 곤란합니다. 1부에서 종교심리학을 다룰 때 인간의 종교성에도 발달의 과정이 있다고 말씀을 드렸습니다. 경험이 풍부해지면 우리는 어떤 종교가 그 자체로 좋고 나쁜 것이 아니라는 사실을 더욱 명확하게 알게 됩니다. 개인이 종교를 어떤 방식으로 믿는지가 더 결정적이라는 것이지요.

다음 시간에는 세계의 개별 종교 전통을 다루는 마지막 시간으로 이슬람을 살펴보겠습니다. 그리고 2부의 마무리로 비교종교학적 관점에서 유대교, 기독교, 이슬람을 간략하게 비교해 보려고 합니다.

9강 _ 이슬람, 순종과 예배의 종교

이번 강의는 유신론적인 종교의 마지막 순서로 '이슬람'(Islam)이라는 우리에게는 익숙하지 않은 종교를 다루려고 합니다. 강의의 제목을 '순종과 예배의 종교'라고 붙였는데요. '이슬람'이라는 이름 자체가 '순종'을 뜻하는 아랍어로, 신에게 순종하는 것을 큰 특징으로 합니다. 또 이슬람은 다른 종교에 비해서 기도를 비롯해서 몸으로 하는 의례와 신앙의 실천을 굉장히 강조합니다. '무슬림'(Muslim)이라면 메카를 향해서 하루에 다섯 번씩 기도를 해야 한다는 사실은 널리 알려져 있죠. 그래서 '예배의 종교'라는 제목도 함께 붙여 보았습니다.

이슬람의 창시자 무함마드

이슬람이라는 이름

먼저 '이슬람'이라는 이름과 창시자인 무함마드(Muhammad)부터 살펴보도록 하죠. '이슬람'은 말씀드린 대로 '순종'이라는 뜻의 아랍어에서 온 말입니다. 세계 종교 중에서 창시자가 종교의 이름을 직접 붙이는 경우는 드뭅니다. 예수로부터 기독교라는 전통이 시작되었지만, 이 종교가 유대교와 다르게 보편 종교로 자리 잡은 것은 그리스 철학에 능통했던 바울 이후라고 말씀을 드렸습니다.

반면 이슬람은 처음부터 이름을 가졌다는 점에서 독특합니다. 이슬람교를 믿고 따르는 이들은 '복종하는 사람'이라는 의미의 '무슬림'이라 불린다는 점도 기억해 두시고요. 1부에서도 말씀드렸지만, 단일 종교로 교인 수가 가장 많은 것이 이슬람입니다. 물론 천주교와 개신교 인구를 합하면 신도 수가 더 많지만, 둘을 나눠서 보면 이슬람이 세계에서 가장 많은 교인을 가지고 있습니다.

선지자 무함마드

이렇게 많은 사람들이 믿는 이슬람교의 창시자는 무함마드라는 선지자입니다. 이슬람은 무함마드를 빼놓고 얘기할 수 없는데요. 그의 생애를 살펴보면서, 동시에 이슬람이 어떻게 시작되었는지를 함께 이야기해 보겠습니다.

무함마드는 6세기 사람입니다. 메카에서 태어났고요. 어렸을 때 부모를 여의고 삼촌 집에서 목동일을 하면서 살다가, 스물다섯 살에 당시 마흔 살이었던 부유한 상인인 카디자(Khadija)와 결혼을 합니다. 이후 아내의 후원과 자신의 상업적인 수완에 힘입어 큰 성공을 거둡니다. 그런데 무함마드는 어린 시절부터 종교에 대한 관심이 아주 컸기 때문에 마흔쯤에 안정적인 기반이 마련되자 본격적인 수행에 나서게 됩니다.

동굴에서 고행을 하면서 열심히 기도를 했는데, 갑자기 그에게 가브리엘 천사가 나타나서 "읽어라"라는 말과 함께 계시를 내립니다. 그런데 당시 무함마드는 문맹이었다고 하죠. 그래서 천사가 전하는 신의 말씀을 외워서 주변에 전하고 그것을 동료들이 기록했다고 합니다. 이렇게 23년 동안 계시를 받은 기록이 바로 이슬람의 경전 『쿠란』이죠. 그래서 '쿠란'이라는 말 자체에는 '읽다', '읽을 것'이라는 의미가 있습니다.

그런데 무함마드가 처음 계시를 받았을 때에는 그 자신도 반신반의했다고 합니다. 하지만 집으로 돌아와서 부인에게 이야기하자, 그녀가 무함마드야말로 신이 보낸 진정한 사자라고 믿으면서 첫번째 무슬림이 되었다고 하죠. 이렇게 카디자를 시작으로 친척과 친구 등 주변 사람들에게 자기가 받은 계시를 전하고,

무함마드에게 나타난 가브리엘 천사. 무함마드의 얼굴은 종교적 이유에서 그려져 있지 않다.

이들이 무함마드를 따르면서 종교 운동으로서 이슬람이 본격적으로 시작됩니다.

최종적이고 완전한 계시

무함마드는 신의 말씀을 전해 듣고, 이것들을 사람들에게 전하는 예언자의 역할을 맡았습니다. 『쿠란』에는 아담에서 시작해서 무함마드로 끝나는, 알라가 점지한 25명의 예언자 명단이 있는데요. 노아의 방주로 유명한 노아를 필두로 아브라함 등 『성경』의 예언자들이 대부분 포함됩니다. 무함마드 바로 앞에는 이사(Isa)라는 이름의 예언자가 등장하는데, 바로 예수입니다. 이슬람은 예수 역시 무함마드 이전에 있었던 에언자의 한 사람으로 여기는 것이지요. 무함마드는 이 목록에서 최종적이고 완벽한 계시를 전해 들은 예언자로 간주됩니다. 앞선 강의에서 유대교와 기독교, 이슬람이 모두 아브라함 계통의 종교라고 말씀을 드렸는데, 이 예언자 목록에서도 세 종교의 밀접한 연관성이 드러납니다.

그런데 여기서 중요한 사실은 무함마드가 철저히 인간이라는 점입니다. 신이 보낸 가장 완벽한 예언자이지만, 그가 신은 아니라는 거죠. 이 점에서 기독교와 확연한 차이가 있습니다. 기독교에서는 예수라는 존재가 신의 아들이자 신이 육화된 존재라고 보는데, 이슬람은 이런 신격화를 받아들이지 않습니다. 요컨대 인간은 신이 될 수 없다는 것이지요. 그래서 이슬람은 무함마드의 상을 만드는 것조차 엄격하게 금지합니다.

메카의 수복과 신정(神政)

동굴에서 신의 말씀을 듣기 시작한 무함마드는 이후 종교적, 정치적 지도자로 활약하게 됩니다. 당시 아랍에는 다신교 전통이 만연했는데, 무함마드는 알라라는 유일신을 핵심으로 삼는 가르침을 강력하게 주장합니다. 그러면서 기존의 정치·종교 세력과 극심한 갈등을 겪습니다. 무함마드는 메카에서 전통적인 다신론을 지지하는 세력과 충돌하고 신변의 위협까지 받자 메디나로 이주합니다. 622년에 이루어진 이주를 이슬람에서는 '헤지라'(hegira)라고 부르면서 이슬람의 원년이 되는 사건으로 기념합니다. 이후 무함마드는 메디나를 기반으로 군사적인 힘을 기른 후 다시 메카를 수복합니다.

　이렇게 정치적 힘에 근거해 종교를 확립시켰다는 점은 당시 유목 민족 사이에서 불가피했겠지만, 기독교와는 사뭇 다른 모습입니다. 예수는 "카이사르의 것은 카이사르에게로, 신의 것은 신에게로"라는 유명한 말을 남겼습니다. 정치와 종교를 분리시킨 태도인데, 이슬람은 성립 과정부터가 대단히 정치적입니다. 유대교는 어떨까요? 유대교는 정치 권력 자체가 없었습니다. 나라를 빼앗긴 후에 디아스포라라고 해서 전 세계로 퍼져 나갔지

메카의 카바 신전에 모여든 순례자들(2018)

만, 가는 곳마다 지배를 받는 입장에 처해 있었습니다. 그러다 보니 종교적 권력이 정치적 권력과 결합하는 일이 디아스포라 이후로 아예 없었던 거죠.

무함마드는 630년에 메카를 수복하고, 카바(Kaaba) 신전을 정비합니다. 카바 신전은 메카에 위치했는데, 무함마드가 여기에 있던 다신교를 상징하는 우상들을 모두 부수고 불태웠다고 합니다. 이후 이 신전은 이슬람교의 가장 중요한 성전이 됩니다. 나중에 이슬람을 지탱하는 다섯 가지 기둥에 대해 이야기를 할 텐데요. 그중 하나가 무슬림이라면 일생에 한 번은 꼭 메카를 순례해야 하는 의무입니다. 더 정확히 말하면 메카의 카바 신전을 방문하는 것을 말합니다. 무슬림들이 성지 순례를 하다가 압사 사고가 났다는 뉴스가 가끔 등장하는데, 카바 신전을 참배하는 과정에서 벌어진 사건들입니다.

알라 신과 『쿠란』

유대교에서 모세가 야훼로부터 율법을 받아 온 것처럼 무함마드는 『쿠란』을 전해 받습니다. 유대교 율법은 유일신을 강조하는 내용으로 시작됩니다. '다른 신을 섬기지 말라', '우상을 만들지 말라', '하느님의 이름을 함부로 부르지 말라'와 같은 가르침이 그렇습니다. 마찬가지로 이슬람 역시 유일신 사상을 대단히 강조합니다. 그리고 그 중심에는 알라가 있죠.

신을 형상화하지 말라

이슬람에서 알라는 무소부재하고 전지전능한 창조자이며 주재자입니다. 절대적으로 초월적인 존재이기 때문에 알라를 어떤 식으로든 형상화하거나 이름을 붙이는 것은 허용되지 않습니다. 앞서 천주교와 개신교의 사원을 비교하면서 개신교 교회에 장식이 없다는 것을 말씀드렸는데요. 이슬람 사원인 모스크(Mosque)

에 가 보면, 개신교의 십자가와 같은 간결한 상징조차 없습니다. 신을 어떤 형태로도 표현할 수 없으니까, 모스크 안은 아라베스크라는 추상적이고 기하학적인 무늬로만 장식을 합니다. 유일신인 알라를 형상화하지 말라는 가르침을 전적으로 수용하는 태도라고 할 수 있습니다.

그러니 이슬람의 관점에서 볼 때, 기독교의 삼위일체 교리는 강력한 비판의 대상이 될 수밖에 없습니다. 기독교에서는 하나인 신을 세 측면으로 나누어서 파악하는 삼위일체의 사상이 굉장히 중요합니다. 하느님 아버지인 성부, 그리고 성자 예수 그리스도, 그리고 그 사이를 이어 주는 성령으로 구성됩니다. 그런데 이슬람에서는 삼위일체의 교리가 유일신을 나누어서 파악한다는 점에서 문제라고 봅니다. 또 무소부재하고 전지전능한 신이 예수라는 인간으로 육화될 수 있다는 사실도 인정하지 않습니다. 물론 예수의 신성을 둘러싸고 기독교 내부에서도 논쟁이 있었지만, 이슬람 전통에서는 예수라는 존재에 신성을 부여하는 것 자체가 있을 수 없는 일입니다.

『쿠란』, 최종적인 경전

이슬람의 경전인 『쿠란』은 무함마드가 천사 가브리엘로부터 23년에 걸쳐서 들은 신의 말씀을 기록한 책입니다. 당연히 아랍어로 쓰여져 있는데, 최종적이고도 완전하므로 번역을 하는 것도 허용되지 않습니다. 아랍어로 읽어야 하는데, 다른 언어로 옮기면 그 완벽함이 훼손될 수 있다는 입장이지요. 물론 한국어를 비롯해 여러 언어로 번역된 『쿠란』도 있습니다. 근본적으로 번역이 불가능하지만, 그 의미를 다른 언어로 옮기는 불완전한 번역은 현실적인 차원에서 수용되고 있습니다.

이처럼 종교가 발원했을 당시에 경전을 기록한 언어를 중시하는 것은 다른 종교도 마찬가지죠. 힌두교의 베다는 산스크리트어로 적혀 있습니다. 따라서 신성한 언어인 산스크리트어는 제대로 번역될 수 없다고 봅니다. 구약은 히브리어로 적혀 있습니다. 유대교에서도 히브리어 자체가 가지고 있는 신성한 힘이 경전의 권위와 분리 불가능합니다. 천주교는 오랫동안 라틴어 『성경』이 중심이었습니다. 라틴어 『성경』을 다른 언어로 번역하는 일은 한때 화형을 당할 정도로 위험했습니다. 이런 예는 얼마든지 있습니다. 유교나 도교의 경우도 한자로 된 경전이 더 큰 권위를 가졌다고 여겨졌습니다. 더구나 문맹률이 높았던 과거에는 모국어가 아닌 언어로 경전이 기록되어 있었으므로, 지식을 가진 엘리트들이 독점적인 해석 권한을 가질 수밖에 없었습니다. 그 언어를 배우지 않고서는 교리에 접근하는 것 자체가 불가능했기 때문이죠. 즉, 언어는 오랫동안 종교적 권위를 확보해 주는 강력한 장치였습니다.

이슬람의 분파

수니파와 시아파

다시 이슬람으로 돌아와서, 내부 분파에 대해서 살펴보겠습니다. 이슬람의 대표적인 종파로 '수니'(Sunni)파와 '시아'(Shia)파가 있다는 이야기를 많이 들으셨을 겁니다. 이 두 분파를 이해하는 것이 현재의 이슬람을 이해하는 데도 중요합니다. 중동을 중심으로 전 세계에 존재하는 전체 무슬림의 90퍼센트 정도가 수니파이고, 나머지 10퍼센트가 시아파입니다. 개별 국가로는 이란과 이라크, 시리아 등에서 그나마 시아파의 비율이 높고, 대다수 이슬람 국가에서는 수니파가 다수를 차지합니다.

그럼 수니파와 시아파는 왜 나누어진 걸까요? 두 종파의 분리는 이슬람의 초기 발전 단계에서 등장합니다. '수니'라는 말은 '정통'이라는 뜻입니다. 무함마드의 언행, 무함마드가 성립시킨 관행들을 전통적인 방식으로 따르는 사람들이라는 의미죠. 반면에 '시아'는 '분파'라는 뜻으로, 수니파에서 분리되어 나갔다는 사실을 이미 이름에서도 암시합니다.

무함마드가 죽고 나서 이슬람교의 2대 교주(칼리파)에 무함마드의 친구이자 장인인 아부 바크르(Abu Bakr)라는 사람이 오릅니다. 무함마드의 아주 오랜 정치적·경제적 후원자였지만, 직접적인 혈연관계는 아니죠. 이처럼 무함마드와 혈연관계가 아닌 사람들로 3대 칼리파까지 이어집니다. 그러다가 알리 이븐 아비 탈리브(Ali ibn Abi Talib)라는 사람이 4대 칼리파가 되는데요. 이 사람은 무함마드의 사촌이자 무함마드의 사위이기도 했습니다. 무함마드 딸 파티마(Fatimah)의 남편이었거든요. 이렇게 혈연관계인 사람이 칼리프에 오르자, 이 사람의 정통성을 강조하는 사람들이 생깁니다. 그러면서 이 사람의 사후에 그 후손들을 지도자로 옹립하려는 분파가 바로 시아파입니다. 기존의 수니파는 혈연관계와 상관없이 칼리파를 뽑았는데, 혈연에 기반해 지도자로 세우자는 그룹이 시아파였던 거죠. 수니파와 시아파는 이후에 엄청난 갈등을 겪게 되고, 1600년이 지난 지금에도 분파의 분리는 해결되지 않고 있습니다.

수피즘

수니파와 시아파 외에 이슬람을 이해하기 위해 살펴보아야 할 흐름으로 이슬람의 신비주의 전통인 '수피즘'(Sufism)이 있습니다. '수프'는 아랍어로 양가죽이나 양털을 의미하는데요. 양가죽밖에 가지고 있지 않은 수행자 집단을 '수피'라고 불렀고, 이 사람들이 지향하는 이슬람의 신비주의를 '수피즘'이라고 부릅니다. 수피즘은 시아파의 작은 분파로 활동을 시작한 탓에 수니파에서는 수피즘을 이단으로 비판합니다.

수피즘의 대표적인 인물로는 페르시아의 시인인 잘랄루딘

더비시 춤

루미(Jalāl ad-Dīn Muhammad Rūmī)라는 인물이 있습니다. 시인이면서 신비주의자이기도 했는데요. 지금도 튀르키예에 가면 루미가 창시한 메블레비(Mevlevi) 교단이 왕성하게 활동을 하고 있습니다. 이 교단에서 신과 하나가 되기 위한 수행법으로 전승한 '더비시'(Dervish)라고 하는 춤이 유명합니다. 음악에 맞춰서 제자리에서 빙글빙글 도는 춤인데, 이런 수행을 통해 수피들은 '파나'(fana)와 '바카'(baqa)를 지향합니다. 파나는 자기를 없앤다는 말이고, 바카는 자신이 신 속에서 불멸하는 존재임을 안다는 겁니다. 신비주의적 종교의 핵심 가르침을 그대로 담고 있는 개념들입니다.

이슬람의 다섯 기둥

이제 이슬람의 다섯 기둥에 대해서 살펴보겠습니다. 다섯 기둥은 이슬람을 지탱하는 가장 중요한 다섯 요소를 말합니다. 그 첫 번째는 '샤하다'(Shahada)라는 것으로, 자신이 무슬림임을 고백하는 것입니다. 그 내용은 알라 외에 다른 신이 없다는 것과 무함마드가 알라의 가장 온전하고 최종적인 사자임을 고백하는 것입니다. 이 고백이 무슬림이 되는 첫번째 조건입니다.

　그다음은 '살라트'(Salat), 즉 기도입니다. 무슬림이라면 하루에 다섯 번씩 이슬람의 성전이 있는 메카를 향해서 기도를 해야 합니다. 이런 행위를 통해서 신과 인간의 관계가 유지되고 있음을 끊임없이 확인한다는 취지이지요. 하루 다섯 번의 기도는 이슬람이 무슬림의 일상생활과 밀접하게 연결되어 있음을 보여 줍니다. 유대교처럼 사람들의 삶에 종교가 깊이 연결되어 있기 때문에, 이슬람 역시 종교를 삶과 문화에서 분리시키는 것이 불가능합니다. 이 점에서 무슬림에게 다른 종교를 전도하는 것이 매우 어렵습니다. 다른 종교로 개종하는 것 역시 엄격하게 금지되어 있고요.

　이슬람의 또 다른 기둥으로는 '자카트'(Zakat)가 있습니다. 재산의 2.5%를 헌금으로 내놓는 것으로, 무슬림이라면 이 의무를 꼭 행해야 합니다. 그리고 '소움'(Sawm)이라는 '라마단'(Ramadan)

시기의 금식도 중요한 의례 중 하나입니다. 이슬람은 태음력을 사용하는데, 음력 9월 한 달 동안 라마단이라고 해서 금식의 기간을 갖습니다. 이 기간 동안 낮에는 음식을 먹지 않아야 합니다. 해가 지고 난 뒤에는 먹어도 됩니다만, 음식에도 제한이 따릅니다. 라마단은 천사 가브리엘이 무함마드에게 『쿠란』의 가르침을 적극적으로 전한 대단히 성스럽고 중요한 기간을 기념합니다. 마지막 기둥은 '하지'(Hajj), 즉 순례입니다. 무슬림은 누구든지 일생에 한 번은 메카로 반드시 순례를 해야 합니다.

이슬람에서는 이 다섯 기둥을 통해서 신과 인간의 관계를 끊임없이 재확인할 것을 강조합니다. 자신의 행동과 언어를 통해서 종교적 가르침을 삶 속에서 실천하고 구현하라는 것이지요.

이슬람에 대한 오해

마지막으로 이슬람에 대한 두 가지 오해를 살펴보고 강의를 마무리하겠습니다. 이슬람은 일부다처제로 유명한데요. 일부다처제라고 해서 아내를 무한정으로 갖는 것이 아니라, 네 명까지 둘 수 있습니다. 무함마드가 네 명의 아내를 맞이했기 때문에 그렇다고 합니다. 물론 일부다처제는 굉장히 전근대적으로 보입니다. 하지만 제도의 출발점은 꼼꼼히 들여다볼 필요가 있습니다.

이슬람의 성립 과정은 끊임없는 전쟁의 연속이었습니다. 그러다 보니 남자들이 많이 죽고, 과부나 결혼을 하지 못하는 여자들이 많아지면서 성비 불균형이 심각해집니다. 또 여성들의 생계 유지도 큰 어려움으로 다가왔습니다.

또 유목 민족의 경우 남자의 숫자가 부족의 생존에 직결되는 문제였죠. 즉, 성비 불균형과 인구 유지의 요구로 인해 당시에는 일부다처제가 필요했던 것이지요. 비슷한 맥락에서 고대 유목 민족이었던 유대인 사회에는 '형사취수제'(兄死娶嫂制)가 존재했습니다. 형이 죽으면 시동생이 형수를 부인으로 삼는 것인데, 이슬람의 일부다처제와 비슷한 이유에서 행해졌던 제도라고 할 수 있습니다. 물론 이 제도가 오늘날에도 여전히 필요한가는 다른 문제이겠지요.

끝으로 '이슬람포비아'(Islamphobia)에 대해서 살펴볼까 합니다. 이슬람포비아는 이슬람교 혹은 무슬림에 대한 공포를 의미합니다. 다음 시간에 유대교, 기독교, 이슬람교를 전체적으로 비교하면서 이 문제를 더 자세히 다루겠지만, 최근 우리나라에서도 무슬림 인구가 늘고 있다는 사실을 눈여겨보아야 합니다. 지금까지 이슬람은 우리에게 낯선 종교였지만, 국제 결혼이나 노동 인력의 유입으로 인해 무슬림들이 우리 사회에 많이 들어오고 있습니다. 이슬람이 더 이상 낯설지 않게 된 것이지요. 그렇지만 우리에게 서구가 만들어 낸 이슬람에 대한 편견이 없다고 말하기는 어렵습니다. 이슬람교와 무슬림에 대한 기본적인 이해가 우리에게도 꼭 필요한 시점이 된 겁니다.

이슬람을 끝으로 세계의 여러 종교 전통을 다루어 보았습니다. 다음 시간에는 같은 뿌리에서 나온 유대교, 기독교, 이슬람교가 왜 이렇게 갈등하는지를 살펴보려고 합니다. 그 과정에서 이슬람이 어떻게 '포비아'라는 이름이 붙을 만큼 오해와 경계의 대상이 되었는지도 조금 더 들여다보고요.

10강 _ 유대교, 기독교, 이슬람은 무엇이 다를까?

이번 시간에는 대표적인 유일신론적 종교인 유대교와 기독교,
이슬람교를 비교해 보려고 합니다.

같은 뿌리에서 나온 세 종교

여러 차례 언급한 것처럼 유대교, 기독교, 이슬람교는 같은 뿌리
를 공유합니다. 유대교를 설명하면서 아브라함의 아들인 이삭이
유대인의 시조가 되었고, 이삭보다 먼저 태어난 이스마엘이 아
랍인들의 조상이라는 말씀을 드렸죠. 또 기독교 역시 구약을 경
전으로 삼고, 신약에도 예수가 아브라함의 가계에서 나왔다고
기록되어 있으므로 기독교 역시 유대교와 한 뿌리입니다. 그러
니 이 세 종교는 서로 다른 종교로 보이지만, 실제로는 대단히 큰

공통점을 가지고 있습니다.

유일신 종교

우선 세 종교는 모두 유일신을 섬기는 종교입니다. 야훼와 알라는 창조주이면서 세상을 주재하고, 마지막 심판에 이르는 과정 전체를 아우르는 존재입니다. 그리고 신이 세상의 여러 문제에 적극적으로 개입한다는 점에서도 공통적이죠.

유대교에서는 야훼가 모세를 통해 이스라엘 민족을 출애굽시키는 사건부터 역사에 개입합니다. 기독교는 유대교의 부족적 신 개념을 수용하지 않습니다만, 예수라는 존재를 보내 인류의 원죄를 대속하게 했다는 점에서 구원의 드라마에 직접 참여합니다. 이슬람교 역시 마찬가지죠. 알라는 무함마드를 선지자로 선택해서 가장 완전한 말씀인 『쿠란』을 인간들에게 전합니다. 그리고 세 종교 모두 유일신 전통을 확립하기 위해서 다신교적인 경향과 치열하게 경쟁했다는 점도 흡사합니다. 물론 기독교의 경우 그 갈등의 정도가 다른 두 종교에 비해 낮습니다.

책의 종교

또 다른 공통점은 세 종교 모두 '책의 종교'라는 점입니다. 유대교의 경우에는 토라(Torah)라고 불리는 모세 오경에서 시작해 『탈무드』에 이르기까지, 인간이 어떻게 삶을 꾸려야 하는지를 규정하는 경전을 가지고 있습니다. 기독교에는 신과의 새로운 약속인 신약이 있죠. 구약과 신약은 신과 인간이 서로 약속을 했다는 사실을 보여 줍니다. 『쿠란』 역시 다르지 않습니다. 무함마드가 오랫동안 직접 전해 받은 계시를 정리한 경전에 의해 사회와 인간들의 삶이 규율되므로, 이슬람 역시 책의 종교입니다.

유신론적 종교의 경전을 동양 종교와 비교해 보면 그 차이점이 분명하게 드러납니다. 도교나 불교에도 경전이 있지만, 도교는 주로 수행을 통해 어떻게 불멸성을 확보하는가를 다루고, 불교는 '고'(苦)를 끝내고 열반에 들 수 있는 방법을 주로 이야기합니다. 그래서 인간 역사에 직접 개입하는 신 존재와 신이 책의 형태로 준 율법이라는 개념은 동양 종교에서 현저하게 약하지요.

예언자의 종교와 사후 세계

세 종교 모두 예언자의 역할이 중요하다는 점도 특징적입니다. 예언자는 보이지 않는 세계와 보이는 세계를 연결해 주는 존재입니다. 유대교에서 가장 중요한 예언자는 모세이지요. 유대 민족을 독립시키고, 신으로부터 십계명을 받아 온 인물입니다. 기독교 전통에서는 예수가 핵심입니다. 그는 예언자일 뿐만 아니라, 신의 아들로서 인류의 죄를 대속하고 구원의 드라마를 완성하는 인물입니다. 이슬람교는 말할 것도 없이 무함마드가 완벽한 예언자입니다.

결국 세 종교의 예언자는 신의 말씀을 전하는 존재입니다. 모세와 무함마드는 모세 오경과 『쿠란』을, 예수는 하느님의 새로운 가르침을 생생하게 전하고 있죠. 우리가 익히 아는 '원수를 사랑하라', '회개하라, 하느님의 나라가 가까워졌다' 같은 말씀이 대표적입니다.

마지막 공통점은 사후 세계입니다. 세 종교 모두 신의 심판을 강조합니다. 신의 말씀을 잘 지키면, 천국에 가고 그렇지 않으면 지옥에 갑니다. 천국과 지옥이 영원히 계속된다고 이야기하는 것도 세 종교가 같습니다. 달리 말해, 죽어서 영원히 살게 되는 세계의 모습이 이 세상에서 우리가 어떻게 행동하는가에 따라 결정된다고 공통적으로 주장합니다. 특히 심판의 주재자가 신이라는 측면에서도 동일하고요.

예수에 대한 입장

유대교와 기독교, 이슬람교는 모두 예수라는 존재를 인식합니다. 그러나 예수를 어떤 존재로 받아들이는지는 차이를 보입니다. 유대교에서 예수는 인간일 따름입니다. 유대교가 기다리는 메시아는 아니라고 보는 거죠. 당연히 신약을 경전으로 인정하지도 않고요. 그러나 기독교에서 예수는 메시아입니다. 신이 육화되어 지상에 몸을 지니고 나온 신적인 존재인 것이지요.

이슬람교에서 예수는 아담부터 무함마드에 이르는 예언자들 중에 한 명입니다. 무함마드 바로 앞의 예언자로 보는 겁니다. 실제로 『쿠란』에는 예수가 십자가에 못 박혀 죽고 부활한 행적이 기록되어 있지만, 예수의 신성은 철저하게 거부합니다. 『쿠란』과 구약에는 같은 인물들이 등장한다는 말씀도 드렸는데요. 『쿠란』에서 말하는 25명의 선지자들 중 끝에서 두번째는 예수이고, 마지막은 무함마드입니다. 즉, 나머지 예수 이전의 예언자들은 모두 구약에 나와 있습니다.

구약과 『쿠란』의 인물 중에서, 특히 모세는 정치적 권력과 종교적 권력을 완벽하게 결합했다는 측면에서 눈여겨볼 필요가 있습니다. 이슬람이라는 종교는 성립 과정 자체가 정치적 힘 없이는 불가능했다는 말씀을 드렸죠. 모세 역시 정치적 지도력을 행사해 출애굽의 사건을 완성시켰지만, 하느님으로부터 십계명을 받아 온 종교적 지도자이기도 했습니다. 종교적 제사장과 정치적 왕이 하나인 제정일치의 명확한 사례가 유대교와 이슬람교이고, 그걸 대표하는 인물이 모세와 무함마드라고 할 수 있습니다.

하지만 예수는 정치적 권력과 종교적 권력의 영역이 다르다는 입장을 취했습니다. 예수가 유대교에서 메시아로 인정을 받지 못한 이유가 바로 이것이죠. '유대의 왕'이라는 팻말을 걸고 모반이라는 명목으로 처형되었지만, 예수가 유대 민족의 정치적 독립을 위해서 싸운 적은 없습니다. 그래서 예수는 기독교라는 새로운 종교를 만들려 시도했다기보다는 당시 유대교가 가지고 있는 율법주의와 비인본주의를 하느님의 이름으로 뒤집으려 했다는 해석이 더 타당해 보입니다. 안식일이 인간을 위해서 있는 것이지, 인간이 안식일을 위해 있는 것이 아니라는 말이나 율법주의에 사로잡힌 유대교 사제들에게 분노를 표출한 사건을 보면, 유대교를 개혁하려 시도한 것이 분명해 보이지요. 즉, 예수는 개혁적 유대교인으로 죽었다고 할 수 있습니다.

각 종교가 바라보는 예수의 위상 차이는 세 종교가 현재 겪고 있는 갈등을 파악하는 데 중요합니다. 기독교 입장에서 볼 때 유대교와 유대인은 인류를 구원하기 위해 온 예수를 죽음으로 몰아간 사람들입니다. 예수의 죽음 없이는 인류 대속의 드라마가 완성될 수 없다는 점에서 어찌 보면 필연적인 사건이지만, 이일로 인해 유대교에 대한 뿌리 깊은 증오가 기독교인에게 생겨난 것이지요.

이스라엘의 건국과 갈등

지금까지 세 종교의 유사성과 차이를 간략하게 정리해 보았는데요. 살펴볼수록 세 종교의 근친성이 더 분명하게 드러납니다. 형제들 중 누가 아버지의 권한을 물려받을지를 놓고 투쟁한 사건은 인류사에 수도 없이 많았습니다. 이런 맥락에서 세 종교 역시 갈등과 긴장을 할 수밖에 없는 관계라고도 할 수 있습니다. 그리고 이런 갈등은 현재까지도 이어집니다. 특히 중동 지역에서 유대교와 이슬람교 사이의 갈등이 심각합니다. 오른쪽 지도를 보면, 이스라엘이 있고 웨스트뱅크(West Bank)와 가자 지구(Gaza Strip)라고 하는 팔레스타인인들의 자치 지역이 있습니다. 이스라엘이 건국되면서 원래 그 지역에 살던 팔레스타인인들이 이 좁은 땅으로 쫓겨나 살고 있는 거죠. 이 모든 일은 이스라엘의 건국과 함께 시작되었습니다.

이스라엘 건국에 대해서는 간단히 말씀을 드렸는데, 이 대목에서 더 자세히 살펴보겠습니다. 예루살렘의 성전이 로마에 의해서 파괴되고, 유대인들이 로마 각지로 뿔뿔이 흩어지게 된 사건이 디아스포라입니다. 이렇게 흩어진 유대인들은 오랫동안 다시 이스라엘로 돌아오고 싶어 했지만 현실적으로 불가능했죠. 그래서 유럽 각지에 흩어진 채 자신들의 정체성을 유지하면서 긴 세월을 보냅니다. 그러다가 19세기 말부터 '시오니즘'(Zionism) 운동이 본격화됩니다. '시온'은 집이라는 뜻으로, 모세가 십계명을 받은 시나이산으로 돌아가서 이스라엘을 건국하자는 운동입니다. 팔레스타인 지역에 유대인이라고는 거의 남아 있지 않은

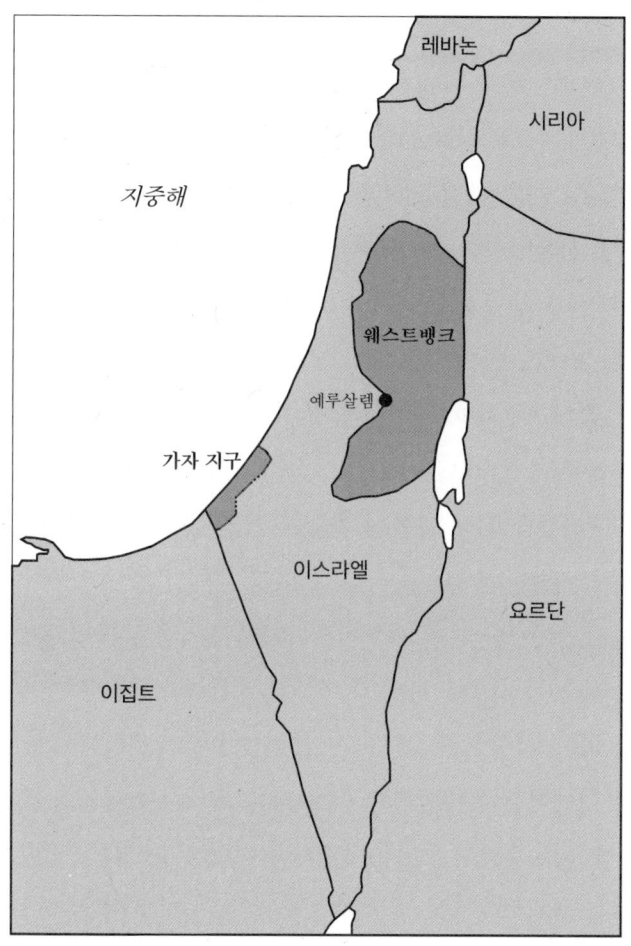

가자 지구와 웨스트뱅크

상황에서, 이스라엘 건국이 가능하려면 모세와 같은 강력한 메시아가 필요했던 것이지요.

그런데 1차 세계대전 이후부터 팔레스타인 지역은 영국의 식민지였습니다. 팔레스타인 지역에 이스라엘을 건국하는 것을 용인할 수 있다는 '밸푸어 선언'(Balfour Declaration)이 1917년 발표되면서, 시온니즘이 더 강력한 힘을 얻게 됩니다. 실제로도 러시아에서 유목 생활을 하던 소수의 유대인들이 팔레스타인 지역에 자리를 잡기도 했습니다.

그런데 2차 세계대전 중에 자행되었던 홀로코스트가 결정적인 영향을 미칩니다. 앞에서도 설명드렸지만, 강제수용소에 있던 유대인들을 원래 그들이 살던 유럽의 각지로 돌려보내는 데에는 큰 어려움이 있었습니다. 그래서 유대인 이주 정책을 모색하는데요. 이스라엘 건국이 이루어지면서 많은 유대인들이 이주했고, 결국 이 지역은 중동의 화약고가 됩니다. 오랫동안 살았던 팔레스타인 사람들이 삶의 터전을 빼앗겼기 때문이지요.

유럽에서는 유대인들만 따로 사는 거주지역을 만들고, 그곳을 '게토'(ghetto)라고 불렀는데, 2차 세계대전 당시에 독일이 점령한 유럽 각지에 게토라는 이름으로 더욱 열악한 주거지역이 조성됩니다. 높은 벽으로 유대인들의 집단 거주지역을 철저하게 봉쇄해 놓은 것인데요. 지금은 가자 지구에 높은 벽이 들어서 이스라엘 사람들과 팔레스타인인들을 분리했습니다. 역사의 아이

출처 : (위)Bundesarchiv, Bild 101I-134-0791-29A / Knobloch, Ludwig
(아래)https://www.flickr.com/photos/joeskillet/223431729/

바르샤바의 유태인 게토를 둘러싼 벽(위)과 이스라엘 가자 지구의 장벽(아래)

러니라고 해야 할까요. 유대인들이 유럽에서 겪었던 일들을 이제는 이스라엘인들이 팔레스타인에서 하고 있는 겁니다.

이스라엘의 건국은 팔레스타인인들 입장에서는 날벼락 같은 일이었습니다. 2천 년 가까이 살아왔는데, 유럽이 만든 곤란한 문제를 중동에 던져 놓은 것이죠. 그러다 보니 '인티파다'(Intifada)라고 해서 팔레스타인 사람들이 이스라엘에 저항하는 일들이 끊임없이 벌어지고 있습니다. 이 사례는 종교적 차이가 갈등을 만들었다기보다는, 종교가 정치·경제적 갈등을 증폭시키고 정당화하는 유용한 기제로 활용된다는 것을 보여 줍니다. 앞서 십자군들이 예루살렘이 아닌 동로마로 쳐들어가서 약탈을 한 사건과도 일맥상통하는 것이지요. 탈레반 정권이 바미안 석불을 파괴한 사례는 1부 강의에서도 언급했습니다. 탈레반이 재집권을 하고 나서 직장 여성들을 집으로 돌려보낸 것도 종교라는 이름으로 행해졌습니다. 수많은 사람들이 희생된 9.11 테러 또한 순교라는 이름으로 자행되었고요.

유대교, 기독교, 이슬람교는 여전히 많은 갈등을 겪고 있습니다. 그런데 이 종교들이 사실은 사촌과도 같아서 갈등이 더 심해졌다고 볼 수 있습니다. 실제로 불교와 기독교 사이의 갈등보다 기독교와 이슬람교 사이의 대립이 더 심하죠. 물론 역사적 경험이 이런 상황을 만든 주된 원인이지만요. 종교학자 입장에서 종교의 이름으로 행해지는 많은 갈등이 더욱 안타깝습니다.

이제 개별 종교 전통을 다루는 2부 강의가 모두 끝났습니다. 이어질 3부 강의에서는 종교가 우리에게 꼭 필요한 것인가라는 질문을 종교심리학과 신비주의의 관점에서 다루어 보려고 합니다. 1부에서 나왔던 프로이트와 윌리엄 제임스는 물론 신비주의도 상세하게 살펴보겠습니다. 아울러 임사체험과 같은 중요한 종교 체험들도 이야기해 보려고 합니다.

종교심리학과 신비주의

1강 _ 종교심리학이란? : 인간의 마음과 종교

3부 강의에서는 '종교심리학과 신비주의'라는 주제를 본격적으로 다루어 보도록 하겠습니다. 그 첫번째 시간으로 종교심리학에 대해 더 자세하게 말씀을 드리겠습니다.

종교심리학은 기본적으로 종교 현상을 '심리학적 방법론'을 활용해 탐구하는 분야입니다. 심리학적 방법론이라고 했으니, 심리학이라는 개념에 대해 먼저 살펴보아야겠지요. 심리학은 영어로 '사이콜로지'(psychology)라고 합니다. 그리스어 '사이키'(psych)와 '로고스'(logos)가 결합된 말인데요. 여기에는 깊은 뜻이 숨어 있습니다. '사이키'라는 말은 보통 '마음'[心]이라고 번역을 많이 하는데요. 사실 '마음'보다는 '영혼'이라는 개념이 더 적합합니다. 종교적인 의미를 내포하기 때문입니다.

또 '로고스'라는 말도 간단하지 않습니다. 그리스 전통에 따르면 인간은 '로고스'를 가지고 있고, 이걸 통해 자연계를 비롯한 현상 세계의 법칙을 파악할 수 있다고 봅니다. '로고스'는 이처럼 법칙을 발견할 수 있는 능력을 의미하면서, 동시에 법칙 자체를 뜻하기도 합니다. 나아가 '로고스'는 이 법칙을 다른 사람의 로고스에 전달하는 수단인 '말'을 의미하기도 합니다. 요컨대 로고스로 인해 교육이 가능해집니다. 정리하자면 인간의 마음과 영혼에 관한 이성적인 이야기들이 '사이콜로지', 즉 심리학입니다.

그중에서도 심층 심리학은 이 '사이키'가 전적으로 알려질 수는 없다고 생각합니다. 예컨대, 프로이트나 융 같은 심층 심리학자들은 인간의 심리를 수면에 떠 있는 빙산으로 비유합니다. 수면 아래 잠겨 있는 부분이 무의식이죠. 달리 말해 인간의 마음에는 의식적 층위 기저에 알 수 없는 영역이 존재한다는 거죠. 즉, 심리학은 온전하게 다 알기 어려운 인간 마음을 이해하려 시도한다는 역설을 내포합니다.

플라톤, 심리학 전통의 시작

인간의 영혼과 두 마리 말

'사이콜로지'라는 단어가 그리스어에서 유래한 것처럼, 철학자 플라톤은 서구 심리학의 선구자라고 할 수 있습니다. 플라톤은 인간의 영혼을 두 마리의 말이 끄는 마차에 비유합니다. 고대 그

영혼을 끄는 두 마리의 말

리스 사람들은 말을 대단히 좋아했습니다. 그래서인지 플라톤도 하얀 말과 검정 말이 끄는 마차의 이미지로 인간의 욕망, 심리, 영혼을 설명합니다. 그림을 보시면, 한 마리의 말은 하늘을, 다른 한 마리의 말은 아래를 쳐다보고 있죠. 두 마리의 말이 같은 방향으로 마차를 끄는 것처럼 보이지만, 사실 한 마리는 천상의 세계로 돌아가려 하고, 다른 한 마리는 지상의 세계에 머무르고 싶어 한다는 것을 의미합니다. 즉, 플라톤이 볼 때 인간의 마음속에는 갈등을 일으키는 두 가지 힘이 있습니다. 인간은 숭고하고 높은 차원을 지향하기도 하지만, 동시에 세속적이고 물질적인 것들을 갈구하기도 하는 거죠. 그러니 기수는 이성을 활용해 검정 말을 다스려야 합니다. 그래야지만 두 마리 말이 호흡을 맞춰서 천상의 세계로 올라갈 수 있지요.

에로스의 탄생

플라톤은 인간을 추동하는 힘을 '에로스'(Eros)라고 불렀습니다. 에로스는 플라톤의 사상을 이해하는 데에 참으로 중요한 개념입니다. 에로스는 신의 이름이기도 한데요. 이 신은 그리스 로마 신화에서 대단히 독특한 위치를 차지합니다. 에로스의 아버지는 남신인 포로스(Porus)이고, 어머니는 페니아(Penia)라고 하는 여신입니다. 아버지 포로스는 부유와 풍요의 남신이고, 페니아는 가난의 여신이죠. 페니아가 자기 자식만큼은 부유하게 만들고 싶었는데, 가장 좋은 방법이 좋은 배우자를 만나는 것이었습니다. 그래서 풍요의 신인 포로스를 유혹하려고 듭니다. 그런데 풍요의 신이 초라한 페니아를 거들떠볼 리가 없지요. 그래서 아프로디테의 생일에 술에 만취해 정원에 쓰러져 있던 포로스를 페니아가 덮쳐서 임신을 하고, 그렇게 해서 에로스가 태어납니다.

자식인 에로스가 부유했으면 좋았을 텐데, 페니아의 기대와 달리 어중간한 존재로 태어납니다. 아버지의 부유함과 어머니의 빈곤을 절반씩 가지고 온 것이지요. 그래서 에로스는 지식이나 아름다움처럼 좋은 것들을 충분하게 갖고 있지 못합니다. 그런 탓에 좋은 것을 갈구하는 욕망을 상징합니다. 두 마리 말처럼 목적을 향해서 달려가게 만드는 강력한 힘이 바로 에로스인 거죠.

하얀 말은 신적인 세계와 다시 합해지려고 하는 숭고한 욕망을 의미하고, 검정 말은 부, 권력, 명예와 같은 물질적인 것들을 추구하는 욕망을 뜻합니다.

철학자와 에로스

공부도 그렇습니다. 완전히 무지한 이들은 무지하다는 사실 자체를 모르기 때문에 공부를 하지 않습니다. 반면 모든 것을 아는 사람은 공부할 필요가 없습니다. 자기의 지식이 어중간하다는 사실을 알아차린 중간자들만이 공부를 하게 됩니다.

이것이 역설적인 앎입니다. 플라톤의 스승인 소크라테스는 자신이 다른 사람들보다 지혜로운 것은 남과 달리 무언가를 모르고 있다는 사실을 알고 있기 때문이라고 했지요. 그러기에 '무지의 앎'인 지혜를 찾아 나선다고 하면서요. 즉, 에로스는 단순한 신화 속 존재가 아니라, 인간의 욕망은 물론 우리가 가야 하는 운명적인 길을 상징하고 있습니다. 그래서 플라톤은 철학자를 중간자라고 불렀습니다.

한편 플라톤은 윤회론자였는데요. 그는 인간의 영혼을 아홉 등급으로 나누고, 가장 위의 등급에 철학자를 놓았습니다. 가장 아래에는 독재자를 놓았고요. 철학자는 검정 말과 하얀 말이 보조를 맞추도록 만들어, 신적인 세계로 돌아가는 존재입니다. 그는 지상의 세계에 살면서도 인간의 영혼이 유래한 신적인 세계의 아름다움을 기억해 다시 윤회를 하지 않으려고 합니다. 반대로 독재자들은 신적인 세계에 눈꼽만큼도 관심을 기울이지 않습니다. 오로지 자신을 위해서 주변 사람들한테 서슴없이 피해를 끼칩니다. 그래서 욕망의 노예인 그들은 이 세계에 거듭 태어나게 된다는 것이 플라톤의 윤회론입니다. 인간의 영혼과 신적인 세계, 에로스와 신적인 세계로의 귀환을 강조했다는 점에서 플라톤의 철학은 서양 종교에 결정적인 영향을 미칩니다.

신적 광기

다음으로 살펴볼 개념은 '신적 광기'(Divine Madness)입니다. 플라톤의 『파이드로스』라는 책에 나오는 개념인데요. 인간의 의식 상태는 여러 가지로 변형되는데, 그중에서 신적 광기라는 비일상적인 의식 상태가 있다는 겁니다. 플라톤은 이 상태가 우리의 일상적인 정신 상태보다 개인이나 집단에게 유익함을 준다고 주장합니다.

플라톤은 신적 광기를 네 가지로 나눕니다. 인간의 영혼이 어떤 신과 접신하느냐에 따라서 다른 형태의 신적 광기가 나타난다는 건데요. 우선 아폴론(Apollon) 신과 접신을 하면, 예언을 하는 능력을 갖습니다. 그다음 디오니소스(Dionysos)와 결합을 하면 카타르시스를 느낍니다. 디오니소스는 바커스(Bacchus)라고도 불리는 술의 신입니다. 다음은 뮤즈(Muse)와 접신을 하는 상태인데요. 뮤즈와 접신이 되면 예술과 문학을 창조하는 신적 영감의 상태에 빠지게 됩니다. 그런 신적인 상태에 빠져서 만들어 낸 작품들을 모아 놓은 곳이 바로 '뮤지엄'(museum), 즉 '뮤즈의 집'입니다. 마지막으로 에로스에 접신된 사람을 플라톤은 철학자라고 불렀습니다. 에로스에 접신되면 천상의 세계에서 보았던 아름다움을 미친 듯이 추구한다는 것이지요. 이 네 가지 신적 광기 중에서 플라톤에게 가장 중요한 것은 무엇일까요? 바로 에로스 신에 의한 접신입니다. 플라톤의 이런 주장은 흥미롭게도 프로이트와 연결됩니다.

프로이트와 정신분석학

프로이트는 여러모로 대단한 인물입니다. 사상가 중에서 프로이트만큼 각광과 비난을 함께 받았던 인물도 드뭅니다. 비슷한 예로는 카를 마르크스가 있죠. 그도 한쪽에서 보면 사악하기 그지없었지만, 다른 쪽에서 보면 인류에게 불을 가져다준 프로메테우스와 비슷한 존재로 숭배를 받았지요. 정신분석학을 만들어 낸 프로이트 역시 마찬가지였습니다. 정신분석학은 영어로 '사이코어낼리시스'(psychoanalysis)인데, '사이코'는 앞에서 보았던 '사이키'이고, '어낼리시스'는 '나누다', '분석하다'라는 뜻이죠. 커다란 것을 쪼개고 흩어서 본다는 것으로 이것은 로고스의 활동입니다. 앞에서 보았던 '사이콜로지'라는 말과도 비슷하죠.

무의식, 의식, 전의식

프로이트의 정신분석학에도 '심리학'이라는 용어에 내포된 역설이 존재합니다. 정신분석학은 인간의 영혼을 이해하는 이성적인 작업이지만, 그것을 완벽하게 달성하는 것은 불가능하기 때문이죠. 프로이트의 무의식 개념은 의식이 없다는 뜻이 아닙니다. 기절과 같이 정신을 잃은 상태를 의미하지 않습니다. 여러 차례 설명을 드렸던 것처럼, 빙산의 수면 위 부분이 의식이고, 수면에 잠긴 아랫부분이 무의식입니다. 그리고 의식과 무의식을 합쳐서 마음이라고 이야기합니다. 그러니까 무의식은 의식이 없는 상태가 아니라, 표면적인 의식이 알지 못하는 의식의 층위를 뜻합니다.

의식과 무의식 사이에는 전의식(前意識, preconsciousness)이 존재합니다. 우리가 의식하려고 들면, 곧바로 인식할 수 있는 것들을 말합니다. 앞에서도 예를 들었지만, 초등학교 6학년 때 짝꿍 이름이 뭐냐고 물으면, 성인들은 기억하기 쉽지 않습니다. 이 정보는 지금 의식하지 못하는 층위에 있습니다. 하지만 졸업 앨범을 보면 생각이 날 수 있죠. 이런 경우 정보가 전의식을 통해서 의식화되었다고 할 수 있습니다.

프로이트에게 무의식은 개인이 살아오면서 겪었던 여러 가지 사건들과 감정 등이 모두 담겨 있는 층위입니다. 융은 개인적인 무의식에서 더 나아가 집단적 무의식을 이야기합니다. 집단적 무의식은 인간이 종으로서 진화하면서 겪었던, 인류 전체의 경험들이 개인의 무의식에 저장되어 있다는 겁니다. 이해하기 힘든 주장처럼 보이는데요. 뒤에서 융을 설명할 때 다시 살펴보도록 하겠습니다.

어쨌든 프로이트나 융 모두 무의식이 의식보다 인간 이해에 훨씬 더 중요하다고 보았습니다. 프로이트는 인간의 무의식이 여러 가지 경험들을 통해 의식으로 드러난다고 주장합니다. 그중에서도 꿈이 대표적이죠. 프로이트의 가장 중요한 저작이 『꿈의 해석』인데, 그는 이 책에서 에고가 무의식 속에 들어 있는 여러 가지 정보들을 꿈을 통해서 인식한다고 강조합니다. 또 '프로이디언 슬립'(Freudian Slip)이라는 개념도 있습니다. '슬립'은 '미끄러지다'라는 뜻인데, 실수를 뜻하지요. 무의식이 말실수를 통해서 드러난다는 겁니다. 프로이트는 이런 예를 듭니다. 국회의장이 회기를 시작하면서 개회사를 해야 하는데, 의사봉을 두드리고 나서 "이로써 회기를 마치겠습니다"라는 말실수를 했다는 겁니다. 의원들이 서로 싸울 일을 생각하니, 개회가 아니라 폐회를 하고 싶다는 무의식적 욕망이 말실수를 통해서 드러났다는 거죠. 의식에 대한 통제가 느슨해지면, 무의식의 층위가 드러난다는 주장입니다.

프로이트는 이처럼 무의식 개념에 초점을 맞추는 정신분석학을 창시했는데요. 그가 제안한 리비도, 억압, 승화, 오이디푸스 콤플렉스 같은 개념들은 오늘날까지 널리 알려져 있죠. 특히 그는 오이디푸스 콤플렉스가 종교로 발전했다는 주장으로도 유명합니다.

심층 심리학과 종교

심층 심리학은 영어로는 '뎁스 사이콜로지'(depth psychology)라고 부르는데, 심층적 의식의 중요성을 강조하는 분야입니다. 심층적 의식은 그것을 '잠재의식'이라고 부르든 혹은 '무의식'이라고 부르든, 눈에 보이지 않는 세계가 이 차원과 어떤 식으로든 연관이 된다고 봅니다. 프레더릭 마이어스(Frederic William Henry Myers), 카를 융, 윌리엄 제임스 등은 여기에 주목했습니다.

프레더릭 마이어스

우리에게는 거의 알려져 있지 않지만, 프레더릭 마이어스는 심층 심리학과 종교를 연결한 중요한 인물입니다. 그는 『인간의 인격과 육체적 죽음 이후의 생존』(*Human Personality and Its Survival of*

Bodily Death)이라는 책을 저술했는데요. 인간의 인격이 육체적 죽음 이후에도 남아 있을 수 있는가 하는 문제를 다루었습니다. 마이어스는 인간의 영혼 혹은 마음은 육체적 죽음 이후에도 존속할 수 있다고 보았습니다.

이 문제를 다루기 위해 영국에서는 '심령연구협회'(Society for Psychical Research)가 만들어지기도 합니다. SPR이라는 약자로 더 잘 알려져 있는데요. 영혼들이 실제로 존재하는지, 그리고 이들이 살아 있는 사람과 접촉을 할 수 있는지를 진지하게 연구했습니다. 여기에는 마이어스뿐만 아니라 저명한 학자들이 많이 참여했는데요. 베르그송(Henry Bergson) 같은 철학자, 코넌 도일(Conan Doyle)과 같은 소설 작가에 이르기까지 많은 지식인들이 심령 현상과 초자연적인 사건을 진지하게 다루었습니다. 윌리엄 제임스는 미국에서 SPR을 만들어 창립멤버로 활동하기도 했습니다.

윌리엄 제임스

윌리엄 제임스는 스코틀랜드의 기퍼드(Gifford) 강연에도 초청을 받을 정도로 훌륭한 학자였습니다. 기퍼드 강연은 스코틀랜드의 기퍼드(Adam Gifford)라는 자산가가 출연해 만든 강연인데, 미국인으로서 최초로 초대받은 사람이 바로 윌리엄 제임스였습니다. 미국은 1900년대까지만 하더라도 유럽에 비해 문화적으로 뒤처

졌는데, 윌리엄 제임스가 초청되었다는 사실이 미국인들에게 큰 자긍심을 준 것이지요.

　제임스는 실용주의(Pragmatism) 철학의 창시자 중 한 명이자, 미국에서 심리학을 본격적으로 시작한 사람이기도 합니다. 그는 하버드 대학에서 심리학과 철학을 가르친 대단한 지성인이었습니다. 그가 저술한 『종교 체험의 다양성』은 기퍼드 강연에서 강연했던 내용을 책으로 엮은 겁니다. 이 책이 다루는 종교 체험 중에서 가장 중요한 부분이 뒤에서 다룰 신비주의입니다. 그가 말하는 종교 체험은 인간의 잠재의식이 드러나는 사건들을 뜻하는데, 이 중에서도 '신비적 합일 체험'이 가장 핵심적이라는 것이지요. 과거에는 종교를 이해하는 데에 조직, 경전, 교리 체계가 강조되었다면, 제임스는 개인의 종교 체험이 결정적인 요소라고 보았습니다. 나아가 그는 프로이트의 무의식 개념에 상응하는 잠재의식을 종교 체험이 발생하는 장으로 제시합니다.

카를 융

심층 심리학자로 빼놓을 수 없는 인물이 카를 융입니다. 스위스 출신이고, 동서양 종교에 두루 관심을 가졌던 인물입니다. 초기에는 프로이트와 친밀했는데, 나중에는 견해 차이로 사이가 멀어집니다. 프로이트가 정신분석학을 만들었는데, 융은 '정신분석학'(Psychoanalysis)의 순서를 뒤집어 '분석심리학'(analytic psychology)을 창시합니다.

융은 심리학에서 가장 핵심적 사건이 무의식에 자리한 '신화'(myth)나 '상징'(symbol)의 의미를 인식함으로써 더 온전한 존재가 되는 것이라고 주장합니다. 이때의 무의식은 개인적인 차원은 물론 인류가 공유하는 집단 무의식도 포괄합니다. 융은 무의식의 인식을 통해 온전한 인간이 되는 사건을 '개성화'(individuation)라고 불렀습니다. 개성화는 자아가 에고(ego) 수준에서 그치는 것이 아니라, 동심원이 점점 커져 가듯이 더 큰 범위의 '나'로 확대되는 것입니다. 물에 잠긴 빙산을 위에서 내려다볼 때, 수면 위의 작은 원인 에고가 무의식을 인식해 더 큰 원으로 확장된다는 겁니다. 이렇게 인간이 자기 내면을 점점 더 깊게 이해함으로써, 더 넓은 자아로 발전한다는 것이 융의 개성화 개념입니다.

개성화 과정에서 중요한 것이 신화와 상징입니다. 계몽주의의 시대에는 신화나 상징이 무의미한 것으로 간주되었다면, 융은 신화가 인간의 삶을 온전하게 만드는 중요한 틀이라고 보았습니다. 신화의 반대편에 있는 것이 로고스죠. 융은 신화인 '미토스'(mythos)와 지성인 '로고스'가 인간이 삶을 이해하고 표현하는 각기 다른 방식이라고 주장합니다. 근대적 합리주의가 로고스만을 강조했다면, 융 같은 사람들은 미토스와 로고스의 균형을 잡으려 했던 것이지요. 앞에서 다루었던 플라톤 역시 미토스와 로고스를 모두 강조했다고 볼 수 있죠. 통상 지성적 인간으로 간주되는 철학자를 에로스 신에 접신된 자라고 보았으니까요.

대상관계이론과 종교

정신분석학의 근본 정신을 계승한 '대상관계이론'(Object Relations Theory)에 대해서도 간략하게 살펴보겠습니다. 프로이트가 제시한 개념 중에 가장 널리 알려진 것으로 '오이디푸스 콤플렉스'가 있습니다. 아들이 아버지에게 품는 복합적인 태도를 설명합니다. 즉, 아버지를 선망하면서도 미워하고, 아버지와 동일시하면서도 독립하고 싶어 하는 양가적인 태도를 뜻합니다. 개인의 성장과 발달에 아버지와의 관계 혹은 아버지에 대한 인식이 중요하다는 것이지요.

대상관계이론은 한 발 더 나아가 오이디푸스 콤플렉스가 형성되기 전의 시기에도 주목합니다. 아버지와의 관계가 중요해지기 전에 어떤 존재가 중요했을까요? 예, 어머니입니다. 아버지와의 관계 못지않게, 어머니와 맺는 관계가 개인의 성장과 발달에 중요하다는 것이 대상관계이론의 통찰이죠.

도널드 위니컷과 중간 대상

영국 출신의 소아과 의사인 도널드 위니컷(Donald Woods Winni-cott)은 대상관계이론의 대표적인 학자입니다. 위니컷이 쓴 『놀이와 현실』(*Playing and Reality*)에 따르면, 인간에게는 주관적인 세계와 객관적인 세계가 존재합니다. 주관적인 세계는 마음의 세계죠. 객관적인 세계는 물질적인 세계고요. 인간이 막 태어나서는 주관적인 세계가 존재의 전부입니다. 그러다가 점점 관계를 맺는 외부 대상이 늘어납니다.

가장 먼저 관계를 맺는 대상은 어머니, 특히 어머니의 가슴이죠. 아기가 태어나서 울면 젖을 먹여 주니까요. 그런데 울어도 젖을 주지 않으면 어떻게 됩니까? 우는 행위가 삶에 어떤 변화도 일으키지 못한다는 걸 인식하게 되면, 유아는 당연히 이 세계가 자기를 돌봐 주지 않는 잔인한 곳이라 생각을 합니다. 반면에 욕구가 적절하게 잘 충족이 되면, 다시 말해 대상과의 관계가 적절히 잘 맺어지면 건강하고 정상적인 인간으로 자라게 되고요. 즉, 유아기 때 대상과 맺는 관계가 성장과 발달에 결정적이라는 사실을 강조하는 이론입니다.

그런데, 아이가 자라면서 어머니의 젖가슴을 대체할 중간 단계의 대상이 필요해집니다. 아이들은 애착인형이나 담요 같은 물건을 살아 있는 대상처럼 소중하게 여깁니다. 이런 '중간 대상'을 통해 아이들이 분리불안을 극복하고 객관적인 세계로 적응해 간다는 것이 위니컷의 주장입니다. 이런 중간 대상에 대한 애착은 어린 시절로 끝나지 않습니다. 사실 성인이 되어서도 우리가 하는 대부분의 활동이 일종의 중간 대상이라는 겁니다. 예컨대 문학, 철학과 같은 지적인 활동은 전적으로 현실세계에 속하지 않지만, 그렇다고 완전히 주관적인 것도 아닙니다. 주관과 객관이 서로 만나는 중간 영역에서 우리는 삶의 의미와 위안을 찾습니다.

살아 있는 신 표상

위니컷의 논의를 발전시켜 대상관계이론을 종교와 연결시킨 대표적인 인물이 애너 마리아 리주토(Ana-Maria Rizzuto)입니다. 『살아 있는 신의 탄생』(*The Birth of the Living God*)이라는 책을 쓴 심리학자인데요. 중간 대상으로 애착인형이나 담요 같은 것이 있다고 말씀을 드렸는데, 아이가 소중히 여기는 곰인형은 그냥 인형이 아니죠. 곰인형은 나에게 말을 걸어 주고, 나를 위로하고 위안을 주는 존재입니다. 인간에게는 신도 마찬가지라는 겁니다.

신이 어떤 식으로 표상되는지는 각 개인에게 달려 있습니다. 특히 부모를 비롯해 주변의 가까운 사람들과 어떤 관계를 가졌느냐에 따라 신 표상도 지대한 영향을 받는다고 합니다. 가령 부모가 아이를 학대하거나 방치했다면, 성인이 되더라도 우주가 나를 보살핀다는 생각을 갖기가 힘들겠죠. 오히려 나를 심판하는 신 관념을 표상하기가 훨씬 쉽다는 겁니다. 이처럼 신 표상이 초기 대상들과 맺는 관계에서 매우 큰 영향을 받는다는 것이 리주토의 주장입니다.

한편 리주토의 책 제목에 나오는 '살아 있는 신'(living God)이라는 표현이 보여 주듯, 개인은 실존적인 위기를 새로운 신 표상으로 극복하기도 합니다. 개개인의 삶에 실제적인 영향을 미친다는 점에서 신이 살아 있다는 것입니다. 그리고 리주토의 신 표상 이론은 신과 인간의 관계뿐 아니라 종교 지도자와 신도 사이에도 적용될 수 있습니다.

현대의 종교심리학

매슬로와 인본주의 심리학

마지막으로 현대의 종교심리학을 간단히 다루고 이번 강의를 마칠까 합니다. 우선 인본주의 심리학자인 에이브러햄 매슬로(Abraham Maslow)의 논의를 살펴볼 텐데요. 매슬로의 심리학은 병리적인 측면에 초점을 맞춘 프로이트의 정신분석학이나, 인간의 통제 가능성에 주목한 행태주의 심리학에 대한 반발로 인간의 긍정적인 측면을 강조했습니다. 특히 그의 '욕구의 위계이론'이 잘 알려져 있습니다. 매슬로는 인간의 욕구에는 도표처럼 위계

매슬로의 욕구의 위계이론

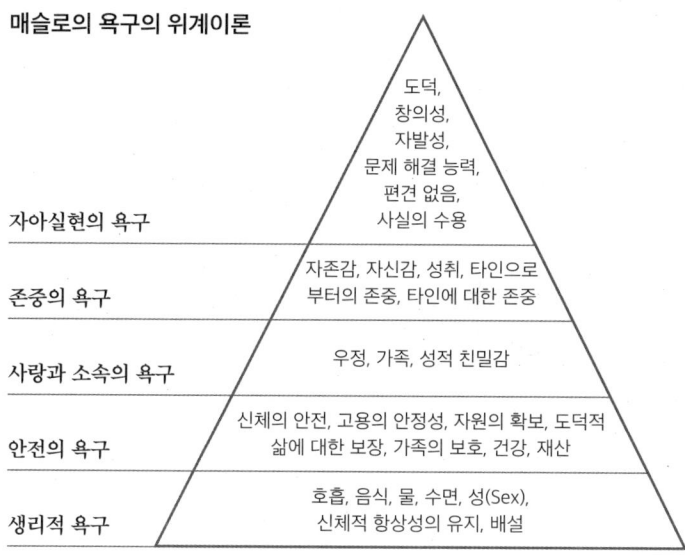

자아실현의 욕구	도덕, 창의성, 자발성, 문제 해결 능력, 편견 없음, 사실의 수용
존중의 욕구	자존감, 자신감, 성취, 타인으로부터의 존중, 타인에 대한 존중
사랑과 소속의 욕구	우정, 가족, 성적 친밀감
안전의 욕구	신체의 안전, 고용의 안정성, 자원의 확보, 도덕적 삶에 대한 보장, 가족의 보호, 건강, 재산
생리적 욕구	호흡, 음식, 물, 수면, 성(Sex), 신체적 항상성의 유지, 배설

가 있다고 보았는데요. 맨 아래에는 생리적 욕구가 있습니다. 즉, 호흡, 식욕과 같은 생명을 유지하기 위한 욕구에서 출발해, 그 위로 안전의 욕구, 사랑과 소속의 욕구, 존중의 욕구 등이 층위를 이룬다는 겁니다. 그리고 꼭대기에는 자아실현의 욕구가 자리합니다. 이 단계에서 우리는 '절정 체험'(peak experience)을 하게 된다고 주장합니다. 그런데 이 대목에서 뜻밖에도 종교가 등장합니다. 절정 체험을 한 대표적인 사람들로 매슬로가 제시하는 사례가 동서양 종교의 창시자와 신비가들이거든요. 신비가들의 절정 체험, 즉 '신비적 합일 체험'이 더 높은 차원의 도덕성, 창조성, 자

발성, 문제 해결 능력, 편견 없는 수용의 태도 등을 가능하게 만들어 준다는 겁니다.

이렇게 보면 앞에서 다루었던 플라톤의 지상 세계를 향하는 검은 말이 매슬로의 아래 단계의 욕구들이고, 천상을 갈망하는 흰 말이 높은 단계의 욕망이라고도 해석할 수 있습니다. 매슬로의 욕구 위계론이 뜻밖에 플라톤에게까지 연결되는 것이지요. 물론 플라톤은 지상의 욕구를 부인하고 천상의 욕구만을 강조한 것처럼 보여서 반발이 있지만, 매슬로는 인간의 모든 욕구를 적절히 그리고 순차적으로 충족할 것을 강조합니다.

켄 윌버와 초개아 심리학

현대 종교심리학과 관련해서 켄 윌버(Ken Wilber)를 빼놓을 수 없습니다. 우리나라에도 많이 알려져 있는 사상가인데요. 윌버는 '트랜스퍼스널 사이콜로지'(Transpersonal Psychology)로 유명합니다. '초개아(超個我) 심리학' 혹은 '초월 심리학'으로 번역되는데, 개인을 넘어선 무의식의 차원에 주목하는 이론으로 융의 집단적 무의식 개념을 계승합니다. 윌버는 플라톤의 신비주의적 철학을 비롯해 인도의 비이원론적인 베단타 사상과 같은 동서양 신비주의 전통을 통합해서 존재의 근원적 차원까지 심리학의 영역을 넓힌 인물이라고 할 수 있습니다.

스타니슬라프 그로프와 향정신성 약물

스타니슬라프 그로프(Stanislav Grof)도 흥미로운 심리학자입니다. 향정신성 물질 중에 LSD(lysergic acid diethylamide)라는 것이 있죠. 호프만(Albert Hofmann)이라는 사람이 보리의 곰팡이에서 우연히 합성해 낸 물질인데, 강력한 환각을 불러일으키는 약물의 일종입니다. 그로프는 LSD가 금지되기 전에 이 약물을 활용해 의식의 경계를 확장시키는 이른바 '화학적 명상'을 연구했습니다. 이건 사실 술만 생각해 보아도 쉽게 이해할 수 있습니다. 술에 취하면 의식 상태가 변하고, 무의식 속의 내용이 여과 없이 튀어나옵니다. 이처럼 향정신성 약물, 명상과 같은 계기를 통해 드러나는 초개인적인 의식 차원에 주목했던 윌버나 그로프가 대표적인 초개아 심리학자들입니다.

이렇게 플라톤부터 현대의 심리학자에 이르기까지 인간의 마음과 종교를 연결시키는 종교심리학의 전체적인 흐름을 정리해 보았는데요. 이들 대부분은 인간 의식의 심층적 차원을 강조했고, 이 차원의 적절한 인식이 개인의 성장과 발달로 이어진다는 사실을 역설했습니다. 짧은 시간 안에 여러 인물들을 다루느라 자세하게 말씀을 드리지 못한 아쉬움이 있는데요. 다음 시간에는 종교심리학의 중요한 이론가들을 더 꼼꼼하게 살펴보도록 하겠습니다.

2강 _ 심층 심리학의 주요 이론가 : 프로이트, 제임스, 융

지크문트 프로이트

오늘은 3부의 두번째 시간으로 심층 심리학의 주요 이론가인 프로이트와 제임스, 그리고 융을 자세하게 다루어 보겠습니다. 먼저 프로이트의 이론을 다섯 부분으로 나누어서 정리하겠습니다. 정신분석학의 기본 전제인 무의식의 발견을 이야기하고, 그다음으로는 최면과 무의식에 대해서 설명하겠습니다. 세번째로는 프로이트의 중요한 개념 중 하나인 리비도를 중심으로 욕망의 억압과 승화를 다루고, 네번째로 정신분석학적 종교 이해를 살펴보겠습니다. 마지막으로, 프로이트와 플라톤의 생각을 비교해 보려 합니다.

무의식의 발견

지난 시간에 이야기했듯이 프로이트는 인간의 마음이 의식과 무의식, 그리고 전의식이라는 세 부분으로 구성된다고 보았습니다. 무의식은 의식이 아예 없는 것이 아니라 표면의 의식이 인식 못하는, 지금 당장 인식하지 못하는 마음의 층위를 이야기한다고 말씀드렸습니다. 이걸 좀 더 이해하기 쉬운 비유로 옮겨 보면, 우리가 손전등을 쥐고 끝을 알 수 없는 거대한 동굴을 탐험하는 것과 같습니다. 조명이 비추는 부분에는 무엇이 있는지 알 수 있지만, 동굴 전체를 한번에 다 볼 수는 없지요. 그러니까 인간이 무의식 전체를 아는 것은 불가능하다고 할 수 있습니다. 하지만, 손전등을 비추듯이 무의식의 일부 내용은 인식할 수 있다는 것이지요.

이처럼 정신분석학은 인간의 무의식을 이성적인 분석을 통해서 알아낼 수 있지만, 그 범위에는 한계가 있다는 걸 강조합니다. 그 점에서 일종의 '역설적인 앎'입니다. 완벽하게 도달할 수 없는 영역이 있다는 '무지에 대한 앎'이지요. 그리고 이는 인간의 마음이 겉으로 드러난 층위만 있는 것이 아니라, 마치 양파의 껍질처럼 다층적으로 이루어졌다는 뜻이기도 합니다. 한마디로 '내' 속에 '내'가 모르는 '내'가 있다는 거죠.

우리는 보통 '나'라는 존재를 육체와 심리의 결합물이라고 생각합니다. 그런데 프로이트는 완전하게 알 수 없는 무언가가 내 안에 있다고 주장하는 것이지요. 그의 이런 인간 이해가 마음의 심층적 차원을 강조하는 심층 심리학으로 연결됩니다. 합리적 계몽주의의 관점에서는 이성이 모든 걸 파악하고 통제하기에 개인과 사회의 행복도 성취할 수 있다고 보았습니다. 그러나 프로이트는 인간 이성의 가능성에 대해서는 동의하지만, 거기에는 한계가 있다고 보는 거죠. 심지어 인간에게 더 중요한 것은 의식보다도 무의식이라고 주장합니다. 덧붙여 인간의 행동을 추동하는 욕망을 이해하지 않고서는 인간 존재를 이해할 수 없다고 역설합니다.

최면과 무의식

이제 최면과 무의식을 다루어 볼까요. 프로이트가 무의식 개념을 발견하는 데 최면이 굉장히 큰 역할을 했는데요. 최면을 다룰 때 빼놓을 수 없는 사람이 프란츠 안톤 메스머(Franz Anton Mesmer)입니다. 그는 18세기에서 19세기 초까지 활동한 오스트리아 출신의 의사로 '메스머리즘'(Mesmerism), 즉 최면이라는 단어의 주인공입니다. 요즘은 최면을 '힙노시스'(Hypnosis)라고 주로 표현하지만, 한때 '메스머리즘'이라는 단어가 주로 사용되었습니다. '매혹시키다'라는 뜻의 '메스머라이즈'(mesmerize)라는 용어로 아직 그 흔적이 남아 있습니다.

그런데 당시 메스머는 최면이 실제로 어떻게 이루어지는가는 정확히 알지 못했습니다. 초기에는 최면을 '애니멀 매그니티즘'(Animal Magnitism)이라고 불렀습니다. 우리말로 번역하면 '동물 자기법'(動物磁氣法)입니다. 그는 생명체 속에 일종의 생명 에너지가 존재한다고 믿었습니다. 아프거나 이상이 있는 환자에게 자기를 회복시켜 주면, 다시 건강해진다고 주장했죠. 실제로 메스머의 치료는 놀라운 효과를 발휘했습니다. 하반신 마비 환자, 피부병 환자, 호흡이 곤란한 사람을 "괜찮아집니다"라는 말로 씻은 듯이 고쳤기 때문입니다. 유럽 전역에 소문이 퍼졌고, 특히 여성들이 그의 치료법에 열광하게 됩니다.

이렇게 파장이 폭발적으로 커지니까 의사들이 강하게 반발합니다. 메스머의 치료기법에서 문제를 찾기 위해 위원회까지 소집이 되죠. 프랑스에서 만들어진 위원회에는, 화학자 라부아지에(Antoine Lavoisier), 단두대를 만든 기요탱(J. I. Guillotin), 미국 대사로 프랑스에 와 있던 벤저민 프랭클린(Benjamin Franklin) 등이 참여했습니다. 이처럼 유명 인사들로 위원회가 구성된 것만 봐도, 메스머의 치료가 당시 유럽에서 엄청난 스캔들이었다는 것을 드러냅니다. 결국 이 위원회는 메스머 치료의 효과를 과학적으로 입증할 수 없었습니다. 그 결과 메스머의 인기도 한풀 꺾입니다.

이후 스코틀랜드의 의사인 제임스 브레이드(James Braid)가 최면을 치료에 적극적으로 이용합니다. 그는 최면이 메스머의 생각처럼 동물 자기의 효과가 아니라, 대상자의 피암시성에 따른다고 보았습니다. 즉, 최면에 잘 유도되는 사람은 타인의 암시를 강하게 받아들이므로, 여러 유형의 효과가 발생한다는 것을 알아낸 거죠. 이후 최면을 보다 과학적으로 규명하고, '힙노시스'라는 단어를 만들어 내게 됩니다.

최면에 대한 연구는 이후 장 마르탱 샤르코(Jean-Martin Charcot)로 이어집니다. 샤르코는 분노 같은 통제할 수 없는 강한 정서를 표출하는 히스테리 증상을 최면을 통해 없애거나 혹은 만들어 내면서 센세이션을 일으킵니다. 그런데 프로이트가 심리학을 공부하기 위해 프랑스로 유학을 가서 샤르코를 만납니다. 그는 최면 상태에서 질병의 원인을 인식함으로써 증상을 사라지게 만들 수 있다는 사실을 샤르코에게서 배우죠. 프로이트는 샤르코에게 감탄한 나머지 후일 자신의 아들 중 한 명에게 샤르코라는 이름을 붙여 줍니다. 샤르코가 당시 치료한 병은 마음이 만들어 내는 이른바 심인성 질환들로 추정됩니다.

이런 대표적인 사례가 프로이트가 정신분석학을 발전시키는 데 중요한 계기가 된 안나 오(Anna O)의 사례입니다. 안나 오는 나중에 베르타 파펜하임(Bertha Pappenheim)이라는 여성으로 밝혀진 환자인데요. 아픈 아버지를 목욕시켜 주는 과정에서 아버지의 몸을 만진 것이 그녀에게 큰 스트레스를 주었고, 그 결과 신체 장애 증세를 겪습니다. 사회적으로 용인되지 않는 일을 했다는 죄책감 때문에 무의식적으로 자신을 불편하게 만든 건데요.

출처 : André Brouillet(https://wellcomecollection.org/works/qrkb3myu)

최면 상태의 히스테리 환자와 장 마르탱 샤르코

이런 환자들이 최면이나 심리적인 이완 상태에서 억압의 근원을 알아차리면, 증상이 치유된다는 사실을 발견하게 된 겁니다.

프로이트도 초창기에는 최면 기법을 활발하게 사용합니다. 하지만 최면이 걸리지 않는 사람들도 있고, 최면 상태에서 분석가가 통제할 수 없는 상황이 발생하는 등의 문제 때문에 나중에는 '자유연상법'이라는 치료법을 개발합니다. 그렇지만 흥미롭게도 프로이트가 인간의 무의식을 발견해 낸 계기는 최면이었습니다.

리비도와 욕망의 승화

'에로스'(Eros)와 '타나토스'(Thanatos), 그리고 '승화' 역시 프로이트가 알린 중요한 개념들입니다. 프로이트는 인간의 의식을 '에고'(Ego)와 '슈퍼에고'(Superego), 그리고 '이드'(Id)라는 세 부분으로 나눕니다. 에고는 우리에게 익숙한 자아를 의미하고, 슈퍼에고는 우리의 행동을 규율하는 도덕적이고 윤리적인 규범들을 말합니다. 무언가를 금지하는 역할을 주로 하죠. 마지막으로 의식 아래에는 이드라고 하는 무의식의 영역이 있습니다.

이드 속에는 개인적인 무의식과 집단적 무의식이 자리합니다. 또 욕동도 있지요. 욕동은 인간을 추동하게 만드는 강력한 힘으로 플라톤이 언급한 두 마리 말에 해당합니다. 프로이트에게 두 말은 에로스에 해당됩니다. 에로스는 '리비도'(libido)라고 불리기도 합니다. 프로이트의 리비도는 플라톤의 에로스처럼 자기 속에 부족한 무언가를 채우려는 강력한 힘입니다. 우리는 욕망하는 무엇과 하나가 될 때 기쁨을 느낍니다. 예컨대 배고픈 사람은 음식과 결합하기를 원하고, 먹는 순간 기쁨을 느낍니다. 이렇게 욕망의 대상과 결합해 기쁨을 느끼고자 하는 리비도는 '쾌락 원칙'(pleasure principle)에 따릅니다.

리비도의 반대쪽에는 타나토스라는 욕동이 존재합니다. 에로스가 쾌락을 만들어 낸다면, 타나토스는 '무'(無)로 돌아가고자 하는 힘을 말합니다. 타나토스는 프로이트가 말년에 발전시킨 공격 본능으로 '열반원칙'(nirvana principle)에 따라 움직인다고 합니다. 이 타나토스적 욕동이 바깥으로 펼쳐지게 되면 대상을 없애려 하고, 자기에게 향하게 되면 자해나 자살 등의 형태로 구현됩니다.

그다음으로 살펴볼 개념은 '승화'입니다. 지난 시간에 매슬로가 제안한 욕구의 위계이론을 말씀드렸는데요. 생리적인 차원에서부터 시작해서 자기실현까지 위계화되어 있고, 아래 차원에서부터 순차적으로 욕구가 실현된다는 이론이었지요. 프로이트의 이론에서 보면 리비도는 성적 충동에서 멈추지 않고, 고차원적인 학문, 예술, 철학 같은 영역으로 올라갈 수 있습니다. 고체가 액체 상태를 거치지 않고 바로 기체가 되는 현상을 승화라고 부르는 것처럼, 프로이트의 승화도 건너뛴다는 의미가 있습니다. 영어로는 '서블리메이션'(sublimation)인데, '서블라임'(sublime)에는 '숭고하다'라는 뜻이 있죠.

프로이트가 볼 때 인간들이 모두 낮은 차원의 욕망만 충족하려 든다면, 문명이 만들어질 수 없습니다. 식욕과 성욕에 그치지 않고, 문화적 성취를 이루기 위해 노력을 해야 문명이 발전하고 유지되겠죠. 이처럼 문명은 기본적으로 인간 욕망의 승화로 인해 가능해진다는 것이 프로이트의 주장입니다. 그러나 에로스와 타나토스를 억압하기만 하고 적절하게 충족시켜 주지 않으면, 개인과 문명이 불행해진다고 보았습니다. 두 차례의 세계대전이 전형적인 사례입니다. 인간들의 공격성을 이성으로 통제하면서 문명을 발전시켰는데, 과도한 억압이 결국 대규모 전쟁으로 나타났다는 겁니다. 프로이트의 유명한 '억압된 것의 회귀'입니다.

프로이트와 종교

이제 프로이트가 종교를 어떻게 생각했는지를 살펴보겠습니다. 프로이트는 평생 무신론자로 살았지만, 종교에 대해서 지대한 관심을 가지고 있었습니다. 강박행동과 종교적 의례의 연관성에 주목했고, 『토템과 터부』, 『환상의 미래』, 『문명 속의 불만』, 『인간 모세와 유일신교』와 같은 책을 통해 종교의 기원과 기능에 대한 정신분석학적 해석을 광범위하게 시도했습니다.

특히 그는 '오이디푸스 콤플렉스'에서 종교의 기원을 찾았습니다. 오이디푸스 콤플렉스는 아들이 아버지에게 품는 사랑과 증오라는 양가적 감정을 뜻합니다. 그리스 비극에서 오이디푸스는 아버지를 죽이고 어머니랑 결혼을 하는 인물입니다. 프로이트는 이 비극적 신화를 가져와서, 아버지로 대변되는 사회적인 권위와 윤리적인 규율과 같은 초자아를 자식들이 내면화하는 일을 오이디푸스 콤플렉스라는 이름으로 설명했습니다.

이후 아버지의 자리를 가부장적 신이 자연스럽게 대체합니다. 신은 항상 나를 감시하면서, 잘하면 칭찬하고 잘못하면 벌을 주는 엄청난 힘을 가진 존재입니다. 예컨대 십계명을 보면 '살인

하지 말라', '도둑질하지 말라'와 같은 방식으로 행동을 규율합니다. 종교적 계율은 곧 초자아이고, 에고에게 욕망을 누를 것을 강조합니다. 즉, 초자아는 성적 본능이나 공격 본능을 억제합니다. 초자아는 문명을 유지하는 데에 필수적인데, 그중에서도 신의 명령이라는 종교적 계율이 가장 강력하게 인간의 욕망을 통제하기 때문에 정신분석학이 종교에 주목합니다.

그런데 인간의 욕망이 과도하게 억압되면, 문제가 발생합니다. 공격성을 지나치게 억누른 결과가 양차 세계대전이었고, 이 전쟁은 문명 자체를 파괴하기 직전까지 몰고 갔었죠. 이처럼 욕망의 과도한 억압이 개인과 문명 전체를 불행하게 만든다는 것이 프로이트의 핵심적인 생각입니다. 특히 종교는 인간의 욕망을 지나치게 억압하기 때문에 더욱 위험하다고 본 겁니다.

플라톤과 프로이트

이제 플라톤과 프로이트를 비교해 보겠습니다. 플라톤과 프로이트 모두 이성을 강조한다는 점에서 유사합니다. 인간 영혼의 이성적 이해가 중요하다는 것이지요. 프로이트는 인간이 무의식과 욕동을 잘 알아야 한다고 주장했고, 플라톤 역시 에로스의 중요성을 이해하고, 욕망을 신적인 차원까지 높여야 한다고 강조했습니다. 그럴 때만이 온전한 행복이 달성된다고 본 것이지요.

또 두 사람 모두 대화의 중요성에 주목했습니다. 인간의 언어가 타인의 마음에 강력한 영향을 미친다는 겁니다. 정신분석에서 언어는 중요합니다. 분석가들이 상담을 통해서 내담자가 의식하지 못하는 것들을 인식시킬 때 환자들은 치유와 삶의 적응을 경험하게 됩니다. 플라톤 역시 대화를 통해서 젊은이들의 삶의 태도와 방식을 바람직하게 바꿀 수 있다고 보았지요. 그의 저술이 '대화'의 형식을 취한 이유입니다.

물론 플라톤과 프로이트 사이에는 뚜렷한 차이도 존재합니다. 플라톤에게 철학의 궁극적인 목적은 인간의 영혼을 신적인 세계로 되돌아가게 하는 것이었습니다. 반면 무신론자였던 프로이트는 종교가 인간의 욕망을 억압하는 과정에서 개인과 문명을 불행하게 만들 수 있는 측면에 주목했습니다. 프로이트가 보기에 인간의 리비도는 예술, 문학, 철학 등으로 승화되지만, 종교는 예외입니다. 그리고 플라톤이 신적인 차원에서 영혼이 완성된다고 보았지만, 프로이트는 종교의 억압적 측면에 주목했기 때문에 리비도의 종교적 승화는 끝내 받아들일 수 없었고요. 우리가 다음으로 살펴볼 제임스나 융 같은 사람들은 이 점에서 프로이트보다는 플라톤에 가깝습니다. 그들은 인간의 심층 심리 차원에서 일어나는 종교 체험이 존재론적 변화를 발생시킨다고 주장합니다. 이에 비해 프로이트는 그간 종교가 담당해 왔던 인간의 치유 기능을 정신분석학으로 대체하려 시도했습니다. 인간의 영혼을 비종교적인 방식으로 치유하고자 했던 것이지요.

윌리엄 제임스

3부 강의를 시작하면서 간단히 말씀드렸지만, 제임스는 미국에서 실용주의 철학을 시작한 인물로, 하버드에서 철학과 종교학을 가르쳤습니다. 기퍼드 강연에 초청을 받아 강의를 했을 정도로 저명한 학자였다는 말씀을 드렸죠. 제임스가 기퍼드 강연에서 강의한 내용을 책으로 묶은 것이 종교심리학의 역사에서 여전히 중요한 저작으로 손꼽히는 『종교 체험의 다양성』입니다. 이 책에서 그는 '종교 체험'을 집중적으로 다룹니다.

1부 강의에서 우리는 계몽주의 시대에 접어들면서 지성인들의 종교 비판이 고조되는 것을 보았는데요. 이 시기 독일의 신학자 슐라이어마허는 종교를 옹호하려 시도했습니다. 그는 지성인들이 비판하는 종교는 참된 종교의 모습이 아니라고 보았습니다. 즉, 참된 종교는 조직, 교리, 의례와 같은 것이 아니라 한 개인이 절대적인 신과 맺는 관계이고, 특히 개인의 느낌이나 감정이 중요하다고 이야기합니다.

제임스는 슐라이어마허의 이런 입장을 받아들이고 더 발전시켜서 심리학적 용어로 설명을 합니다. 이 과정에서 중요한 개념이 '의식변형 상태'(Altered State of Consciousness)입니다. 줄여서 'ASC'라고도 하는데요. 제임스는 인간의 의식이 당구공처럼 고정불변하는 실체가 아니라, 일련의 의식의 흐름으로 구성되어 있다고 보았습니다. 예컨대 수면 중에 우리의 의식은 꿈을 꾸기도 하고, 꿈이 없는 상태를 경험하기도 합니다. 비일상적인 의식 상태에서 종교적인 통찰을 얻는 행위를 그는 종교 체험이라고 불렀습니다.

특히 제임스는 신비 체험과 신비주의에 주목했습니다. 잠재의식의 가장 깊은 층에 신 혹은 궁극적 실재가 자리한다는 것이지요. 그것이 무엇이든 인간은 그것과 하나가 될 수 있고, 심리적 사건으로 그런 합일 상태를 체험할 수 있다는 겁니다. 그는 『종교 체험의 다양성』의 '신비주의'라는 장에서 이런 내용을 꼼꼼하게 다룹니다. 즉, 제임스는 과거에 종교의 핵심적인 요소로 여겨졌던 교리나 조직보다 개인의 종교 체험에 주목했습니다. 그리고 종교가 삶에 어떤 도움이 되는지를 종교의 최종 판단 기준으로 제시했습니다. 교리를 잘 알고 의례를 성실히 수행하는 것보다, 자신과 주변 사람들에게 긍정적인 변화를 일으킬 수 있을 때, 종교가 의미를 갖는다는 주장입니다. 요컨대 뿌리보다 열매가 더 중요하다는 것이지요.

카를 융

종교로서의 심리학

1955년 『타임』 표지에 카를 융의 사진이 실렸는데, 그를 묘사한 문구가 "영혼에 대한 탐구"(Exploring The Soul)였습니다. 여기에서 영혼을 뜻하는 '소울'(soul)이라는 대단히 종교적인 단어가 등장을 합니다. 그만큼 융의 사상이 종교와 친화적이라는 사실을 알 수 있습니다.

『타임』지 표지 링크

　카를 융 역시 제임스와 마찬가지로 인간의 무의식이 인식되는 종교 체험을 강조했는데요. 약간의 차이가 있습니다. 제임스는 개인의 종교 체험이 그 사람의 삶을 실제로 바꾸는 효과에 주목하면서도 개인의 종교 체험이 보편적인가에 대해서는 확답을 피했습니다. 학문적 객관성을 최소한의 수준에서라도 견지하고 싶었던 것이지요. 하지만 융은 의사이자 심리치료가로 의식의 종교적인 차원이 삶을 실제로 바꾸는 데에 큰 관심이 있었습니다. 학자라기보다는 치료가였던 것이지요. 그래서 융의 심리학은 '종교로서의 심리학'(psychology as religion)으로 불립니다. 그의 심리학이 종교의 기능을 대신했다는 뜻입니다.

　또 『타임』 표지에는 "프로이트에 대한 도전"(A Challenge to Freud)이라는 표현도 있습니다. 프로이트에게 깊이 매료되었던 융은 처음에 그의 무의식 개념을 전면적으로 수용합니다. 하지만 나중에 융은 프로이트와 달리 무의식의 가장 깊은 곳에 존재하는 종교적인 차원에 집중하면서 신비주의로 나아가게 됩니다.

집단적 무의식과 종교 체험

융의 자서전 『카를 융, 기억 꿈 사상』은 그의 제자가 융의 구술을 정리한 책입니다. 제목에 나온 것처럼 이 책의 키워드는 '기억', '꿈', '사상'입니다. 자서전의 첫 문장은 "나의 생애는 무의식의 자기 실현의 역사"입니다. 통상 자서전은 내가 어떤 삶을 살았는지에 대한 이야기입니다. 그런데 융은 자기 삶은 무의식이 그를 통해서 표출된 것이라고 주장합니다. 즉, 내 삶의 주체가 뜻밖에도 나의 의식이 아니라 무의식이라는 겁니다.

융은 무의식에는 개인적 무의식뿐만 아니라 집단적 무의식이 있다고 강조합니다. 빙산의 비유가 보여 주듯, 의식은 수면 밖에 드러난 부분이고, 무의식은 수면 아래에 잠겨 있는 거대한 부분이죠. 그런데 빙산을 위에서 내려다보면, 에고와 의식이라는 동그란 원이 수면 위에 나와 있고, 잠겨 있는 무의식으로 하강할수록 원이 커집니다. 원이 점점 커지는 현상은 '무의식이 의식화되는 과정'입니다. 다시 말해 무의식이 의식으로 드러나는 현상이죠(109쪽 도식 참조). 1부에서 종교를 정의하면서, 종교는 보이지 않는 차원이 보이는 차원과 연결되는 것이라고 말씀드렸는데, 제임스와 융에 따르면 이 연결은 개인적인 마음을 통해서 이루어집니다. 특히 무의식과 같은 마음의 심층적인 차원을 에고가 의식하는 방식으로요.

소아(self)에서 대아(Self)로

무의식의 심층이 의식적 자아에 드러나는 과정을 융은 작은 자아가 큰 자아가 되는 사건으로 설명합니다. 융의 자아는 영어로 '셀프'(self)라고 표현하는데요. 자아의 에고는 '작은' 셀프(self)이고, 이것이 무의식을 인식하면서 '거대한' 셀프(Self)로 나아가는 것이 인간의 발달이라고 융은 설명했습니다. 이 과정을 '개성화'라고 하는데요. 에고의 작은 원이 크기가 점점 커져서 나중에는 모두를 포괄하는 거대한 원이 되는 과정으로 표현할 수 있습니다.

융은 『인간과 상징』이라는 책에서 불교의 상징 중 하나인 만다라를 개성화와 연결시킵니다. 융은 작은 자아가 점점 더 큰 존재가 되어 가는 여정에서 '대극의 통합'(coincidence of opposite)이 일어난다고 이야기합니다. 자기와 반대되는 것과 통합되면서 더 큰 원이 된다는 것이지요. 융이 보기에 이 과정을 상징적으로 표현한 것이 불교의 만다라입니다. 실제로 융이 정신적 위기를 겪을 때 자신도 모르게 만다라를 그리고 있었다고 하죠. 그때는 몰랐는데 나중에 보니까, 자기가 그렸던 그림이 불교 전통의 만다라였다는 것을 알게 되었다는 겁니다.

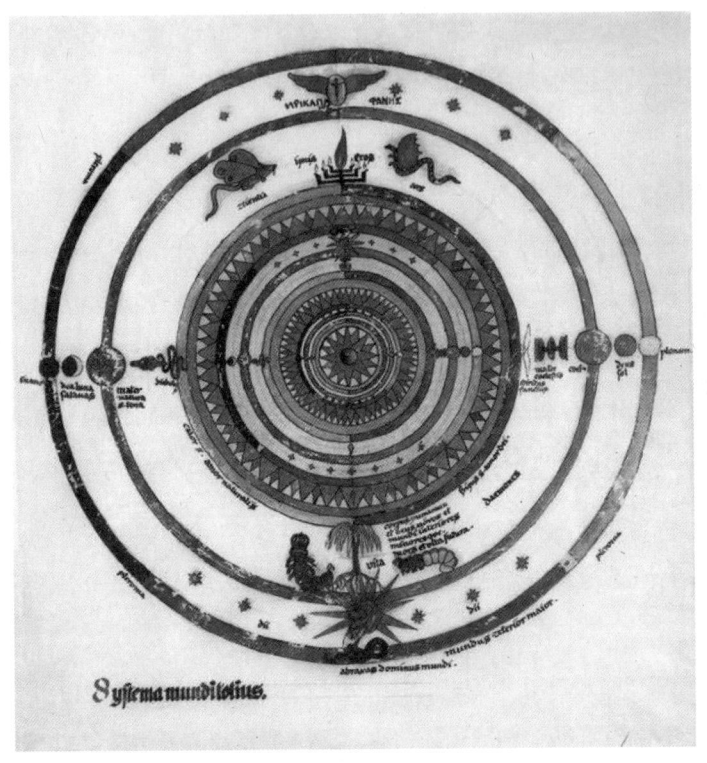

융이 그린 만다라

　　융은 만다라를 집단 무의식의 자연스러운 표현으로 여깁니다. 자신이 만다라를 본 적도 없는데, 정신적인 위기 속에서 자기도 모르게 그렸다는 사실은 개인의 무의식이 집단 무의식과 연결되어 있음을 보여 준다는 겁니다. 이런 점에서 이후의 미술치료는 융 심리학의 영향을 강하게 받게 됩니다.

원형

융의 『레드 북』(*Red Book*)은 그가 평생 얻었던 삶의 통찰을 꼼꼼하게 기록한 책입니다. 이 책에서 융은 '원형'(archetype)을 자세하게 다룹니다. 원형 개념은 복잡하고 난해합니다만, 중요한 원형의 사례를 들어 최대한 간단하게 설명해 보겠습니다.

개인의 무의식 속에는 드러나지 않는 반대편의 성향인 '그림자'가 있습니다. 예컨대 내가 스스로를 이성적인 사람이라고 의식을 하고 있다면, 그림자로는 비합리적이고 감정적인 내가 존재한다는 것이죠. 앞서 '대극의 통합'을 언급했는데요. 내가 더 통합된 인간이 되기 위해서는 가장 먼저 나의 그림자를 만나야 합니다. 만약 내가 내향적인 인간이라면, 내 안의 그림자인 외향성을 받아들일 때 더 온전한 인간이 된다는 거죠. 그림자는 대표적인 원형입니다.

융이 제시한 원형 중에서 가장 널리 알려진 것이 '아니마'(anima)와 '아니무스'(animus)입니다. 아니마는 남성에게 숨겨져 있는 여성성을, 아니무스는 여성 속의 남성성을 말합니다. 융에 따르면 남자는 누구나 다 여성성을 가지고 있고, 여자는 누구나 남성성을 가지고 있다는 뜻입니다. 그런데 숨겨져 있는 아니마 혹은 아니무스는 연애나 결혼의 대상으로 외부에 등장합니다. 그러니까 첫눈에 반했다는 것은, 아니마 혹은 아니무스와 결합하라는 무의식적인 메시지라는 것이지요. 덧붙여 현명하고 지혜

클라크 대학에 모인 심리학자들
맨 아랫줄 왼쪽에서 세번째가 윌리엄 제임스, 여섯번째가 모임을 주최한 스탠리
홀이며, 일곱번째가 지크문트 프로이트, 여덟번째가 카를 융이다.

로운 노인의 이미지 역시 원형입니다. 모든 문화권에는 삶의 큰
지혜를 가지고 있는 현명한 노인의 상징이 공통적으로 등장합니
다. 융이 언급한 '필레몬'(Philemon)이라는 그리스 신화 속 인물이
그 전형입니다.

융의 심리학에 큰 영향을 받은 인물 중에는 신화학자 조지프
캠벨(Joseph Campbell)이 유명합니다. 「스타워즈」를 만든 조지 루카

스(George Lucas) 감독이 캠벨의 책을 보고 영화의 영감을 얻었다는 이야기는 유명합니다. 그래서 이 영화에는 융의 원형들로 가득합니다. 제다이 기사는 모든 인간이 추구하는 이상적인 인간상을 상징합니다. 주인공 스카이워크는 내면 속의 힘을 자기 것으로 통합하는 험난한 과정을 겪는데, 이는 곧 융의 개성화 과정이자, 동시에 매우 종교적인 영웅 신화입니다.

이렇게 프로이트, 제임스, 융까지 다뤄 보았는데요. 흥미롭게도 이 세 사람이 한 장소에 모인 역사적 사건이 있습니다. 스탠리 홀(Granville Stanley Hall)이라는 미국 학자의 초청을 받아서 심리학자들이 1909년에 미국 클라크 대학에 모인 건데요. 제임스, 프로이트, 융이 함께 찍힌 매우 놀라운 사진이 남아 있습니다.

3강 _ 신비주의

신비주의란 무엇인가?

의식변형 상태

이번 시간에는 의식변형 상태 개념을 중심으로 신비주의 전반을 다루려고 합니다. 의식변형 상태는 영어로 'Altered State of Consciousness'인데요, 줄여서 'ASC'라고도 부릅니다. 이 개념은 1970~80년대 찰스 타트(Charles Tart)라는 학자가 본격적으로 제안한 개념이지만, 사실 아주 오랫동안 인류에게 익숙했던 내용입니다.

힌두교의 고전인 『우파니샤드』는 인간의 의식 상태를 네 가지로 나눕니다. 지금 강의를 듣고 있는 것과 같은 보통의 깨어 있는 상태를 '일상적인 의식 상태'라고 하고요. '꿈의 상태'와 '꿈이 없는 잠의 상태'가 있습니다. 마지막으로 '신비적 합일 의식 상태', 즉 '투리야'(*Turiya*)가 있습니다. 의식이 변형된 상태에 대한 이런 식의 이해는 여러 종교에서 공통적으로 나타납니다.

『우파니샤드』는 의식변형 상태를 네 가지로 구분했지만, 종교심리학은 매우 다양한 유형을 제시합니다. 무엇보다 의식변형 상태는 체험자가 그 상태에 수반되는 독특한 인지적인 내용을 알 수 있습니다. 또 명상과 같은 방법을 통해 의식 변화를 의도적으로 일으킬 수도 있습니다. 지루한 수업도 인간의 의식 상태를 변화시켜서 가수면 상태로 빠지게 할 수 있죠. 물론 약물이나 술도 포함됩니다. 하지만 이 강의에서 주목하는 의식변형 상태는 '신비적 합일 체험'입니다. 영어로는 '미스티컬 유니언'(mystical union)이라고 하죠.

고대의 신비주의 종교

'신비주의'는 영어로 '미스티시즘'(mysticism)입니다. 신비주의는 '신비'라는 뜻의 '미스터리'(mystery)에서 파생된 단어인데, 눈이나 입을 '닫다'라는 뜻을 가진 그리스어 '*myein*'이라는 말이 어원입니다. 신비주의는 그 유래부터 신비하다, 비밀스럽다라는 뜻을 지닌 개념이죠. 역사적으로 신비주의는 고대 그리스의 '신비 종교'(Mystery Religion)에서 시작됩니다.

고대 그리스의 신비 종교는 신들이나 신격화된 인물을 중심으로 발전했습니다. 대표적으로 엘레우시스 미스터리(Eleusinian

Mystery), 디오니소스 미스터리(Dionysian Mystery), 오르페우스 미스터리(Orphic Mystery), 미트라 미스터리(Mithraic Mystery) 등이 있었습니다. 마지막에 나온 미트라(Mithra)는 조로아스터 신의 세 사자 중 하나인 전사 미트라를 말합니다. 전쟁을 자주 치렀던 로마의 군인들 사이에서 성행했습니다. 그런데 신비 종교는 비밀엄수라는 원칙이 워낙 철저하게 잘 지켜져서, 구체적인 내용은 거의 안 알려져 있습니다. 하지만 그리스를 비롯해서 고대 근동 지역에서 아주 광범위하게 퍼져 있었다는 사실은 확인이 됩니다. 플라톤은 남부 이탈리아로 여행을 갔을 때, 피타고라스 학파에서 유래한 신비 종교에 입문했다고 알려져 있습니다.

기독교 역시 초기에는 유대교의 신비 종교로 인식되었습니다. 예수의 죽음과 부활이 오르페우스나 디오니소스 신비 종교의 근본 가르침과 매우 비슷해서입니다. 저승에 갔다가 되살아나서 저승 세계의 통찰이나 지혜들을 인간에게 전해 준다는 의미에서 예수의 죽음과 부활 역시 당시에는 전형적인 미스터리로 간주된 것이지요.

현대의 신비주의

오늘날 신비주의 개념은 다양한 의미를 담고 있습니다. 여기서는 크게 세 가지 대조되는 쌍을 중심으로 설명해 보겠습니다.

초자연적 경험에 대한 믿음	↔	과학적 세계관
비합리적인 신앙	↔	합리주의
사교(邪敎)적, 이교도적 종교	↔	정통 종교

제가 종교학을 전공하려고 회사를 그만둔 것을 보고, 종교에 빠져서 이상해졌다고 걱정했던 동창들이 있었다고 말씀드렸는데요. 신비주의를 연구한다고 말하면 오해가 더 커집니다. 그래서 처음 만나는 사람에게는 가급적 신비주의가 아닌 종교심리학을 전공한다고 이야기합니다. 신비주의를 전공한다고 하면 "점 볼 줄 아세요?" "귀신이 보이세요?"와 같은 질문을 듣기가 일쑤거든요.

신비주의가 가장 오해를 받는 세 가지 대목을 살펴보겠습니다. 우선 과학적 세계관을 견지하는 사람들은 신비주의를 초능력이나 초자연적인 것에 대한 믿음 체계로 간주합니다. 한편 합리적인 가치관에서는 신비주의가 비합리적인 신앙으로 여겨집니다. 다음 그림을 보시면 천사가 예언자 이사야의 입술에 불타는 석탄을 대려고 하고 있죠. 이렇게 해도 화상을 입지 않고, 고통도 느끼지 않았다고 합니다. 콩트나 베버가 인간 역사를 합리화의 과정이라고 주장할 때, 이런 반이성적인 행동이나 생각들은 모두 신비주의라는 이름으로 폄하되었던 것이죠.

안토니오 발레스트라(Antonio Balestra), 「선지자 이사야」

　마지막으로 제도 종교의 테두리 안에서 정통이 아닌 것들을 신비주의라고 부르기도 합니다. 예를 들어 일부 개신교는 동양 종교를 비롯해 뉴에이지와 같은 새로운 영성을 추구했던 흐름을 모두 '신비주의'라 이름 붙이고 나쁜 종교라고 간주했습니다. 게다가 최근 우리나라에서는 언론에 잘 나타나지 않는 연예인들에게 신비주의 전략을 활용한다고 표현합니다. 이런 경우는 사실 신비주의라기보다 일종의 비밀주의적 홍보전략이지요.

신비주의의 구성 요소 : 체험, 수행, 사상

우리가 2부에서 살펴봤던 모든 종교는 결국 물질 세계에 살고 있는 유한한 존재인 인간이 무한성 혹은 불멸성을 모색하는 시도입니다. 즉, 필멸의 존재인 인간이 불멸하는 무한의 세계를 지향하는 노력을 종교라고 할 수 있습니다. 이런 움직임은 신비주의라는 개념과 직결됩니다.

많은 종교들이 육체를 버리고 죽은 다음에 심판을 통해서 천국이나 지옥에 간다고 이야기합니다. 그러나 신비주의는 '지금 이곳'에서 불멸성을 체득하는 것을 신행의 목적으로 제시합니다. 모든 종교 전통은 이런 신비주의적 흐름을 가지고 있습니다. 특히 동양의 종교가 더욱 그러합니다. 불교의 불성, 유교의 '천인합일'(天人合一), 장자의 '좌망'(坐忘), 힌두교의 '모크샤'(해탈)와 '범아일여'(梵我一如), 동학에서 말하는 '인내천'(人乃天)에 이르기까지 동양의 종교는 신비주의적인 하나됨의 체험이 인간에게 가능하다는 사실을 명확하게 선언합니다.

신비주의에서는 깨달음 체험이 핵심적입니다. 그리고 이 체험을 위해서는 수행이 필요합니다. 동양 종교는 신비주의적 색채가 강하지만, 유일신론적인 종교 전통에서는 신비주의적인 흐름이 주류가 된 적이 없습니다. 주로 사후 천국이 종교 활동의 최종 목표로 제시된 것이지요. 그러나 서양의 종교 전통에도 인간이 육체를 갖고 있는 동안에 신과 하나가 되는 것을 목적으로 삼는 신비주의적 수행법이 전승되고 있습니다. 동방정교회에는 "예수여 나를 긍휼히 여기소서"를 반복하는 예수기도가 있습니다. 불교에서 "나무아미타불 관세음보살"을 외는 것처럼 짧은 구절을 수도 없이 반복해서 의식의 변형상태를 유도하고, 최종적으로는 신과 하나가 되고자 하는 수행법입니다. 수피즘 역시 『쿠란』의 특정한 부분을 반복해서 외우는 염불 수행과 비슷한 '디크르'(dhikr) 수행법을 가지고 있습니다.

신비주의의 또 하나의 요소는 신비적 사상입니다. 특정인이 수행과 체험을 통해서 보이지 않는 차원을 인식했다면, 그것을 사상의 형태로 설명하려 시도합니다. 우선은 이런 노력을 통해 스스로가 체험의 내용과 의미를 명확히 이해하려 합니다. 동시에 타인에게 존재의 궁극적인 원인이 실재하고, 그곳으로 돌아가는 방법과 함께 어떤 통찰을 얻는지를 알려 주려고 합니다. 불교의 사성제는 우리의 삶이 어떻게 구성되어 있는가에 대한 설명이고, 팔정도는 어떻게 이를 벗어나는지를 이야기한 겁니다. '색즉시공 공즉시색'(色卽是空 空卽是色) 같은 표현은 눈에 보이지 않는 차원과 보이는 세계가 둘이 아니라는 해석이고요.

신비주의의 보편성

신비주의 체험은 모두 동일한가?

신비주의의 비교 연구에서는 '모든 신비주의적 종교의 합일 체험은 동일한가'라는 질문이 반드시 제기됩니다. 신비주의 연구자나 신비가들을 당혹스럽게 만드는 물음이지요. 여기에 힌두교는 나름의 답변을 제시합니다. 힌두교는 우리가 궁극적인 실재를 인식하는 일이 마치 장님이 코끼리를 만지는 것과 같다고 설명합니다. 궁극적 실재 자체는 언어로 형용할 수 없기에, 코끼리를 만진 사람은 각자의 방식으로 이야기할 수밖에 없다는 것이죠. 이런 관점에서는 각각의 종교가 말하는 궁극적 실재가 다르게 보이지만, 이를 궁극적 실재의 차이로 오해해서는 곤란하다는 것이 비유의 핵심입니다. 이런 입장이 보편주의적 관점입니다. 궁극적인 실재는 동일하되, 그 표현은 시공에 따라 달라진다는 것이지요.

반면 깨달음 체험은 신비주의 종교 전통마다 상이하다고 보는 입장도 있습니다. 수행과 믿음 체계가 다르기 때문에 합일 체험도 같을 수 없다는 것이지요. 이런 입장에서는 신비주의 사상역시 당연히 차이를 보인다고 주장합니다. 예컨대 불교에서는 '공'이라고 표현하고, 유신론적 종교 전통에서는 '신'이라고 표현하죠. '공'과 '신'의 동일성을 어떻게 입증할 수 있는가라는 문제는 보편주의가 쉽게 답할 수 없다는 겁니다.

불교는 모든 존재에 불성이 있다고 말합니다. 그렇다면 불교가 전파되지 않아서 사성제나 팔정도와 같은 가르침을 알지 못한 사람들은 견성성불할 수 없는가라는 물음도 제기됩니다. 바꿔 말하자면 불교를 아예 모르는 기독교인이나 무슬림이 견성할 수 있을까라는 의문인데, 만약 불가능하다고 주장한다면 불교의 보편성은 심각하게 훼손될 수밖에 없겠죠. 모든 존재에 불성이 있다는 주장과, 불교적 가르침과 수행법이 없으면 깨달을 수 없다는 주장 사이에 충돌이 생기는 겁니다.

마찬가지로 기독교 신비주의는 모든 존재가 신의 피조물이자 신 속에 있으므로 신과 합일하는 체험이 가능하다고 주장합니다. 그렇다면 불교도들도 신의 피조물이기에 그들 역시 신성 자체를 체험할 수 있겠는가라는 질문으로 마주하게 됩니다. 요컨대 신비주의 체험의 보편성에 대한 질문은 피할 수 없지만, 답하기가 결코 쉽지 않습니다.

언어로 표현할 수 없는 진리

코끼리 만지기와 관련해서 더 말씀드릴 것이 있습니다. 모든 신비주의 종교 전통은 인간이 체득한 것을 무엇이라 부르든 간에, 그것을 인간의 언어로 온전하게 표현할 수 없다고 주장합니다. 그런데 표현할 수 없다는 사실이 곧 체험적 앎이 없다는 것은 아닙니다. 깨달음 체험의 순간 그것을 언어로 적절하게 표현하기 어렵다는 사실을 알게 된다는 겁니다.

바나나의 예를 들어 볼까요. 바나나를 한 번이라도 먹어 본 사람은 '바나나 맛'이라고 하면, 머릿속에 그 맛이 떠오릅니다. 그런데 그 맛 자체를 언어로 표현할 수가 있을까요? '바나나 맛'이라는 표현은 실제 '맛'의 인지적 내용을 체험하게 만들 수 없습니다. 즉, 바나나를 먹어 보지 않은 사람한테 아무리 열심히 설명을 해도 바나나 맛을 알려 줄 방법이 없지요. 그럼 그 맛을 알려 줄 수 있는 방법은 무엇일까요? 바나나를 실제로 먹게 하는 겁니다. 이처럼 바나나 맛조차도 언어로 정확히 포착할 수 없는데, 궁극적인 실재의 체험 내용을 인간의 언어로 명확하게 표현하는 것은 더욱 어렵겠지요. 그래서 신비주의 종교 전통은 '아니다, 아니다'라고만 이야기합니다. 서양에서는 부정적인 용법으로만 신을 묘사할 수 있다는 '부정신학'(否定神學)이 나오고요. 불교 역시 철저한 부정의 방식으로 깨달음의 경지를 표현합니다.

신비주의의 중요한 주장들

존재의 근원과 불멸성의 체험

모든 종교는 눈에 보이지 않는 차원이 보이는 세계의 근원이자 원천이라고 주장합니다. 보이지 않는 차원에서 보이는 세계가 드러난다고 보는 것이지요. 도교에서는 무극에서 태극이 나오고, 하나에서 둘이 나오고, 둘에서 셋이 나오는 방식으로 세계가 만들어진다고 보았습니다. 유대교 신비주의에서도 무한에서 모든 것들이 유출된다고 설명합니다. 1부에서 유대교의 카발리즘과 생명의 나무를 언급했는데요. 생명의 나무라는 10가지 '세피로트'(Sephiroth)의 도식은 '아인 소프'(Ein Sof, 무한)가 어떻게 지상으로 유출이 되는지를 보여 줍니다. 이처럼 신비주의는 보이지 않는 차원이 어떻게 보이는 세계를 유출하는가에 관한 설명을 빼놓지 않습니다. 또 두 차원을 연결하는 존재로서 인간을 강조합니다. 요컨대 인간이 수행을 통해 신비적 합일 체험을 하는 순간 두 차원이 실제로 하나라는 사실을 알게 된다는 것이지요. 인간이 비일상적인 의식 상태에서 체험을 통해 존재의 전체를 인식한다는 것이 신비주의의 핵심입니다.

한편 신비주의는 불멸성의 추구이기도 합니다. 종교는 기본적으로 인간이 그저 육체적인 존재가 아니고, 죽음 이후에도 존속하는 실체가 있다고 봅니다. 무언가가 우리를 천국과 지옥으로 이끌거나, 아니면 힌두교나 불교에서 말하는 것처럼 육체를 거듭 입어서 윤회하게 만든다는 것이지요. 육체적 죽음 이후에도 존속하는 것이 통상적인 종교가 추구하는 불멸성입니다. 즉, 대부분의 종교는 '죽은 후'에 우리가 저쪽 세상으로 간다고 주장합니다. 그 점에서 사후 세계가 중요하지요. 신비주의는 이런 관점과 다른 입장을 취합니다. 인간이 육체를 가지고 있는 동안에도 불멸성을 체험적으로 알 수 있다는 겁니다. 동학, 불교, 기독교, 그리고 플라톤의 신비주의적 철학 등은 인간이 육체를 가진 상태에서 신성, 불성, 혹은 영혼의 불멸성을 인식할 수 있다고 주장합니다. 유명한 종교 사상가인 다석 류영모 선생님이 '제나'와 '얼나'라는 개념을 통해 강조하는 것이 바로 이런 관점입니다. '제나'는 '몸나'라고도 부르는데요. '소아'(小我) 등 비슷한 여러 표현이 있습니다만, 결국 인간이 자신을 육체로만 규정하는 것을 의미합니다. 류영모 선생님은 이런 '제나'는 진짜 '나'가 아니라고 합니다. 육체를 넘어선 종교적인 실체, 곧 진짜 '나'를 '얼나'라고 부르는데요. '소아가 죽고 대아(大我)가 산다'라고 표현되듯이, 작은 나를 넘어선 보편적인 나가 내 안에 숨어 있다는 겁니다.

엑스터시, 두 차원의 연결

신비주의는 '엑스터시'(ecstasy)를 통해 보이는 차원과 보이지 않는 차원을 연결합니다. 그리스어로 '엑스'(eks)는 '바깥에'라는 뜻이고, '스타시'(stasy)는 '서다'[立]라는 뜻입니다. 이 두 단어가 합쳐진 엑스터시는 일상적인 의식을 벗어난다는 의미입니다. 이렇게 제정신이 아닌 인간, 다시 말해 일상적 자아에서 벗어난 인간에 의해서 비로소 분리된 차원이 통합적으로 인식됩니다. 류영모 선생님의 말로 표현하자면, 인간이 일상적인 '제나' 바깥에 서는 의식 확장의 체험을 통해 궁극적 실재와 하나라는 것을 아는 '얼나'가 된다는 것이지요.

그런데 신비적 합일 체험을 가능하게 하는 힘은 무엇일까요. 바로 욕망입니다. 욕망이 신비주의적 합일 체험으로 우리를 이끈다는 사실이 굉장히 중요합니다. 그 욕망을 플라톤은 에로스라고 불렀죠. 모든 결합을 가능하게 하는 인간 속에 숨겨져 있는 힘이라는 것입니다. 에로스 때문에 남성과 여성이 결합해서 후세를 낳기도 하고, 예술을 창조하기도 하고, 철학이나 학문을 하기도 하는 거죠. 그리고 최종적으로는 이 에로스를 통해서 신과 결합할 수 있습니다. 결국 에로스가 없으면, 인간은 아무것도 성취할 수 없는 거죠.

그리스 신화의 영웅들은 불멸성을 얻은 범상치 않은 인간들입니다. 불멸성을 체득하고, 죽은 뒤에 영원히 사는 신의 반열로 올라가는 건데, 이런 신화는 모든 인간들이 걸어야 할 신비주의적 통찰을 표현하고 있습니다. 그러니 신화란 단순히 헛된 얘기나 망상이 아니라, 인간이 자기 삶을 통해서 구현해야 하는 무의식적 통찰과 지혜를 담고 있습니다. 예수 그리스도는 죽은 지 사흘 만에 부활합니다. 그리고 부활 후에 영생을 얻었다고 하죠. 이처럼 기독교를 필두로 한 모든 종교는 어떤 방식으로든 불멸성에 대한 이야기를 하고 있습니다.

이렇게 신비주의가 무엇이고 어떤 특징을 가지고 있는지를 개략적으로 다루었습니다. 다음 시간에는 신비주의가 실제로 종교사에서 어떤 모습으로 드러나는지를 살펴보겠습니다.

4강 _ 다양한 신비주의 전통

신비주의의 핵심은 궁극적 실재와 인간의 의식이 하나가 되는 체험이 존재한다는 것입니다. 비교종교학에서는 동서양의 종교를 비교할 때, 신비주의 개념을 유용한 틀로 활용합니다. 이런 유용성에 주목한 인물이 올더스 헉슬리(Aldous Huxley)입니다. 『멋진 신세계』(*Brave New World*)로 유명한 헉슬리는 1945년에 『영원 철학』(*The Perennial Philosophy*)이라는 책을 씁니다. 그는 모든 종교는 기본적으로 신비주의적인 진리가 각각의 시대와 공간에 부합하도록 표현된 것이라고 주장합니다. 즉, 시대와 공간을 초월한 보편적인 철학이 있고, 그 철학에 대한 다양한 변주가 여러 종교로 나타났다는 견해를 펼쳤습니다. 이번 시간에는 이런 관점에 기반해 신비주의가 각각의 종교에서 어떤 독특성을 표현했는지를 살펴보겠습니다.

세계 종교와 신비주의

플라톤의 신비주의

신비주의 개념이 고대 그리스의 신비 종교에서 유래했다고 말씀드렸습니다. 이 과정에서 빼놓을 수 없는 인물이 플라톤입니다. 화이트헤드(Alfred North Whitehead)가 서양철학사는 플라톤 사상에 대한 주석의 역사라고 말했죠. 즉, 플라톤은 서양철학의 아버지라고 할 수 있는 인물인데, 뜻밖에도 그는 신비주의 전통의 시조이기도 합니다. 플라톤은 인간의 영혼이 신적인 세계에서 비롯되었으며, 육체를 입고 물질적인 세계에서 살아간다고 보았습니다. 그리고 육체를 가지고 있는 동안에 신적인 세계에서 목도했던 '아름다움 그 자체'의 비전을 기억해 내면 더 이상 윤회하지 않는다고 강조합니다.

플라톤은 인간 영혼을 아홉 개 등급으로 나눕니다. 그중에 제일 높은 영혼을 가진 존재가 철학자입니다. 철학자는 지혜에 대한 사랑을 통해서 윤회를 가장 빨리 끊어 내기 때문이죠. 그럼 제일 낮은 등급은 누굴까요? 바로 독재자들입니다. 자기의 이기적 이익을 위해서 주변 모든 사람에게 엄청난 폐해를 끼치기 때문에 독재자의 영혼이 가장 낮습니다. 그러니 이런 사람들은 육체적 윤회를 끝없이 반복해야겠지요.

플로티노스와 신플라톤주의

플라톤의 철학을 신비주의적 관점에서 더욱 더 강력하게 해석한 철학자가 플로티노스(Plotinos)입니다. 그는 알렉산드리아 출신으로 로마에서 활동했는데, 황제를 비롯해 로마의 많은 지식인들이 그의 제자였습니다. 플로티노스는 플라톤의 사상을 신비주의적 관점에서 체계적으로 해석한 신플라톤주의라는 흐름을 만들어 냅니다. 그리고 신플라톤주의는 이후 기독교, 유대교, 이슬람 신비주의에 지대한 영향을 미쳤습니다.

플로티노스에게 큰 영향을 받은 이가 위(僞) 디오니시우스(Pseudo Dionysius)입니다. 그는 플로티노스의 신비주의적 철학을 기독교적으로 해석하는 데 초석을 놓은 사람입니다. 그의 저술은 당시의 천주교와 동방정교회에 강력한 영향을 미쳤습니다.

우리가 잘 아는 아우구스티누스(Augustinus)도 신플라톤주의의 영향을 받은 대표적인 인물입니다. 아우구스티누스는 한때 마니교의 신도였는데, 후일 마니교의 이원론을 넘어서서 궁극적인 일자인 신으로부터 모든 것이 유출됐고 악은 실재가 아니라 선의 결여일 뿐이라는 주장을 펼칩니다. 여기에 결정적인 도움을 준 것이 바로 플로티노스의 사상이었습니다.

이후 르네상스 운동이 전개될 무렵, 이탈리아에서 여러 고대 문헌들이 번역되는데, 이때 플라톤과 플로티노스의 저작 전체가 번역됩니다. 이를 계기로 문예부흥운동이 촉발됩니다. 르네상스가 어떤 의미에서 신비주의와 밀접한 관련을 맺고 있는 거죠. 한편 플라톤과 플로티노스만이 고대 철학자들 중에서도 유일하게 저작 전체를 다 남긴 사람이라는 사실도 흥미롭습니다. 신비주의가 비밀주의라는 점을 고려하면, 또 다른 역사의 아이러니이지요.

기독교와 이슬람의 신비주의

이렇게 고대 그리스부터 르네상스까지 신비주의 흐름에 대해서 주욱 살펴보았는데요. 이런 맥락에서 기독교의 신비가들이 본격적으로 등장합니다. 가장 유명한 신비가로 마이스터 에크하르트(Meister Eckhart)가 있습니다. 독일 도미니크파 신부였던 그는 자신의 신비주의적 주장 때문에 사후에 이단으로 판정받기도 했습니다. 또 마르그리트 포레트(Marguerite Porete)라는 여성 신비가는 당시의 지배적인 교리에 어긋나는 주장을 했다는 이유로 화형을 당합니다. 스페인 신부인 십자가의 요한(John of the Cross)도 대표적인 신비가죠.

이들 기독교 신비가들은 신과의 합일 체험을 통해 알게 된 신의 본질과 특성을 열정적으로 설파합니다. 이 과정에서 간혹 신과의 동일성을 주장하기도 합니다. 그런데 기독교 전통에서 신과의 동일성 주장은 대단히 위험한 것입니다. 기독교는 신과 인간 사이의 절대적 차이를 강조하기 때문이지요. 반면 동양 종교 전통에서는 '범아일여', '인내천'과 같은 개념이 보여 주듯, 인간과 궁극적 실재가 동일하다는 주장이 무리 없이 수용되었습니다. 하지만 이슬람이나 기독교에서는 '내가 곧 신이다'라는 주장이 목숨을 잃게 만드는 위험한 발언이었습니다. 신과 인간 사이의 차이를 망각한 신성 모독으로 간주된 것이지요.

이슬람의 '수피즘'이라는 신비주의적 흐름에 대해서는 이미 다룬 바가 있습니다. '수피'라는 단어는 '양가죽'에서 유래했습니다. 탁발승처럼 가난하게 살면서 영적인 추구만 했기에, 가진 것이 양털가죽 옷밖에 없었다는 것이지요. 루미라는 페르시아 시인이 창시한 메블레비(Mevlevi) 교단에 대해서도 이야기한 바 있습니다. 이 교단은 끊임없이 빙글빙글 돌아가는 춤인 '더비시'(Dervish)로 잘 알려져 있는데, 이런 수행을 통해 '파나'(fana)와 '바카'(baqa)라는 경지를 추구한다고 했었죠. '파나'는 개인적 자아의 죽음을 말하고, '바카'는 신의 영원성을 체득하는 것을 뜻합니다. 이 두 가지가 수피즘의 핵심적 가르침이지요.

유대교 신비주의

유대교의 신비주의는 '카발라'(Kabbalah)라는 이름으로 잘 알려져 있습니다. 카발라는 전통 혹은 전승이라는 뜻으로, 유대교의 신비주의 지식이 아주 오래전부터 전해 내려왔다는 의미이기도 합니다. 카발리즘에서 가장 잘 알려진 이야기가 하늘과 땅을 이어 주는 전차 '메르카바'(Merkabah)입니다. 구약의 「에제키엘서」에 나오는 전차인데요. 눈에 보이지 않는 세계와 눈에 보이는 세계를 이 전차가 왔다 갔다 하면서 이어 준다는 것이죠. 두 차원을 연결한다는 신비주의적 특성이 잘 드러난 상징입니다.

카발라는 지고의 경지에 오르기 위해 거쳐야 하는 일곱 층의 '헤칼로트'(hekhalot)가 있다고 합니다. 각각의 층으로 가기 위해서는 비밀 암호가 필요하다고 하는데요. 만약 잘못된 암호를 사용하면 미치거나 죽을 수 있다고 합니다. 준비되어 있지 않은 사람이 초월적 차원에 올라갈 때 겪는 위험을 강력하게 경고하는 것이지요. 그래서 카발라 전통에서는 마흔 살이 되기 전에는 입문을 시키지 않았습니다. 결혼도 하고, 자녀 양육도 마치는 등 윤리적으로 지성적으로 충분히 준비된 사람만이 카발리즘에 입문할 수 있었다는 뜻입니다.

카발라의 세계관에서 독특한 것이 앞에서 보았던 10개의 세피로트입니다. 제일 위에 있는 케테르에서 시작해서, 가장 아래의 말쿠트까지 총 10개의 세피로트가 있는데요. 이것은 '아인 소프'(Ein Sof)라고 하는 무한이 물질 세계로 현현되는 구조를 나타냅니다. 이건 동양 사상에서 태극이 무극이 되고 무극에서 음양이 나온다는 얘기와 비슷하죠. 세계의 구조가 이렇게 짜여져 있기 때문에, 인간 영혼 역시 천상의 세계에서 출발해 여러 가지 세피로트를 거쳐서 지상의 세계로 내려왔다고 봅니다. 동시에 수

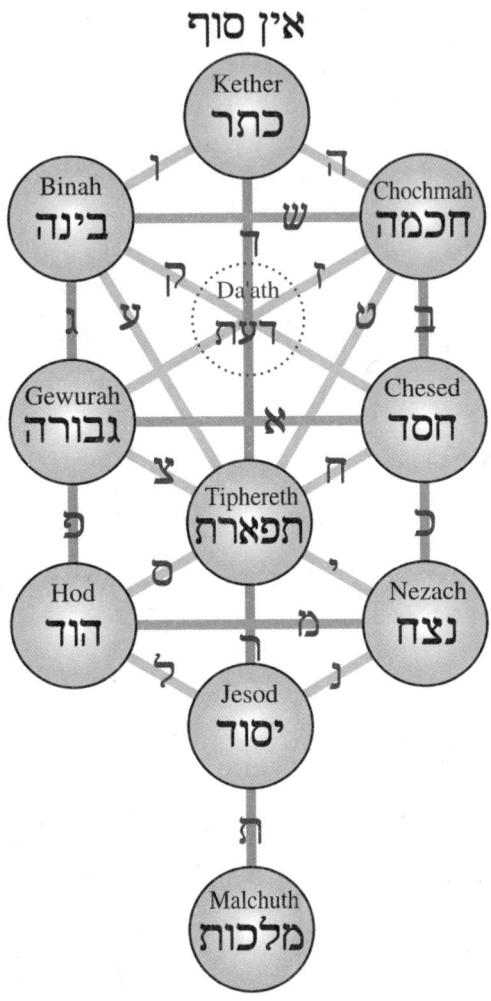

카발라의 세피로트 나무

행을 통해 이 길을 따라 다시 천상의 세계로 올라가야 된다는 의미이기도 합니다. 흥미롭게도 이 세피로트가 '생명의 나무'로 지칭됩니다. 앞에서 아담과 이브 신화를 이야기할 때, 인간이 따 먹지 못했던, 불멸성을 획득하는 열매가 바로 생명의 나무였죠. 그러니까 카발라는 세피로트의 비밀을 풀고, 영혼이 불멸하는 에덴동산으로 돌아가야 한다는 목표를 명확하게 제시하고 있는 것이지요.

힌두교 신비주의

다음으로 힌두교의 신비주의입니다. 힌두교는 재론의 여지가 없을 정도로 신비주의적입니다. 힌두교의 가장 핵심적인 주장은 '범아일여'라고 할 수 있는데요. 브라흐만이라는 궁극적인 실재와 인간의 아트만이 본질적으로 동일하다는 얘기니까요. 이 표현 자체가 신비주의의 핵심인 '신비적 합일'(mystical union)과 '신비주의적 동일성'(mystical identity)을 말하고 있습니다. 이 신비주의적 주장으로부터 힌두교의 모든 흐름들이 파생되었다는 점에서 힌두교는 대단히 신비주의적입니다.

특히 힌두교에서 비이원론적인 신비주의를 주장한 샹카라(Sankara)는 유명한 인물입니다. 그는 『우파니샤드』라고 하는 베다의 마지막 경전에 기초해, 궁극적인 실재와 현상 세계가 둘이 아니라는 비이원론적인 베단타 철학을 집대성한 종교 사상가입니다. 샹카라의 비이원론적인 베단타 사상이 힌두교 신비주의 전통이 도달할 수 있는 가장 심오한 형태라고 할 수 있습니다.

우리 종교와 신비주의

수운 최제우

지금까지 세계 여러 종교 전통의 신비주의를 살펴보았는데요. 우리 종교에서도 신비주의를 찾아볼 수 있습니다. 우리나라는 유·불·선을 비롯해 서양의 기독교 그리고 최근에는 이슬람에 이르기까지 다양한 종교가 공존하는 사회입니다.

먼저 구한말에 천도교를 창시했던 수운 최제우부터 이야기해 볼까요? 최제우는 1860년에 상제라고도 표현되는 '하늘님'을 만나는 체험을 계기로, 서학(기독교)에 대응하는 동학(東學)을 창도합니다. 그는 하늘님으로부터 '오심즉여심'(吾心卽汝心)이라는 가르침을 듣습니다. 즉, 하늘님의 마음과 인간의 마음이 하나라는 뜻입니다. 이때의 '심'(心)은 원효(元曉)가 말하는 '일심'(一心)과도 통하는 의미입니다. 원효는 '공'(空)을 '일심'이라고 표현했는데, 동학의 '심'도 존재의 궁극적인 실체나 원인을 뜻합니다. 이렇게 보면 '오심즉여심'은 힌두교에서 말하는 '범아일여'와 본질적으로 동일한 주장이라고도 할 수 있습니다.

수운 최제우는 '오심즉여심'에서 더 나아가 '사인여천'(事人如天)을 강조합니다. 다른 사람들을 섬기기를 하늘처럼 하라는 말인데, '오심즉여심'이라는 신비주의적 앎을 사회 윤리로 확장시킨 겁니다. 서구의 민주주의가 정치적 관점에서 인간 존중의 개념을 도출해 냈다면, 동학은 신비주의적 관점에서 강력한 사회 윤리를 발전시킨 것이지요. 그리고 이런 사상은 갑오년 동학농민운동으로 이어집니다. 동학농민운동이 추구한 이상 사회는 노비(奴婢), 적서(嫡庶)의 차별이 없고, 여성과 어린이까지 존중받는 곳이었습니다. 신비주의적 사상이 정치적인 운동으로까지 이어졌다는 점에서 드문 사례입니다.

최제우의 가르침은 2대 교주인 최시형과 3대 교주인 손병희에 이르러 더욱 발전합니다. '인내천'(人乃天)이 그것입니다. '인내천'은 '인간이 곧 하늘님'이라는 말인데, 인간 속에 하늘님이 존재한다는 말이죠. '시천주'(侍天主), 즉 '하늘님을 모신다'는 수운의 가르침을 발전시켜, 하늘님과 인간의 궁극적인 동일성이 체험되어야 한다는 주장입니다.

소태산 박중빈과 이용도

그다음으로 살펴볼 인물은 소태산 박중빈입니다. 원불교의 창시자로 전남 영광에서 태어나서 어린 시절을 보냈습니다. 박중빈은 수행을 통해서 궁극적 실재 혹은 도 자체를 깨닫는 체험을 누구보다 강조한 분이죠. 원불교에서는 '일원상'(一圓相)이라고 하는 큰 원을 종교적 깨달음 혹은 인간의 궁극적인 완성의 상징으로 제시합니다. 원불교도 동학과 유사하게 종교적 깨달음 체험을 바탕으로 사회적 실천과 개인의 영성을 균형잡힌 방식으로 통합할 것을 강조했습니다. 원불교 역시 우리 종교의 중요한 신비주의적 전통 중 하나입니다.

한국 개신교에는 감리교 목사인 이용도라는 분이 있습니다. 1901년에 태어나 1933년 서른세 살이라는 젊은 나이로 세상을 떠난 분인데, 신비주의 체험을 하고 부흥사로서 당시에 명성이 자자했던 인물이죠. 내면의 불타오르는 영성을 여러 가지 정치적·종교적 운동으로 승화시킨 분으로, 활발하게 재조명이 이루어지는 신비가입니다.

불교, 유교, 도교의 신비주의

불교 역시 신비주의로 볼 수도 있습니다. 불교가 신비주의 전통에 속한다고 말하면, 간혹 논란이 되기도 합니다. 신비주의라는 말이 비이성적이고 초자연적인 것까지 망라하는 개념으로 자주 오해되기 때문이지요. 하지만 수행을 통해서 인간의 내면을 깊이 탐구하고, 궁극적 실재 혹은 존재의 본성을 알아차릴 것을 강조한다는 점에서 불교는 대단히 신비주의적입니다. 서양에서는 불교가 당연히 중요한 신비주의 전통으로 인식됩니다.

유교 역시 자기 수행에 초점을 맞춘다는 측면에서 신비주의적 성향을 가지고 있습니다. 맹자가 대표적입니다. 인간의 자기 수양이 깊어지면 결국은 '천'을 알고 하나가 된다는 주장을 하는데, 이런 천인합일을 강조하는 흐름이 나중에 송대의 신유학으로 연결됩니다. 신유학은 불교와 도교의 영향을 많이 받아서 내면 수양과 그를 통한 '천', '리'의 체득을 역설했습니다.

도교 역시 신비주의적 전통입니다. '도통했다'라는 표현이 대표적인 신비적 합일 체험을 뜻합니다. 수행의 이유는 궁극적인 실재이자 사물의 구성 원리인 '도'를 알기 위해서입니다. '도'를 안다는 것은 결국은 궁극적 실재가 무엇이고, 그게 나와 어떤 관계를 갖는지를 내가 실제로 수행을 통해서 체험적으로 알아차리겠다는 강력한 의지의 표명입니다.

신비주의와 한국

이렇게 보면 종교적 관점에서 우리나라처럼 신비주의와 가까운 나라도 없는 듯합니다. 한글이라는 문자도 그러합니다. 한글은 의도적으로 만들어진 드문 문자입니다. 보통 자연발생적으로 문자가 생기지, 이렇게 의도를 가지고 문자를 만들어 낸 문화가 거의 없습니다. 특히 한글은 천·지·인 삼재의 원리를 활용해서 만들어졌다고 합니다. 천·지·인 삼재는 종교의 가장 근본적인 구도인 데다가, 삼재의 결합이야말로 신비주의적 합일이라고 해석될 수 있습니다. 그런 면에서 우리 민족이 대단히 신비주의적인 영성을 갖추고 있는 것은 아닐까 생각합니다.

나라의 상징인 태극기도 마찬가지죠. 태극, 팔괘, 사상(四象)과 같은 우주의 근본적인 구성과 운행의 원리를 이렇게 뚜렷하게 국가의 상징으로 삼는 나라가 또 있을까요? 이 체계가 발원한 중국도 이 정도는 아닌데 말이지요. 태극기라는 상징이 어찌 보면 세상의 모든 종교가 우리나라에서 평화롭게 공존하는 비결을 압축적으로 대변하고 있는 것이 아닐까 합니다.

5강 _ 명상과 다양한 종교 체험

이번 시간에는 인간이 의식의 심층적 차원을 탐구하는 수행 방법인 명상과 함께, 종교의 여러 비일상적인 체험들을 살펴보겠습니다.

에고가 내면에서 더 큰 자아 혹은 궁극적인 실재를 인식하는 사건이 종교 체험이라고 말씀을 드렸는데요. 이런 과정을 의도적으로 추구하는 대표적인 방법이 명상입니다. 명상 하면 떠오르는 이미지가 있죠. 가부좌를 틀고 있는 모습인데요. 주로 힌두교의 요가나 불교의 좌선을 떠올릴 수 있습니다. 그래서 명상을 이전 동양 종교의 전유물처럼 생각하기가 쉽지만, 뜻밖에도 거의 모든 종교 전통이 나름의 명상법을 전승해 오고 있습니다.

명상의 단계 : 집중, 비움, 드러남

명상은 크게 세 단계로 구성된다고 볼 수 있습니다. 가장 먼저 '집중'입니다. 집중은 말 그대로 의식의 초점을 한 곳에 모으는 것을 말합니다. 집중하는 대상 자체는 중요하지 않습니다. 제일 쉬운 방법이 자신의 호흡에 집중하는 것입니다. 들이마시고 내쉬는 과정에 주목하는데, 이를 통해 의식을 모으는 힘을 키웁니다. 불교의 염불 수행도 마찬가지입니다. "나무아미타불 관세음보살"이라는 말에 의식을 집중하는 것이지요.

집중을 하면, '비움'이 일어납니다. 사고(思考)나 감정과 같은 마음의 일상적인 활동이 멈추는 겁니다. 그런데 비움의 상태는 집중을 통해서 성취됩니다. 내가 나라고 생각하는 의식, 일상 속에서 끊임없이 주변을 의식하고 감시하고 따져 보는 마음을 잠재우고, 잔잔한 상태로 만드는 것이 바로 집중을 통한 비움입니다. 즉, 집중과 비움이 순차적인 과정으로 설명되지만, 실제로는 동시에 발생합니다. 이렇게 비움으로써 에고는 심층 의식으로 들어갑니다. 여러 가지 생각이 왔다 갔다 하면, 에고가 자아의식의 경계를 허물고 심층 의식으로 들어가는 것이 어렵기 때문에 집중과 비움이 동시에 필요합니다.

마음이 비워지면, 무언가가 드러납니다. 명상을 내면에서 무언가를 탐구하는 것이라고 할 때, 이 과정은 적극적인 행위입니다. 그렇지만 마음이 백지처럼 비워진 상태에서 무의식적인 차원을 드러내는 것이니, 그저 의도적인 노력의 결과만은 아닙니다. 그래서 명상은 역설적입니다. 아무것도 하지 않는 방심의 상태를 열심히 추구하기 때문이죠. 즉, 비워진 의식 상태가 적극적인 목표인 겁니다. 노력은 노력인데 비우려는 노력이라고 할 수 있습니다.

예컨대, 기독교에서 신을 만나기 위해서는, 내가 주도적으로 신을 찾아다니는 것이 아니라, 신이 나를 찾아올 수 있도록 허락해야 합니다. 신이 나에게 드러날 수 있도록 나를 비우라는 겁니다. 선불교도 비슷합니다. 인간의 내면은 깨끗한 거울과 같은데, 진흙이 많이 묻어 있는 상태라는 것이지요. 그래서 수행은 진흙을 닦아내 원래 있던 밝은 것을 드러나게 만듭니다. 원래 있던 것이 철저한 방심의 상태에서 드러나는 것이지, 내가 거울의 밝음을 만들어 내는 것은 아니라는 가르침입니다.

이렇게 세 단계로 이루어지는 명상은 '눈에 보이는 차원과 보이지 않는 차원이 인간을 통해서 관계를 맺는' 계기라 할 수 있습니다. 강의 첫머리에 '무'(巫)라는 글자를 설명하면서, 보이는 세계와 보이지 않는 세계를 연결하는 것이 바로 종교이고, 이 연결은 비일상적인 의식 상태에서 발생한다고 했습니다. 명상의 집중과 비움의 과정이 바로 이 사건을 가져온다는 것이지요.

인간 근원에 대한 탐구

종교는 명상을 통해서 우리가 육체와 마음이라는 이분법적인 구분을 넘어서, 근원적인 차원을 인식하게 된다고 주장합니다. 대표적인 사례들을 몇 가지 살펴보겠습니다.

아빌라의 테레사

첫번째로, 아빌라의 테레사(Teresa of Ávila)라는 천주교 성인의 이야기입니다. 그녀의 체험과 사상은 『영혼의 성(城)』이라는 제목으로 우리나라에 출간되어 있습니다. 스페인어로는 'El Castillo Interior'이고, 영어 번역은 'Interior Castle'입니다. '내면의 성'이라는 뜻이죠. 성에는 방이 많습니다. 여러 방을 통과하면서 성의 가장 깊숙한 곳으로 가는 것처럼, 테레사는 인간 영혼에도 방이 여럿이라고 주장합니다. 종교적인 수행과 신의 은총을 통해서 영혼이 이 방들을 통과해서 신과 하나가 되는 과정을 기록해 두었는데요. 이때 어떤 체험들이 일어나고 무엇을 주의해야 하는지를 자세히 적어 놓았습니다. 개인의 종교 체험을 생생하게 기록했다는 점에서 대단히 드문 책입니다.

　다음 사진은 '성 테레사의 엑스터시'라는 조각입니다. 황금빛 빛줄기가 하늘에서 쏟아지는 가운데 천사가 테레사의 심장을 창으로 뚫는 장면인데요. 그녀는 너무나 행복한 엑스터시 상태

성 테레사의 엑스터시

에 빠져 있습니다. 인간의 심층 의식으로 들어가는 종교 체험이 인간에게 큰 기쁨을 준다는 사실을 보여 주는 작품입니다.

테레사에 따르면 우리는 일곱 개의 방을 거치는데, 종교에 관심을 갖기 시작하는 단계가 첫번째 '거소'(居所)로 들어선 것입니다. 이렇게 두번째, 세번째, 네번째 방으로 점점 깊이 들어갈수록, 신의 은총을 받는 체험을 하기도 하고, 더 깊은 곳으로 가고 싶다는 종교적 열망이 심화되기도 합니다. 다섯번째 방이 중요한데, 이곳은 신과 하나가 되는 체험이 이루어지는 거소입니다. 이걸 테레사는 '신의 상태'라고 불렀는데요. 자기 영혼은 완전히 죽고 신만이 존재하는 신비적 합일 상태입니다. 그런데 이 상태는 짧게 지속되고, 그다음인 여섯번째 단계로 갑니다.

여섯번째 단계는 십자가의 요한(John of the Cross)이 표현한 '영혼의 어두운 밤'(dark night of soul)이라는 상태입니다. 십자가의 요한 역시 테레사 당시에 스페인에서 아주 유명했던 신비가인데요. 그가 언급한 '영혼의 어두운 밤'은 신의 임재를 맛본 뒤 지상 세계에서 머무는 상황을 말합니다. 신비가는 다시 신의 품에 안겨서 지복을 경험하고 싶지만, 그렇게 되지 않아서 영혼의 큰 고통을 겪는다는 겁니다. 이런 단련을 거친 후에야 일곱번째 단계에 도달합니다.

마지막인 일곱번째 단계에서는 내 안에서 예수가 점점 커져서, 예수와 하나가 되는 상태로 나아가게 됩니다. 다섯번째 단계

「심우도」의 열번째 그림인 '입전수수'. 중생에게 베풀기 위한 큰 자루를 짊어지고 도움이 필요한 사람에게 손을 내미는 장면이 담겨 있다.

에서 심어졌던 씨앗이 여섯번째 단계에서 단련되고, 마지막 단계에서 신의 뜻을 지상에서 구현하는 것으로 피어난다는 거죠. 영적인 결혼 상태에서 드디어 인간은 예수의 사랑을 지금 이곳에서 실천하게 됩니다.

이 과정은 선불교의 「심우도」(尋牛圖)와 비슷하죠. 「심우도」는 소를 인간의 본성에 비유해서 그걸 찾는 과정을 묘사한 그림입니다. 목동이 잃어버린 소를 찾은 다음에 집으로 돌아옵니다. 「심우도」의 마지막 그림은 '입전수수'(立廛垂手)인데, 시장에서 도움이 필요한 사람에게 손길을 내미는 것입니다. 테레사 역시 일곱번째 단계에서 예수의 사랑을 완전하게 실감하고, 세상 속에서 그것을 펼쳐야 한다고 주장했지요. 천주교와 선불교의 최종 단계가 매우 비슷한 겁니다.

관상기도와 예수기도

서양 종교에도 내면을 깊숙이 탐구하는 명상법이 있는데요. 천주교의 '관상기도'(contemplation)가 대표적입니다. 신과의 합일을 추구하는 기도인데, 이 역시 명상 수행입니다. 또 동방정교회에는 '예수기도'가 있습니다. "주 예수 그리스도여, 나를 긍휼히 여기소서"라는 간단한 기도문을 하루에도 수천 번씩 계속 외는 건데요. 힌두교의 '만트라'(mantra) 수행이나 불교에서 "나무아미타불 관세음보살"을 계속 외는 염불 수행과 아주 유사합니다. 이런 기도를 통해서 집중력을 키우고, 일상적인 의식 상태에서 벗어남으로써 종교적 통찰을 얻겠다는 것이지요. 이 역시 무엇을 성취하겠다는 것이 아니라, 나를 비우는 방식으로 존재를 확장하려는 역설적인 노력입니다.

종교와 죽음, 그리고 임사체험

강의 맨 첫 부분에서 인간이 가질 수밖에 없는 궁극적인 질문과 관심에 대한 해답 체계가 종교라는 말씀을 드렸는데요. 인간의 궁극적인 질문이 무엇일까요? 왜 태어났는가, 왜 살고 있는가, 왜 죽는가, 죽은 다음에는 어떻게 되는가라는 물음이겠지요.

불교에는 이런 일화가 있습니다. 어떤 여인이 어린 자식이 죽어서 슬픔에 잠겨 붓다를 찾아옵니다. 붓다에게 아이를 살려 달라고 부탁하러 온 거죠. 그러자 붓다는 마을을 돌아다니면서 죽은 사람이 없는 집에서 겨자씨 하나를 얻어 오라고 하죠. 그러면 아이를 살려 주겠다고요. 그런데 어떻습니까? 죽은 사람이 없는 집은 찾기가 불가능합니다. 인간은 누구나 필멸의 존재라는 사실을 돌아다니면서 저절로 깨닫게 했다는 이야기입니다.

인간은 태어나는 순간부터 죽음에 가까워져 갑니다. 그리스 로마 신화에서 신과 인간의 가장 큰 차이는 불멸성의 여부입니다. 예수조차도 육신을 가지고 지상에 온 이상 육체적 죽음을 맞을 수밖에 없습니다. 그리스 신화에서도 헤라클레스는 죽지만 신들의 세상에서 다시 불사의 존재로 태어납니다. 요컨대 삶과 죽음은 종교에서 가장 핵심적인 주제입니다.

죽음학

인간들은 죽음의 문제를 어떤 식으로 이해해 왔을까요? 죽음을 다루는 학문을 '죽음학'(Thanatology)이라고 부릅니다. 죽음은 옛날부터 중요한 물음의 대상이었습니다. 플라톤부터 이야기를 시작해 볼까요. 플라톤의 중기 대화편 중에서 가장 중요한 작품 중 하나가 『국가』입니다. 이 책에는 '에르(Er) 이야기'가 실려 있습니다. 에르라는 그리스 병사가 전쟁에 나갔다가 다쳐서 쓰러집니다. 그런데 동료들은 그가 죽었다고 생각하고, 전쟁터에 두고 오죠. 그런데 며칠 후 에르가 살아서 돌아옵니다. 그러고는 죽은 다음에 그가 겪은 일을 토로하는데, 그 내용을 플라톤이 『국가』에 기술해 놓습니다.

에르는 죽음 이후에 특이한 경험을 하는데요. 육체에서 빠져나온 영혼이 줄을 지어 천상의 세계로 갑니다. 그런데 아직 죽을 때가 아니고, 너에게는 사후 세계를 이 세계의 사람들에게 설명해 줘야 하는 의무가 있기 때문에 되돌아가라는 말을 듣습니다. 그래서 다시 돌아왔다는 겁니다. 보통 우리는 이 이야기를 잘 꾸며진 신화라고 생각을 합니다.

앞에서 '심령연구협회'(SPR)라는 초자연적 현상들을 연구하는 단체를 다루면서, 마이어스라는 인물을 언급했습니다. 마이어스의 주된 관심사는 육체적 죽음 이후에도 인간의 인격(personality)이 존속할 수 있는가라는 물음이었습니다. 달리 말해 영혼이 존재하는지에 관심을 가졌던 거죠. 마이어스는 영매(medium)들과 만나면서 인간의 영혼이 실재하는지, 만약 있다면 어떤 메시지를 전하는지에 주목했습니다. 여러 케이스를 연구한 그의 잠정적인 결론은 사후 인격체의 존재 가능성이 매우 높다는 것이었습니다.

이처럼 플라톤부터 마이어스에 이르기까지 우리가 흔히 영혼이라고 부르는 것이 존재하는가에 대한 물음은 인류사에서 계속 제기되어 왔습니다. 종교는 눈에 보이지 않는 차원을 전제로 하기 때문에 사후 세계를 당연히 받아들입니다.

임사체험

현대에 들어 죽음과 관련해 어떤 논의들이 있었는지 살펴보겠습니다. 먼저 엘리자베스 퀴블러 로스(Elizabeth Kubler Ross)라는 의사의 이야기로 시작하지요. 로스가 남긴 가장 유명한 책이 『죽음과 죽어감』(On Death and Dying)입니다. 『사후생』(On Life After Death)이라는 책도 번역되어 있죠. 이 책들은 임사체험과 사후생을 다룬 중요한 저술들입니다.

엘리자베스 퀴블러 로스와 비슷한 연구를 한 인물로 레이먼드 무디(Raymond Moody)가 있습니다. 이 두 사람은 임사체험이라는 주제에 천착했습니다. 임사체험은 영어로 'Near-Death Experience'라고 하는데, 죽음에 가까이 간 체험이라는 뜻입니다.

약자로 NDE라고도 부르고요. 한국어로는 죽음에 가까이 갔다는 의미로 '근사체험'(近死體驗)이라고 부르기도 합니다. 레이먼드 무디도 많은 책을 저술했는데요. 그중에서 가장 유명한 책은 『삶 이후의 삶』(Life After Life)입니다. 무디는 이쪽에도 '삶'이 있지만, 죽음 이후 저쪽에도 '삶'이 있다고 주장합니다. 죽음이라는 사건을 통해 우리가 다른 차원으로 넘어간다는 것이지요.

엘리자베스 퀴블러 로스와 레이먼드 무디 모두 의사입니다. 이들이 임사체험을 연구하게 된 계기는 그들의 직업과 무관하지 않습니다. 특히 로스가 그렇습니다. 현대 의학이 발달하면서 교통사고 등으로 인해 거의 죽음 직전까지 갔다가 의식을 회복하는 경우가 많아졌습니다. 그런데 그런 사람들 중 몇 사람이 자신이 죽었다가 살아났다고 토로합니다. 우리가 보통 "죽다 살았다"라는 관용적인 표현을 많이 쓰는데, 이들이 실제로 죽음을 경험하고 돌아왔다는 것이지요. 체험자들이 하도 진지한 데다, 비슷한 사례를 반복적으로 들으면서, 로스는 동료 의사들에게도 물어봅니다. 그런데 동료들도 비슷한 경우를 이야기해 준 겁니다.

이걸 계기로 그녀는 임사체험자들을 직접 만나 인터뷰를 하기 시작합니다. 그러면서 이 체험을 주제로 책을 낸 거죠. 책이 출판된 후 미국 전역에서 비슷한 체험을 했다는 사람들의 편지가 답지합니다. 그동안 누구에게도 말을 못했는데, 똑같은 체험을 했다면서요.

특히 6~70년대 들어서 임사체험이 급격하게 보고되는데, 그 이유 중 하나는 교통사고입니다. 미국 경제가 활성화되면서 차가 늘고 교통사고도 증가합니다. 사고가 많아지면 당연히 응급환자도 급증합니다. 동시에 심폐소생술과 같은 의료기술의 발달로 인해, 예전 같으면 죽었을 환자들이 소생하는 경우도 늘게 됩니다. 즉, 죽음 문턱에까지 가는 사람들의 사례가 굉장히 증가한 것이지요.

임사체험의 특징

많은 케이스가 보고되면서, 임사체험의 특징이 자연스럽게 드러납니다. 교통사고처럼 돌발적인 사고로 인해 갑자기 자신이 육체 밖에 나와 있다는 사실을 발견합니다. 소리를 질러도 아무도 듣지 못합니다. 또 시간과 공간에 구애받지 않는다는 것도 알게 되죠. 당황스러운 와중에 주변에 먼저 죽었던 지인들이 나타나, 혼란에 빠진 그들을 데리고 터널을 통과합니다. 그 터널 끝에는 밝은 빛이 있고, 거기에는 먼저 죽었던 가족들을 비롯해 천사와 같은 존재들이 나타납니다. 그곳에서 지나온 인생을 쭉 다 회고하는데, 결론적으로 아직 때가 아니니 지상으로 돌아가라는 조언을 듣습니다. 그리고 정신을 차려 보면 엉망이 된 몸 속으로 돌아와 있다고 하는 게 전형적인 임사체험의 전개입니다.

이런 이야기를 듣다 보면, 플라톤의 에르 신화가 자연스럽게

히에로니무스 보스, 「축복받은 자
의 승천」

떠오릅니다. 히에로니무스 보스(Hieronymus Bosch)가 16세기 초에 그린 그림도 죽은 다음에 보게 되는 비전을 그리고 있는데요. 방금 정리했던 임사체험과 비슷한 장면이 묘사되어 있습니다. 위쪽에 터널이 보이는데, 그 끝에는 누군가가 기다리고 있죠. 처음에는 화가가 상상력을 발휘해 그렸을 거라고 생각했는데, 현대 들어 임사체험의 경험담이 수집되면서 이 그림도 새롭게 조명되고 있습니다.

우리나라에서 임사체험을 다룬 책으로는 최준식 교수의 『죽음, 또 하나의 세계』와 『죽음의 미래』가 있습니다. 앞의 책은 임사체험을 다루었고, 뒤의 책은 죽음 이후의 세계를 보았다는 신비가들의 이야기가 담겨 있습니다. 또 다치바나 다카시(橘隆志)라는 일본의 저술가가 NHK와 함께 임사체험에 관한 다큐멘터리를 만들었는데, 이 내용을 두 권의 책으로 엮은 『임사체험』이라는 책도 참고할 만합니다.

임사체험의 의미

그런데 임사체험에는 어떤 의미가 있는 것일까요? 미국의 배관공의 임사체험 사례가 흥미롭습니다. 임사체험 후 이 남자의 삶은 완전히 달라집니다. 대학에 강의를 들으러 다니고, 형이상학과 종교를 공부하기 시작한 것이지요. 당연히 자기 직업에 예전만큼 몰두하지 않고, 죽음 이후의 세계와 같은 종교적이고 영적인 문제에 큰 관심을 기울입니다. 남편의 이러한 변화를 아내는 걱정하고 싫어하기 마련입니다.

이처럼 임사체험 후 체험자의 삶은 급격하게 바뀝니다. 보통은 죽음을 더 이상 두려워하지 않게 됩니다. 즉, 대부분의 임사체험이 뜻밖에도 좋은 경험으로 기억됩니다. 갑자기 육체를 벗어던지니 엄청난 자유로움을 느꼈다는 것이지요. 그 상태가 너무 좋아서 돌아오고 싶지 않았다고도 토로합니다. 이 체험을 통해 이 세상의 삶도 달라집니다. 저쪽 세상에서 얻은 삶의 통찰들을 가지고 현실을 살아가기 때문에 이전과는 매우 다른 유형의 사람이 되는 거죠. 그리고 거의 모든 체험자들이 종교적인 혹은 영적인 세계관에 큰 흥미를 갖습니다.

임사체험이 사회의 이목을 끌기 시작했을 때, 전통적인 종교들은 처음에는 크게 반겼습니다. 드디어 죽음 이후의 세계가 밝혀지기 시작했다고 본 것이지요. 그런데 나중에는 시큰둥해집니다. 체험자들이 공통적으로 저쪽 세상에 갔을 때 신의 가혹한 심판 같은 것들이 없었다고 주장했기 때문입니다. 그러니까 저세상에 우리가 알았던 방식의 천국과 지옥이 없더라는 겁니다. 여하튼 임사체험은 종교적 세계관과 연결시켜 우리가 더 많은 관심을 기울일 만한 인간 경험임에는 분명합니다.

윤회와 윤회론

다음으로 살펴볼 주제는 윤회입니다. 윤회는 거듭해서 되돌아온다는 뜻이죠. 영어로는 '리인카네이션'(reincarnation)이라고 하는데, '카네이션'(carnation)은 육체를 입는다라는 뜻입니다. 이렇게 육체로 다시 들어오는 행위를 반복하는 것이 윤회입니다. 넓은 의미에서 임사체험의 연장선상에서 이해할 수 있는 개념입니다.

플라톤은 대표적인 윤회론자입니다. 그에 따르면 철학자의 영혼만이 거듭되는 윤회의 악순환을 끊을 수 있습니다. 플라톤은 이 세상에 살면서 신적인 세계의 모습을 완벽하게 기억을 한 사람만이 윤회의 반복을 끊는다고 주장합니다. 그리고 이 일을 가장 빨리 달성하는 사람이 철학자라는 겁니다. 이와 유사하게 불교는 참된 본성을 깨달은 사람인 붓다만이 물질적인 세계에 윤회하지 않는다고 합니다. 그런데, 이렇게 윤회가 가능하기 위해서는 여러 몸을 거치는 주체가 있어야 하겠죠. 그리스나 기독교 전통에서는 이 윤회의 주체를 '영혼'이라고 부릅니다. 흔히 기독교 전통에서 윤회를 인정하지 않는다고 생각하는데, 영지주의와 같은 초기 기독교의 신비주의적 흐름은 윤회론을 수용했습니다.

물론 윤회론을 가장 전면적으로 인정하는 전통은 힌두교와 불교입니다. 윤회의 주체라 주장하는 아트만이 실체인지에 대해

불교가 다른 견해를 가지기는 합니다만, 불교 역시 카르마와 윤회론을 받아들입니다. 앞에서 마이어스가 쓴 책 『인간의 인격과 육체적 죽음 이후의 생존』을 다루었지만, 인간의 육체적 죽음 이후에도 특정인의 인격적 정체성을 유지하는 그 무엇이 있어야 한다는 것이지요. 즉, 윤회를 인정하는 종교적인 세계관에서는 육체를 거듭해서 입는 실체를 어떤 방식으로든 전제합니다.

윤회라는 현상도 현대 들어 활발하게 연구되고 있습니다. 미국의 의사였던 이언 스티븐슨(Ian Stevenson)이 대표적입니다. 그는 미국과 유럽, 근동, 인도, 동아시아까지 돌아다니면서 전생을 기억하는 아이들의 사례를 광범위하게 수집하고 연구했습니다. 그의 연구에 따르면 아이들 중에는 때로 전생에 엄마는 내 딸이었다는 등 뜬금없는 소리를 하는 경우가 있다는 겁니다. 보통은 한두 번 말하고 그치지만, 개중에는 아주 자세한 스토리를 반복적으로 이야기하는 경우가 있습니다.

특히 윤회론이 지배적이지 않은 문화권에서는 아이들의 전생 이야기는 엄격하게 금지됩니다. 그런데도 집요하게 언급하는 사례들을 스티븐슨은 주목했습니다. 그는 평생 동안 약 2천 건이 넘는 케이스를 수집했습니다. 이것들을 분석한 후 그가 내린 결론은 윤회론이 우리 삶에서 설명되지 않는 많은 궁금증들을 설명해 낸다는 것입니다. 가령 어린 시절부터 타고난 재능, 성향, 기호, 공포증 같은 것들이지요.

그의 주장 중 흥미로운 것으로 '버스 마크'(birth mark)라는 현상이 있습니다. 전생을 기억하는 아이들을 조사해 보니, 태어나면서부터 몸에 흉터가 있는 경우가 많았습니다. 그런데 이런 버스 마크가 직전의 전생과 연결되는 경우가 많더라는 겁니다. 전생에 옆구리에 총을 맞아 죽고 나서 환생을 하면, 그때의 상처가 이번 생의 '버스 마크'로 나타난다는 것이지요. 실증적인 입증은 당연히 불가능하지만, 재미있는 우연의 일치입니다.

사후 세계와 윤회는 생과 사가 하나라는 관념으로 이어집니다. 즉, 삶과 죽음이 동전의 양면과 같다는 건데요. 임사체험에서 터널을 통과하면 천사 같은 하얀 옷을 입은 존재가 기다리고 있다고 했죠. 그런데 아이들의 출산 과정이 어떻습니까? 산도를 아주 힘겹게 빠져나와서 그 끝에 다다르면 흰 옷을 입은 사람이 밝은 곳에서 기다리잖아요. 임사체험과 비슷한 경험을 출산 시에도 반복한다고 볼 수 있는 겁니다.

어쨌든 두 차원을 옮겨 다니는 영혼의 이야기는 시공을 넘어서 세계 여러 곳에서 등장하고, 전생을 기억하는 아이들의 경험도 마찬가지입니다. 비록 빈도수가 적지만, 아예 이런 사례가 없다고 부정하기에는 엄연히 존재한다는 것이지요. 그래서 이런 주장을 전적으로 종교가 지어 냈다기보다는, 애초에 그런 체험들이 있다고 유추하는 것이지요.

물론 그 정확한 이유는 알 수 없지만, 윤회를 기억하는 아이들이 실제로 태어났을 가능성이 있는 겁니다. 티베트 불교는 전생을 기억하는 아이들 중에서 종교 지도자를 찾기도 했고요. 요컨대 에르 신화나 전생을 기억하는 아이들이 암시하듯 예외적인 인간 체험이 종교보다 먼저 존재했다고도 볼 수 있습니다. 받아들이라고 주장하는 것은 아니지만, 종교와 관련해 열린 마음으로 생각해 볼 주제임은 분명합니다.

계시, 두 세계의 연결

이번에는 '계시'라고 하는 또 다른 흥미로운 주제를 다루어 보지요. 계시 역시 보이지 않는 세계를 보이는 세계와 결합하는 사건입니다. 보이지 않는 세계와 보이는 세계를 연결하는 것을 상징하는 '무'(巫)라는 글자를 여러 번 말씀드렸죠. 인간은 엑스터시혹은 트랜스 상태에서 두 세계를 결합하는데, 이 사건을 '무'(巫)가 상징합니다. 이런 능력을 가졌다고 간주되는 사람이 무당, 혹은 샤먼입니다. 무당은 계시와 점술의 형태로 보이지 않는 세계를 드러내는 대표적인 통로라고 할 수 있습니다.

서양에서도 엑스터시 상태에서 보이지 않는 차원에서 메시지를 받아서 전달하는 사람을 '영매'(medium)라고 부릅니다. 고대 그리스 신전의 무녀들이 대표적입니다. 아폴론 신을 모시는 델

포이 신탁의 무녀가 깊은 트랜스 상태에서 신탁을 구하는 사람에게 신의 메시지를 전달하는 거죠.

종교와 계시

'계시'는 영어로 '리빌레이션'(revelation)으로, '드러낸다'는 의미의 '리빌'(reveal)에서 온 말입니다. 보이지 않는 세계 혹은 그 차원의 정보가 이 세계로 드러난다는 것이지요. 비슷한 개념으로 '예언'이 있죠. '예언'은 그리스어로는 '프로퍼시'(prophecy), 영어로는 '포어텔링'(foretelling)입니다. '미리(fore) 말해 준다(telling)'는 뜻입니다. 계시나 예언을 받아 전하는 이들을 '선지자'라고 하는데, '선지'(先知)라는 말도 '먼저 안다', '미리 본다'는 뜻이죠. 계시에는 보통 메시지를 들어서 전달하는 유형과, 보고 이야기해 주는 유형이 있죠. 우리가 흔히 국가 지도자나 기업의 경영자에게 '비전'(vision)이 있어야 한다는 말을 많이 하죠. 이 역시 어떤 식으로든 미래를 볼 줄 알아야 한다는 의미입니다.

　계시를 통해서 전달되는 내용은 미래의 예측, 개인과 공동체의 운명, 그리고 삶의 지혜 등입니다. 종교는 계시와 예언을 빼놓고는 성립이 되지 않습니다. 이건 동서양 종교를 막론하고 그렇습니다. 선지자가 비전을 보거나 들어서 얻은 정보를 기록한 것이 바로 경전입니다. 유대교에서 가장 완전한 예언자는 모세입니다. '토라'라고 불리는 모세 오경과 십계명을 신으로부터 직접 받아 왔다고 전해집니다. 물론 실제로 정보의 원천이 초월적 차원인지는 확정할 수가 없지만요.

불교에도 이런 예언과 계시가 등장합니다. 붓다의 탄생을 다룬 신화를 보면, 붓다의 아버지가 유명한 예언가에게 아들의 운명을 물어봅니다. 그러자 왕이 된다면 군사적으로 나라를 넓히고 잘 다스리는 전륜성왕이 될 것이요, 출가를 한다면 우주적인 진리를 전하는 붓다가 되리라 예언을 합니다. 결과적으로 이 예언이 맞아 고타마 싯다르타는 깨달음을 얻은 붓다가 됩니다. 동시에 불교에 따르면, 붓다는 여러 생을 통해 선업을 쌓았기에 이번 생에 깨닫기로 예정되었다고 합니다. 예수 역시 구약에서 예언되었던 메시아입니다. 비슷하게 불교에서도 석가모니불 이후에 새로운 부처인 미륵불이 올 거라고 예언을 합니다. 요컨대 모든 종교에서 예언과 계시는 불가결합니다.

신적 영감(inspiration)과 채널링

신에게서 전해진다는 예술적 영감(靈感)도 빼놓을 수 없습니다. 플라톤의 네 가지 신적인 광기는 이미 다루었는데요. 첫번째가 아폴론적 광기, 두번째가 디오니소스적 광기, 세번째가 예술과 창작에 관여하는 뮤즈에게서 영감을 받은 광기였죠. 네번째가 에로스적 광기였습니다. 이 중 세번째, 뮤즈의 영감을 받은 상태에서 만든 것이 예술 작품이고, 이것들을 모아 놓은 장소가 '뮤즈의 집', 즉 '뮤지엄'이라고 말씀을 드렸죠. 플라톤은 예술적 영감에 대해서 소크라테스의 입을 빌려 단언합니다. 인간이 아무리 테크닉을 발휘해서 시를 짓더라도 뮤즈의 영감을 받은 것에는 못 미친다는 겁니다. 뮤즈의 영감을 받을 때만 인간은 비로소 놀라운 작품을 쓸 수 있다는 주장이지요.

이 말은 인간의 경이로운 창조 활동이 신적 영감과 관련이 있다는 것이지요. '영감'은 영어로 '인스피레이션'(inspiration)이라고 하는데, '스파이어'는 '숨쉬다'라는 뜻으로 외부에서 인간의 영혼으로 무언가가 들어온다는 의미를 지닙니다. 종교 창시자인 무함마드나 예수는 홀로 금식하면서 기도하는 시간을 가졌습니다. 마찬가지로 예술가들도 창조를 위해 대부분 고독 속에서, 무언가를 받아들이는 마음 상태를 의도적으로 만들어 냅니다. 즉, 예술적 영감을 받는 과정은 종교적 수행인 명상과 통하는 면이 있습니다. 표면적 의식을 잠재우면, 무의식 속에서 무언가가 드러난다는 것입니다.

궁극적 실재와 하나가 되는 체험이나, 영상 형태로 종교적 통찰을 주는 장면들을 보는 비전, 자기도 모르는 얘기들을 뱉어 내는 방언 같은 것도 있죠. 방언은 보통 기독교에서는 '방언 은사'라고 불리는데, 자기의식이 아닌 비물질적인 의식 존재와 인간 개인의 의식이 서로 '채널링'된다는 겁니다. 채널링이란 비물질적 차원과 형성된 통로를 통해 내 의식이 아닌 다른 원천으로부터 여러 가지 정보들을 주고받는 현상을 말합니다.

2014년에 개봉한 영화 「300」을 보면 무녀들이 페르시아가 침공한다는 신탁을 전하는 장면이 나옵니다. '오라클'(oracle)이라는, 신의 말씀을 받아서 전달하는 행위로 앞에서 말한 채널링의 고대적 형태죠. 이건 실제로 고대 그리스의 아폴론 신전에서 행해졌던 일입니다. 아폴론 신의 목소리를 전달받는 무녀를 '퓌티아'(Pythia)라고 합니다. '퓌티아'는 '무녀'를 뜻하는 보통명사이기도 하지만, 아폴론 신전에서 신탁을 전하는 여자들을 가리키는 말이기도 하지요.

2000년대에 방영되었던 「미디엄」(Medium)이라는 미국 드라마 역시 눈에 보이는 세계와 보이지 않는 세계를 연결하는 영매를 소재로 삼고 있는데요. 아폴론 신전의 무녀가 고대의 '미디엄'입니다. 우리나라에서는 무당들이 여기에 해당되고요. 여러 제도화된 종교에서도 보이지 않는 세계에서 유래한 메시지들을 전하는 예언자나 선지자의 얘기가 계속 나오죠. 이들 역시 '미디엄'이고, 그들의 활동을 현대적인 용어로 '채널링'이라고 부를 수 있겠지요.

흥미로운 사실은 지금도 채널링을 통해 새로운 텍스트들이 계속 쓰여지고 있다는 겁니다. 즉, 현대에도 많은 사람들이 보이지 않는 차원의 메시지를 받아 옵니다. 뉴에이지 영성에서는 『기적수업』, 『세스 매트리얼』 같은 채널링 서적들이 지속적으로 출판됩니다. 이쪽 세계와 저쪽 세계를 연결해 주는 채널링의 결과로 만들어진 책들이지요.

기존 종교들은 이런 현상에 거부감을 가지기 마련입니다. 왜냐하면 과거의 어느 시점에 권위 있는 경전이 이미 확정되었다고 생각하니까요. 즉, 새로운 경전은 더 이상 나올 수 없다는 입장입니다. 그렇지만 새로운 경전들에 기반해 종교가 출현하는 것을 막을 수 없습니다. 실제로 우리가 아는 세계적 종교들도 한때는 새롭게 등장한 신종교였습니다. 물론 새로운 종교가 제도화에 성공할지 여부는 잘 지켜봐야 하겠지만요.

에필로그 강의

종교 지도자와 윤리

전체 강의의 말미에 두 개의 주제를 덧붙이려고 합니다. 그중에서도 먼저 말씀드릴 내용은 '종교 지도자와 윤리'라는 문제입니다. 1부 강의에서 종교가 아니고서는 불가능한 끔찍한 일들을 언급했습니다. 물론 한편으로는 너무나 숭고하고 아름다운 선행도 종교라는 이름으로 발생합니다. 이런 상반된 사례들은 종교가 삶의 농도를 굉장히 짙게 만든다는 사실을 보여 줍니다. 종교 지도자에게서도 마찬가지 현상이 등장합니다. 보통 사람이라면 하기 힘든 희생을 종교의 이름으로 행하는 종교인도 있습니다. 반면, 도저히 생길 수 없을 것 같은 부정적인 일들이 종교인에 의해 저질러지기도 하죠. 특히 종교 지도자가 주인공이 된 몇 가지 사례들을 살펴보도록 하겠습니다.

종교 지도자와 스캔들

우선 오쇼 라즈니쉬(Osho Rajneesh)라는 인물 이야기를 해 볼까 합니다. 그는 한때 우리나라에서도 유명했습니다. 그의 책도 많이 번역되었고요. 그는 종교적 깨달음을 얻은 것으로 큰 명성을 얻고 나서, 미국의 오리건주로 가서 신도들과 함께 그들만의 공동체를 만듭니다. 몇백만 평에 이르는 큰 규모로요. 라즈니쉬는 롤스로이스를 무척 좋아했다고 합니다. 그래서 신도들이 돈을 모아서 칠십 대가 넘는 롤스로이스를 사 주었다고 하죠. 신도들의 당초 계획은 매일 갈아탈 수 있게 365대를 사 주려고 했다는 겁니다. 종교 지도자로서 말이 되나 싶지만, 라즈니쉬는 "나는 아주 단순한 취향을 가지고 있다. 그저 최고를 좋아할 따름이다"라고 말했다고 합니다.

　여기까지는 이해한다고 쳐도, 라즈니쉬의 종교 공동체 안에서 발생한 여러 부정적인 사건들까지는 정당화하기 어렵습니다. 신자들이 영양실조에 걸리고 도청과 폭행이 자행되기도 했습니다. 결국 라즈니쉬는 미국에서 추방을 당했고, 그와 함께 일했던 사람들은 해외로 도피했다가 붙잡혀서 감옥에 가기도 했습니다. 미국의 라즈니쉬 공동체는 완전히 해산을 하게 되었고요. 지고한 종교적 깨달음을 얻었다는 지도자가 이렇게 큰 스캔들을 만들어 냈다는 사실은 오늘날까지도 이해하기가 쉽지 않습니다.

금욕적 독신 수행을 강조했던 인도의 탄트라 수도자 묵타난 다(Swami Muktananda)라는 인물도 유명합니다. 그 역시 70년대 말에 인도에서 큰 명성을 얻었는데, 미국에 온 후 여러 스캔들의 주역이 됩니다. 결국 청소년인 여신도들과 성관계를 맺은 사실이 드러나, 조사가 시작되려 할 때 심장마비로 사망을 합니다.

그는 탄트라 전통의 수행자였습니다. 좌도 탄트라가 실제로 성적인 행위를 통해 종교적 수행을 한다면, 우도 탄트라는 성적 에너지를 이미지화하는 수행법을 택합니다. 묵타난다 스스로는 우도 탄트라를 수행한다고 했는데, 나중에 보니까 너무나 많은 성적 스캔들이 있었던 겁니다. 그의 교단도 반발을 하는 신도들을 폭행하고, 횡령이나 탈세와 같은 여러 문제도 일으켰습니다. 묵타난다는 다른 사람의 쿤달리니 에너지를 각성시키는 데 비범한 능력을 가졌다고 전해졌는데, 교단 안에서는 온갖 비윤리적인 사건들이 숱하게 벌어진 것이지요.

또 다른 사례는 티베트 불교의 지도자이자, 환생한 서양인 제자로 유명했던 오셀 텐진(Ösel Tendzin)입니다. 티베트 불교는 중국의 탄압을 받고 인도를 비롯해 유럽이나 미국으로 퍼져 나갔습니다. 티베트 불교 지도자 중에 초걈 트룽파(Chogyam Trungpa)가 명성이 높았는데, 오셀 텐진은 트룽파가 만든 교단의 서양인 제자였습니다. 그런데 이 사람이 에이즈에 감염되어서 죽습니다. 문제는 에이즈에 감염된 상태에서 그 사실을 숨기고 신도들과 성관계를 맺은 겁니다. 그래서 제자 중 한 사람도 에이즈로 목숨을 잃고요.

물론 이런 문제가 동양 종교에만 국한된 것은 아니었습니다. 1부에서 다루었던 짐 존스의 인민사원도 종교라는 이름으로 저질러진 끔찍한 사건이었죠. 인민사원은 미국의 감리교 출신 전도사인 짐 존스가 1954년에 만든 신흥종교 단체인데, 미국에서 탈세나 여러 범죄 혐의로 추궁을 받으니까 교인들을 데리고 남아메리카의 가이아나로 이주합니다. 자기들만의 종교 성지를 만들었는데, 여러 문제가 생겨 미국에서 조사단이 파견됩니다. 궁지에 몰린 짐 존스는 자신을 포함해 900명이 넘는 신도들이 집단자살을 하도록 만듭니다. 일상에서라면 도저히 가능하지 않을 법한 일들이 종교적 맥락에서는 왕왕 일어나는 것이지요.

이상화와 결합

이런 사건들을 여러 각도에서 분석할 수 있겠지만, 여기서는 종교 지도자와 신도의 심리적 관계를 중심으로 설명해 보려고 합니다.

종교 지도자 중에는 실제로 심층적인 의식 차원에서 깊은 통찰을 얻은 이들이 있습니다. 그런데 비범한 통찰은 에고를 부풀릴 가능성이 큽니다. 나는 깨달은 대단한 사람이기에 일상적인 규범을 훌쩍 뛰어넘은 존재라고 생각할 가능성이 높아진다는 것이지요. 가령 불교나 힌두교는 깨달은 자들이 지상 세계에 더 이상 얽매이지 않는다고 주장합니다. 그러니 비범한 종교 체험을 가진 사람들은 스스로를 현실 세계를 초월한 존재로 여길 공산이 큽니다. 이 과정에서 겸손을 잃어버립니다. 게다가 신도들은 카리스마 있는 종교 지도자를 이상화하기가 쉽습니다. 완벽한 깨달음을 얻거나 신의 은총을 받은 완전한 존재로 이상화하는 것이지요.

이제 비대해진 에고를 가진 종교 지도자와 자신들의 불완전함을 지도자에게 투사하는 신도들은 심리적 결합을 추구합니다. 신도들이 이상화된 지도자와 자기를 동일시하는 겁니다. 자연스럽게 종교 지도자의 에고는 더욱 커집니다. 두세 사람이 나를 존경하면 '그럴 수 있지' 하겠지만, 이게 천 명이 되고 만 명이 되면, 스스로를 신적인 존재로 여기게 되는 것이지요. 신도들 역시 이상화된 종교 지도자의 가르침을 전적으로 수용하면, 삶의 불확실성이 줄어듭니다. 인간은 본능에만 따르는 게 아니라, 의미의 체계인 세계관에 입각해 사는 존재이기 때문입니다. 이상화된 종교 지도자가 삶과 죽음의 절대적 의미를 제공해 준다면, 여기에 목숨을 걸기도 하는 것이지요. 종교가 한편으로 강력한 위안을 주지만, 동시에 매우 위험해지는 대목입니다.

히틀러에 열광하는 군중

종교적 맥락은 아닙니다만, 이런 위험성을 보여 주는 대표적인 사례가 나치즘입니다. 당시 독일인들에게 히틀러는 종교 지도자와 비슷했습니다. 앞의 사진은 많은 사람들이 히틀러에게 열광했다는 사실을 보여 줍니다. 독일인들에게 히틀러는 그들을 구원할 메시아처럼 여겨졌죠. 1차 세계대전에서 패배하면서 떨어졌던 독일의 자존심을 히틀러라는 카리스마적 지도자가 나타나서 회복시켜 준 겁니다. 군중들은 자신을 히틀러와 동일시했습니다. 저 사람은 독일 민족의 분신이며, 우리가 가진 불완전함과 열등감은 물론 모든 현실적인 문제들까지도 해결해 줄 것이라는 강력한 믿음을 가졌던 것이지요. 그 결과가 비극으로 마무리되었습니다만.

종교 지도자가 강력한 카리스마와 힘을 가지게 되면, 지도자와 추종자 모두에게 비극적인 사건이 생길 여지가 현저하게 커집니다. 삶의 지침이 되어 줄 만한 인물을 통해서 위안과 도움을 받는 것은 바람직하지만, 문제는 조화와 균형입니다. 어떤 경우에도 개인의 자립심을 유지하는 것이 중요합니다. 종교가 개인을 독립적인 존재로 키워 내야지, 남을 추종하는 태도를 만들어서는 곤란합니다. 붓다의 가르침처럼 우리는 '무소의 뿔처럼' 우뚝 설 수 있어야 합니다.

에필로그 2 _

한국의 종교

강의를 마무리하는 차원에서 우리나라의 종교 문화를 전체적으로 정리해 볼까 합니다. 우리나라는 비교종교학자의 관점에서 보면 정말 천국과도 같은 나라입니다. 종교학자가 살기 좋은 곳이라는 의미가 아니고요. 종교학 혹은 종교를 이해하고 싶은 사람의 입장에서 보면 한국처럼 다채로운 종교 현상이 공존하고 있는 공간이 없기 때문입니다. 특히 한국은 유례가 없는 다종교 사회인데, 각각의 종교가 굉장히 농도 짙게 신행되고 있다는 특징을 보여 줍니다. 한국의 종교들을 구체적으로 살펴보지요.

유교

유교는 고려 시대에 본격적으로 전래됩니다. 물론 통일신라 시대부터 한자와 함께 유교 경전들이 들어왔지만, 전면적으로 받아들인 시점은 고려부터입니다. 그 이후 조선은 아주 강력한 유교 국가를 만들었습니다. 버스나 지하철의 경로우대석이 보여주듯이, '장유유서'(長幼有序)를 중시하는 유교적 문화가 여전히 깊이 남아 있죠.

또 우리나라는 수백 년 동안 문묘제례를 지내고 있습니다. 문묘제례는 공자를 비롯해서 유교의 성인들에게 지내는 제사인데, 이렇게 오래 이 제사를 지내고 있는 것은 전 세계에서 우리나라밖에 없습니다. 중국은 문화대혁명 시기에 이런 의례를 완전히 없앴다가 지금 와서 다시 부활을 시켰지요. 물론 종교적 믿음 체계로서 유교의 위상은 현저히 약화되었지만, 세계에서 이처럼 유교적인 국가는 찾아보기 어렵습니다.

불교

불교 역시 마찬가지입니다. 동아시아에서 우리처럼 강한 불교 전통을 가지고 있는 나라는 없습니다. 중국은 불교가 관광자원화되었습니다. 사찰은 관광객들을 위한 공간이지, 실제로 수행자들이 수행을 하는 공간이라고 보기 어려워진 것이지요. 우리는 사찰이 수행처로서의 역할을 충실히 하고 있습니다. 최근에는 템플스테이로 인해 비불교인들도 사찰을 많이 찾습니다. 일본의 경우, 그들의 선불교 전통을 서구에 많이 알렸습니다만, 현재 불교는 제사와 같은 의례에 집중합니다. 수행의 측면이 과거만큼 강한 게 아니지요. 예컨대 승려가 세상을 떠나면, 다른 직업을 갖고 있던 자식이 절을 물려받아서 승려가 되기도 합니다. 이에 비해 우리나라 불교는 여전히 강한 수행 전통을 유지하고 있고, 신도 수도 많습니다.

기독교

천주교는 특이하게도 외부에서 강압적으로 전파된 것이 아니라, 우리가 자발적으로 받아들였습니다. 청나라에 연행(燕行)을 한 지식인들이 천주교를 배워 온 것이지요. 하지만 극심한 탄압을 겪고 수많은 사람들이 순교를 합니다. 나중에 103명이 한번에 성인(聖人)으로 추서되는데, 이는 천주교 역사에서도 매우 드문 사례입니다. 성인 수로 치면 우리나라가 전 세계에서 4위 정도 된다고 하죠. 물론 성인 수가 많다는 사실이 훌륭한 종교적 전통을 가졌다는 의미는 아니지만, 천주교가 얼마나 우리나라에 성공적으로 뿌리를 내렸는지 보여 줍니다.

　개신교도 비슷합니다. 우리나라 개신교인들은 심지어 이슬람 국가에도 전도를 하러 갑니다. 이슬람 율법을 철저히 지키는 나라에서 이런 식의 포교는 불법이고, 자칫 목숨이 위태로울 수도 있는 행위인데 말이지요. 개신교가 한국에 들어온 것도 미국에 선교사를 보내 달라고 요청을 해서 이루어졌을 정도로 열성적으로 수용을 했습니다. 현재에는 미국으로 신학 대학생을 가장 많이 보내고, 전 세계에서 두번째로 많은 선교사를 해외로 파송하는 나라가 될 정도로 폭발적인 성장을 했습니다.

무교(巫敎)와 민족 종교

이런 세계적 종교들의 성공에도 불구하고 무교 역시 뿌리 깊게 이어져 내려오고 있습니다. 현재 무업(巫業)에 종사하는 인구를 20~30만 명으로 추산할 정도로 세력이 큽니다. 불교와 유교를 필두로 천주교와 개신교 등 세계적인 종교들이 성행하는 나라에서 조직이나 교육기관 없이 무교가 수천 년 동안 버티고 있는 것은 기적에 가깝습니다.

사찰에 가면 대웅전이라는 석가모니불을 모시는 법당이 있습니다. 이 건물이 사찰의 가장 중심에 자리 잡고 있는데, 많은 절들이 대웅전보다 더 높은 곳에 산신각을 두고 있습니다. 말 그대로 산신을 모시는 건물인데요. 여기에는 호랑이를 데리고 있는 하얀 수염 난 할아버지나 삼신할머니가 그려져 있는 경우가 많습니다. 전통적인 신앙인 무교가 불교와 섞여서 공존하는 형태로 남아 있다는 사실을 알 수 있습니다. 무교조차도 우리나라에서는 여전히 강력한 것이지요.

여기에 덧붙여 자생적인 민족 종교들의 영향력도 만만치 않습니다. 수운 최제우가 창도한 천도교나 소태산 박중빈의 원불교, 강증산이 만든 증산교 등 여러 가지 민족 종교들이 다채롭게 존재합니다. 불교나 기독교에 비해 규모가 크지는 않지만, 독특한 영성과 가르침을 전하면서 우리 사회에 굳건하게 자리 잡고 있습니다.

다종교 상황과 종교적 관용

역동적인 다종교 상황임에도 불구하고, 통계 조사를 보면 종교가 없다고 대답하는 사람이 뜻밖에도 60%를 넘습니다. 불교, 개신교, 천주교와 같은 동서양 종교가 고루 신행되고 있는데도 말이지요. 게다가 무교나 유교적 가치관이 사회 저변에 깊이 깔려 있기도 합니다.

그러니 종교 간 갈등이 심하지 않을까 싶지만, 특이하게도 극단적인 종교 간 갈등은 좀처럼 찾아보기 어렵습니다. 이렇게 다양한 종교 전통들이 한 공간에 있지만, 극단적인 갈등은 없습니다. 종교가 다르다고 서로에게 물리적 폭력을 가하는 일은 굉장히 드뭅니다. 동일한 종교 내부에서 싸우는 일은 있어도, 종교 간 다툼은 거의 없다고 할 수 있을 정도인데요. 평화를 사랑하는 민족이라는 사실이 뜻밖에도 종교 분야에서 가장 뚜렷하게 확인되는 것 같습니다.

요컨대 종교적 관점에서 대한민국은 지금까지 인류 사회에 한 번도 존재한 적이 없었던 나라가 아닐까 합니다. 국기만 봐도 그렇습니다. 음양오행이 지상 세계로 구현되는 우주적 원리를 표현한 것이 태극기인데, 심오한 종교적 상징을 국기로 삼은 것도 보기 드문 일이지요. 나아가 민족 종교 지도자들이 공통적으로 이야기하는 것이 '후천개벽'(後天開闢)입니다. 미래의 어느 시점에 한민족이 세계의 중심이 되리라는 믿음이죠. 대한민국이 이웃나라를 물리적으로 제압하는 강대국이 된다는 의미라기보다는 인류가 경험했던 모든 긴장과 갈등을 마치 음과 양이 상조하듯이 하나로 융화하여 세계에 보여 주는 역할을 한다는 뜻이 아닐까 싶습니다. 여러 종교가 열정적으로 신행되면서도 평화롭게 공존하듯이, 각자의 개성을 뚜렷하게 드러내는 바탕 위에서 이질적인 것들이 '화이부동'(和而不同)하는 패러다임을 구현하는 것이 우리의 소명이 아닐까요.

나오며 _ 바람직한 종교 생활을 위하여

바람직한 종교 생활은 어떤 것인지 제 생각을 전하면서 전체 강의를 마치려고 합니다.

가장 먼저 '무소의 뿔처럼 혼자서 가라'라는 말씀을 드리고 싶습니다. 불교의 초기 경전에 나오는 이야기로, '무소'는 코뿔소입니다. 즉, 코뿔소의 우뚝 솟은 뿔처럼 혼자서 굳건하게 가라는 말입니다. '혼자서 가라'라는 말에는 참으로 여러 가지 의미가 있다고 생각합니다. 앞에서 종교 지도자와 신도의 관계를 다루었는데요. 신도들이 자신들의 종교적인 권리나 자유를 너무도 쉽게 종교 지도자에게 넘겨주는 데에서 많은 문제가 발생합니다. 예수와 붓다를 따르라는 조언은 그 이름을 내세우는 종교 지도자가 시키는 대로 사는 것이 아니라, 예수나 붓다처럼 살겠다고 결심하는 것입니다. 요컨대 주체적인 태도를 갖는 것이 바람직한 종교 생활을 위해 무엇보다 중요합니다.

그렇지만 주체적인 태도를 갖는다는 것이 독불장군이 되라는 뜻은 아닙니다. 타인과 함께할 수밖에 없는 것이 또한 신앙 생활이기도 합니다. 각 종교마다 전통이 쌓아 온 오랜 지혜가 있습니다. 그렇게 축적된 지혜를 무시하고 처음부터 시작하는 것은 바람직하지 않습니다. 종교 전통의 지혜는 수많은 시행착오 끝에 만들어진 것입니다. 무소의 뿔처럼 혼자서 가야 하지만, 동시에 타인과 함께 서로를 도우면서 현명하게 종교 생활을 해야겠지요.

특히 종교 창시자들은 교리를 외우거나 경전을 많이 읽는 것보다 실천을 강조했습니다. 실천의 내용은 사랑, 이타심, 자비와 같은 것들이죠. 신앙이 다르다는 이유로 타인을 해치라고 가르치는 종교는 없습니다. 특히 종교를 표층과 심층으로 나눌 때, 심층 종교의 가장 큰 특징은 이타심입니다. 사랑과 자비, 그리고 이타심을 가지고서 진심으로 타인에게 베풀 때, 그것이 바로 참된 종교 생활의 목적이자 징표가 아닐까요. 수천 년이 지난 지금도 예수와 붓다가 여전히 우리에게 귀감이 되는 이유는 그들이 이런 삶을 살았기 때문입니다.

모든 종교 전통에서 주장하는 핵심은 사랑입니다. 사랑은 결합의 힘입니다. 우리는 미워하는 사람과는 떨어져 있고 싶고, 사랑하는 사람과는 가까이 있으려 합니다. 이 사랑의 힘이 육체적인 결합을 비롯해 궁극적으로는 신과 다시 하나가 되도록 우리를 추동하는 힘이라 할 수 있습니다.

우리는 다른 사람들을 사랑하는 사람들을 성인이라고 부르지, 이웃을 미워하고 혼자만 잘 살겠다고 하는 태도를 성스럽다고 하지 않습니다. 하지만 많은 경우 종교는 정치적·경제적 갈등이나 폭력을 정당화합니다. 종교 본연의 가치와 의미가 대단히 훼손된 것이지요. 그러니 종교의 참된 가치를 회복하기 위해 모두가 노력할 필요가 있습니다. 그 전제는 종교에 대한 올바른 이해이고요.

저는 천국이 어디에 있든, 그리고 어떤 이름으로 불리든, 그곳은 기쁨과 웃음으로 가득하리라 생각합니다. 슬픔이나 괴로움이 있는 곳을 천국이라고 할 수는 없겠지요. 또 천국에서의 웃음은 나 혼자만의 것이 아니라, 함께 웃는 것이어야 한다고 생각합니다. 남들의 고통을 보고 다행이라고 생각하는 행복은 천국의 것이 아니겠지요.

불교에서 잃어버린 참된 본성을 소에 비유해서 그것을 찾는 그림을 「심우도」라고 했었죠. 「심우도」의 마지막 그림은 참된 본성을 찾은 이가 시장으로 가는 장면을 묘사합니다. 그곳에서 도움이 필요한 사람들에게 손을 내미는 것이 자기를 찾는 여정의 최종 지향점인 거죠. 앞서 말씀드린 천국과 일맥상통합니다. 즉, 종교는 자신의 참된 본성을 직접 무소의 뿔처럼 발견하는 것이자, 그 결과를 이웃과 함께 나누는 일입니다. 종교 창시자들이 역설했던 사랑과 자비, 그리고 어짊의 정신이죠. 이게 없다면 종교에 무슨 의미가 있을까요. 요컨대 종교의 궁극적인 목적은 나와 이웃의 삶을 기쁘고 행복하게 만드는 것입니다.

긴 강의를 모두 마쳤습니다. 제 강의가 인간의 종교와 종교성을 이해하는 데 조금이라도 도움이 되었기를 바랍니다. 모쪼록 여러분 모두 지혜로운 종교 생활을 통해서 각자의 삶에서 기쁨과 행복을 찾으시길 기원합니다. 또 그것들을 이웃과 나누면서 더욱 키워 나가시길 바랍니다. 감사합니다.

찾아보기